**EDITION
OSHO**

Alle Osho Diskurse sind als Originale publiziert worden und als Original-Audios erhältlich. Audios und das vollständige Text-Archiv finden Sie unter der online Bibliothek „Osho Library" bei www.osho.com

Teil 1 dieses Buches besteht aus dem englischen Titel: *The Inner Journey*
Teil 2 dieses Buches besteht aus Texten verschiedener Diskurse zum Thema Hara

Übersetzung: Prem Nirvano
Umschlaggestaltung: Silke Watermeier, www.watermeier.net
Copyright ©1974 by Osho International Foundation
Copyright © 2009 Osho International Foundation, Schweiz
www.osho.com/copyrights
Copyright © 2009 Innenwelt Verlag GmbH, Köln
www.innenwelt-verlag.de
Alle Rechte vorbehalten
OSHO is a registered trademark of Osho International Foundation

Druck: Westermann Druck Zwickau GmbH, Zwickau
Printed in Germany
ISBN 978-3-936360-54-7

OSHO

DAS **HARA** BUCH
Zurück zur Quelle der Lebenskraft

Mit einem Vorwort von Gabrielle Roth

Inhalt

Vorwort von Gabrielle Roth   6

TEIL I

1 Der Körper: Der erste Schritt   11
2 Der Kopf, das Herz, der Nabel   40
3 Der Nabel: Sitz des Willens   71
4 Unserem Geist auf die Schliche kommen   108
5 Wahre Weisheit   140
6 Kein Glaube, kein Unglaube   171
7 Das Herz richtig stimmen   204
8 Wenn das Herz von Liebe erfüllt ist,
   fängt eine neue Reise an   235

TEIL II

1 Das Wissen um seine Mitte   262
2 Sei dir des Haras bewusst   282
3 Tief Atmen schafft eine Brücke   285
4 Kinder atmen auf natürliche Weise   289
5 Die Kraft des Samurai   293
6 Tanzen bis der Tänzer schwindet   294

   Über den Autor   299

VORWORT

GERADE HABE ICH DIESES BUCH AUSGELESEN – und geweint. Darüber geweint, dass wir alle die Verbindung zu unserem Körper verloren haben, zu unserem Bauch, zu unserem Atem, zu unseren Füßen, zu allem, was unterhalb unseres Halses ist. Geweint um all die verschollenen Lehren des Weiblichen, um unsere verlorene Liebe zum Körper, um unsere Abgeschnittenheit vom Herzen, um die zehntausend endlosen Kopftrips, die uns immer nur in Sackgassen geführt haben, um dann doch wieder dieselbe Endlosschleife anzufangen. Und ich habe geweint wegen all der Folgen – wie wir damit unser Verhältnis zu uns selber, zueinander, zur Erde und zu all den heiligen Lehren vom Körper kaputt gemacht haben. Und noch im Weinen verwandelten sich meine Tränen in Tanzen, und mein Tanzen in ein Gebet.

Heute fällt Schnee in Manhattan. Ich sitze auf meinem Sofa und schau den weißen Tränentropfen zu, die vom Himmel fallen, während ich Osho betrachte, den Mann mit der schwarzen Haube, der allen Kummer heilt. Ich bin von Dank erfüllt für seine Lehren, denn hier begegnen wir einer Klarheit und Schlichtheit, die uns zur Wurzel all dessen führen, was wir sind. Unweigerlich schlägt er mich entzwei, und in meinen Scherben entdecke ich meine Wahrheit.

Ich begegnete Osho erstmals oben auf einem Berg; das war in den Siebzigern. Ich war in Kalifornien und er war damals in Indien. Mein Freund Ken hatte mich zu ein paar Leuten mitgenommen, die er in Pune getroffen hatte. Wir saßen hinterm Haus und schlürften Tee und diskutierten über Gott,

Katzen und den neuesten Krieg. Vielleicht war es der Gedanke an all diese jungen Männer, die in den Krieg ziehen oder verkrüppelt und verloren heimkehren mussten, ich weiß nicht – jedenfalls hatte ich plötzlich den unbändigen Drang zu tanzen. Kaum war ich aufgesprungen und in Bewegung geraten, da ergriff jemand meine Hand und zog mich mit zur Haustür. „Komm," sagte er, „ich muss dir unbedingt etwas zeigen."

Wir stiegen allesamt ins Auto und fuhren auf die Spitze vom Mount Tamalpais. Dort verpasste er mir eine Augenbinde, stöpselte mich an einen Walkman an – und schon machte ich meine erste Dynamische Meditation im Stil Oshos. Auf dieser Lichtung oben auf dem Berg, die Lungen voll gepumpt vom Ozon und Duft der Kiefern und Eukalyptusbäume, tanzte ich mich in einen Zustand seliger Hingabe, tanzte ich so lange, bis meine Knie sich zur Erde beugten. In diesem Augenblick fühlte ich mich von einer mystischen Kraft umarmt und gehalten, die für mich noch namenlos war. Tief erstaunt nahm ich meine Augenbinde ab und sah mich um mich hätte schwören können, dass ich auf eine neugeborene Erde blickte. Und ebenso hätte ich schwören können, dass Osho durchs All, über Tausende von Meilen hinweg, zu mir gekommen war, um mich wissen zu lassen, dass es auf dieser gottverlassenen Erde einen Meister gibt, der Meditation als Tanz lehrt, und dass Tanzen ein Weg zum Göttlichen ist, und das Göttliche etwas ist, wonach wir nur in unserem eigenen Innern, in der dunklen Welt unseres Körpers zu suchen brauchen.

Zehn Jahre lang hatte ich bereits Bewegung als Meditation gelehrt, als einen Weg zur Seele, zum Selbst und zu unserem Körper. Mutterseelenallein hatte ich mich damit gefühlt, dass ich das Weibliche lehrte – zu einer Zeit, in der alle sich um Kopf und Kragen quatschten. Wie ein Außerirdischer hatte ich mich gefühlt und mich schon gefragt, ob ich tatsächlich auf dem richtigen Weg wäre. In jenem Augenblick, damals auf dem Berg, wo ich das Chaos tanzte und mit den wundersamen Lehren Oshos in Verbindung trat, wurde ich von meinen Zweifeln befreit.

Wo Sie auch sein mögen – Osho ist da. Seine Worte sind zeitlos. Er spricht unmittelbar zur Seele. Werden Sie ganz Ohr, lauschen Sie bis hinein in die Fingerspitzen, in die Schenkel, in die Eingeweide. Oshos Worte wurden aus den heiligen Tiefen eines feuerspeienden Geistes herausgeschleudert, dazu geboren, die ganze Menschheit aus ihrem Schlaf aufzustören und wachzurütteln.

Osho sagt: „Die Reise des Meditierenden führt nach unten, hinunter zu den Wurzeln!" Das ist eine lange Reise, und viel Gepäck muss unterwegs abgeworfen werden. Wie einfach das doch klingt – in die Tiefe des eigenen Selbst hinunterzusteigen, nach unten ins dunkle Licht der Wurzel; aber es gibt viele Wurzeln, ehe wir bei der Wurzel der Wurzeln ankommen. Da sind die emotionalen Wurzeln, das ganze Wurzelgewirr aus Erinnerungen und Träumen und Wünschen und allen möglichen verdrängten Gedanken und Gefühlen, ganz zu schweigen von dem ununterbrochenen Geplapper eines rastlosen Ichs. Kurz, eine Wildnis erwartet uns, in der, wie Osho uns klar macht, „jeder Einzelne für sich allein gehen muss und sich selber einen Weg für seine spirituelle Reise bahnen muss." Und nirgendwo auf dieser Erde, zu keinem Zeitpunkt und an keinem Ort, hat ein Mensch mehr zu dieser Suche ermuntert und Anleitungen gegeben, als Osho.

Osho fordert uns auf herauszufinden, was in jedem von uns

verborgen liegt. Er sagt uns: „Habt keine Angst vor dem grenzenlosen Schatz eurer inneren Energien und verdammt sie nicht." Er ermutigt uns, ein Labor aus unserem Leben zu machen, in dem wir diese Energien unter die Lupe nehmen können, sie erfahren und transformieren – und auf diesem Wege unser eigenes Leben transformieren.

Die Worte auf diesen Buchseiten rufen uns nach Hause, heim zum Körper als geheiligtem Raum – einer Kathedrale aus Knochen, eine Höhle der Abgeschiedenheit, eine Zuflucht des Rhythmus. Seine Worte rufen Einsichten in uns wach, die jede Zelle in unserem Körper seit jeher kennt, sind Worte, die widerhallen von Ewigkeit zu Ewigkeit. Osho ist eine ozeanische Einladung. Lassen Sie sich davon tragen in seiner Tiefenströmung.

Gabrielle Roth
Manhattan 2002

Die Reise eines Menschen, der meditiert, geht nach unten, zu den Wurzeln. Man muss vom Kopf aus hinuntersteigen zum Herz und vom Herz zum Nabel.
Erst vom Nabel aus kann jeder in die Seele gelangen; vorher kommt niemand hinein. Normalerweise verläuft unsere Lebensreise vom Nabel zum Kopf.
Die Richtung eines Suchers verläuft genau umgekehrt: Er muss vom Kopf aus zum Nabel hinuntersteigen.

1. DER KÖRPER: DER ERSTE SCHRITT

DER ERSTE SCHRITT FÜR DEN SUCHER IST SEIN KÖRPER; nur ist dem noch nie Aufmerksamkeit geschenkt worden – mit keinem Gedanken! Nicht nur hin und wieder, nein, über Jahrtausende hin hat man den Körper einfach ignoriert, und zwar auf zweierlei Weise ignoriert. Einerseits haben die Genusssüchtigen den Körper ignoriert. Sie kennen vom Leben nichts anderes als Essen, Trinken und Mode. Sie haben den Körper vernachlässigt, ihn misshandelt, auf törichte Weise verausgabt – und damit ihr Instrument, ihre *Veena* (indisches Saiteninstrument) ruiniert. Wenn ein Musikinstrument wie die *Veena* ruiniert wird, kann es keine Musik mehr machen. Die Musik ist etwas völlig anderes als die *Veena* – die Musik ist das eine und die *Veena* ist etwas anderes, aber ohne die *Veena* kommt keine Musik zu Stande.

Wer seinen Körper missbraucht, indem er nur seinen Genüssen frönt, gehört zu dem einen Menschentyp. Und zu dem anderen Typ gehören alle die, die ihren Körper durch Yoga und Verzicht zu kurz kommen lassen. Sie haben ihren Körper gefoltert, sie haben ihn unterdrückt und sie waren ihm immer nur feindlich gesinnt.

Und weder wissen diejenigen, die ihrem Körper alles gönnen, noch die Asketen, die ihren Körper quälen, was für eine wichtige Rolle er spielt. Es gibt also seit jeher zwei Arten von Vernachlässigung und Misshandlung der *Veena* unseres Körpers: einerseits durch die Genusssüchtigen und andererseits durch die Asketen. Beide haben sie dem Körper nur Schaden zugefügt.

Im Westen hat man dem Körper auf die eine Art und Weise geschadet und im Osten auf die andere – aber dass wir ihm geschadet haben, trifft auf uns alle zu. Die Leute, die in die Bordelle oder Kneipen laufen, schaden dem Körper auf die eine Art und Weise und die Leute, die nackt in der Sonne stehen oder in die Einöde fliehen, schaden ihrem Körper auf andere Art und Weise.

Nur durch die *Veena* des Körpers kann die Musik des Lebens erklingen. Die Musik des Lebens unterscheidet sich vom Körper durchaus – sie ist etwas total anderes, ganz und gar anderes – aber der Weg zu ihr führt nur über die *Veena* des Körpers. Diesem Umstand also ist noch nie wirkliche Beachtung zuteil geworden. Der erste Schritt ist der Körper – und die richtige Aufmerksamkeit des Meditierers für den Körper. Es gilt ein paar Dinge zu verstehen.

Das Erste: Die Seele hat an einigen Punkten eine Verbindung mit dem Körper – aus diesen Verbindungen kommt unsere Lebensenergie. Die Seele ist eng mit diesen Zentren verknüpft; aus ihnen strömt die Lebensenergie in unseren Körper ein.

Der Sucher, der sich dieser Zentren nicht bewusst ist, wird niemals zur Seele vorstoßen können. Wenn ich euch frage, welches Zentrum das wichtigste ist, welche Stelle im Körper am wichtigsten ist, werdet ihr vermutlich auf den Kopf zeigen. Die völlig falsche Erziehung des Menschen hat den Kopf zum wichtigsten Körperteil gemacht. Der Kopf oder das Gehirn ist im Menschen nicht das wichtigste Zentrum für die Lebensenergie. Das ist so, als würde man hingehen und eine Pflanze fragen, welcher Teil von ihr der Wichtigste und Lebensnotwendigste sei. Und weil oben auf der Pflanze die Blüten sichtbar sind, würde die Pflanze und jeder andere sagen, die Blüten wären ihr wichtigster Teil. Doch so sehr die Blüten auch das Wichtigste zu sein scheinen, sie sind es nicht. Ihr wichtigster Teil sind die Wurzeln – die unsichtbar sind.

An der Pflanze des Menschen ist der Geist die Blüte, er ist nicht die Wurzel. Die Wurzeln kommen als Erstes, die Blüten kommen als Letztes. Werden die Wurzeln übersehen, dann werden die Blüten vertrocknen, denn sie haben kein eigenes Leben. Werden die Wurzeln versorgt, sind auch automatisch die Blüten versorgt, braucht man sich um die Blüten nicht weiter zu kümmern. Wenn man auf eine Pflanze schaut, scheint es, dass die Blüten der wichtigste Teil sind; und so scheint auch beim Menschen der Geist am wichtigsten zu sein. Aber der Geist ist das Endprodukt im menschlichen Körper, er ist nicht die Wurzel.

Mao Tse Tung schreibt irgendwo in seinen Kindheitserinnerungen: „Als ich noch klein war, lag neben der Hütte meiner Mutter ein wunderschöner Garten. Der Garten war dermaßen schön, es waren so schöne Blumen darin, dass von nah und fern Leute vorbeikamen nur um sie zu bewundern. Später wurde meine Mutter alt und krank, aber sie machte sich keine Sorgen um ihre Krankheit oder ihr Alter. Ihre einzige Sorge war ihr Garten und was wohl aus ihm werden würde." Mao war jung und sagte zu seiner Mutter: „Mach dir keine Gedanken, ich werde mich um deinen Garten kümmern." Und Mao nahm sich des Gartens an und arbeitete von früh bis spät darin. Nach einem Monat erholte sich seine Mutter und sobald sie ein paar Schritte gehen konnte, besuchte sie ihren Garten. Beim Anblick des Gartens bekam sie einen Schock! Der Garten war eingegangen! Alle Pflanzen waren vertrocknet, alle Blumen waren verwelkt und abgefallen. Sie war ganz verzweifelt und sagte zu Mao: „Du

Dummkopf! Du hast den ganzen Tag im Garten zugebracht – was hast du hier nur getan? Alle Pflanzen sind eingegangen. Der ganze Garten ist vertrocknet. Die Pflanzen sind kaum noch zu retten. Was hast du nur gemacht?"

Mao fing an zu weinen. Er selbst begriff nicht. Jeden Tag hatte er sich hier abgerackert, aber aus irgendeinem Grund starb der Garten immer mehr dahin. Er musste weinen und sagte: „Ich hab mir so viel Mühe gegeben! Ich habe jede Blume geküsst und geliebt. Ich hab von jedem einzelnen Blatt den Staub abgewischt, aber ich versteh einfach nicht, was los ist. Ich war auch besorgt, aber die Blätter vertrockneten immer mehr und der Garten starb mir unter den Händen weg." Da musste seine Mutter plötzlich lachen. Sie sagte: „Du bist ein Dummkopf! Weißt du denn immer noch nicht, dass das Leben der Pflanzen nicht in den Blumen steckt und das Leben der Blätter nicht in den Blättern?!"

Das Leben einer Pflanze steckt an einer Stelle, die nicht mit bloßem Auge zu sehen ist: Es steckt in den Wurzeln und die sind unter der Erde verborgen. Wenn man sich um diese Wurzeln nicht kümmert, kann man sich auch nicht um die Blumen und die Blätter kümmern. Da kann man sie noch so oft abküssen, noch so sehr lieben, noch so viel Staub wischen, die Pflanze wird eingehen. Aber wenn man die Blumen völlig links liegen lässt und sich nur um die Wurzeln kümmert, kümmern sich die Blumen um sich selber. Die Blumen kommen aus den Wurzeln, nicht umgekehrt.

Wenn wir jemanden fragen, was der wichtigste Teil des menschlichen Körpers ist, dann wird seine Hand automatisch auf seinen Kopf zeigen und sagen, sein Kopf sei das Wichtigste. Oder, wenn es sich um eine Frau handelt, dann wird sie vielleicht auf ihr Herz zeigen und sagen, ihr Herz sei das Wichtigste.

Weder der Kopf noch das Herz sind das Wichtigste. Die Männer haben die Bedeutung des Kopfes überschätzt und die Frauen haben die Bedeutung des Herzens überschätzt. Und die Gesellschaft, die auf dieser Mischung beruht, ist Tag für Tag zu Grunde gerichtet worden; denn weder das eine noch das andere ist das Wichtigste am menschlichen Körper. Beide sind sehr späte Entwicklungen. Die Wurzeln des Menschen liegen nicht dort.

Was meine ich mit ‚die Wurzeln des Menschen'? Genauso, wie die Pflanzen Wurzeln unter der Erde haben, aus denen sie ihre Lebensenergie und Lebenssäfte ziehen und leben, gibt es auch, ganz ähnlich, im menschlichen Körper an einer bestimmten Stelle Wurzeln, von wo er seine Lebensenergie aus der Seele bezieht. Nur deswegen erhält sich der Körper am Leben. Sobald diese Wurzeln durchtrennt werden, beginnt der Körper zu sterben.

Die Wurzeln der Pflanzen liegen in der Erde. Die Wurzeln des Menschen liegen in der Seele. Aber weder ist der Kopf noch das Herz die Stelle, von wo aus der Mensch mit seiner Lebensenergie verbunden ist – und solange wir von diesen Wurzeln nichts wissen, können wie nie und nimmer die Welt eines Meditierenden betreten.

Wo also nun liegen die Wurzeln des Menschen? Vielleicht habt ihr keine Ahnung, wo diese Stelle liegt. Wenn selbst den einfachsten und allgemeinsten Dingen über Jahrtausende hin keinerlei Beachtung geschenkt wird, geraten sie in Vergessenheit. Ein Kind entsteht im Mutterleib und wächst dort heran. Wodurch ist das Kind mit seiner Mutter verbunden? Etwa über den Kopf oder über das Herz? Nein, es ist über den Nabel verbunden. Die Lebensenergie steht ihm über den Nabel zur Verfügung – das Herz und der Verstand entwickeln sich erst später. Die Lebensenergie der Mutter kommt dem Kind also durch den Nabel zu; das Kind ist mit dem Körper seiner Mutter über seinen Nabel verbunden. Von dort aus breiten sich seine Wurzeln im Körper der Mutter aus, ebenso wie in der Gegenrichtung, in seinem eigenen Körper. Der wichtigste Punkt im menschlichen Körper ist der Nabel. Dann erst entwickelt sich das Herz und danach dann der Verstand. All das sind Zweige, die sich später entwickeln – an ihnen dann entfalten sich die Blüten. Die Blüten der Erkenntnis entfalten sich im Verstand; die Blüten der Liebe entfalten sich im Herzen. Diese Blüten aber sind es, die uns anlocken, und dann halten wir sie für alles. Aber die Wurzeln des menschlichen Körpers und seiner Lebensenergie liegen im Nabel. Keine Blüten entfalten sich dort. Die Wurzeln sind vollkommen unsichtbar, sind mit bloßem Auge nicht zu erkennen. Aber die Degeneration, die dem menschlichen Leben über die letzten fünftausend Jahre her widerfahren ist, liegt allein daran, dass wir unser ganzes Augenmerk entweder nur auf den Verstand oder auf das Herz gerichtet haben. Selbst auf das Herz haben wir vergleichsweise wenig gegeben, wohingegen wir auf den Verstand alles gegeben haben.

Von Kindesbeinen an ist alle Erziehung eine Erziehung des Verstandes; nirgendwo auf der Welt gibt es eine Erziehung des Nabels. Alle Ausbildung gilt dem Verstand und so wird der Verstand immerzu größer und größer und werden unsere Wurzeln darüber immer kleiner und kleiner. Wir beachten den Verstand, weil dort die Blumen blühen, also wird er größer – und dabei verschwinden unsere Wurzeln immer mehr. Dann strömt die Lebensenergie immer dünner und unsere Tuchfühlung mit der Seele wird geschwächt.

Nach und nach sind wir an einen Punkt gelangt, wo der Mensch schon sagt: „Wo ist denn die Seele? Wer behauptet, es gebe eine Seele? Wer behauptet, es gebe einen Gott? Wir können nichts dergleichen finden!" Wir werden auch nichts finden – da gibt es nichts zu finden. Wenn man hergeht und den ganzen Körper des Baumes absucht und sagt: „Wo sind denn hier Wurzeln? Ich kann keine finden!" – dann hat er ja Recht damit. Es gibt nirgends am Baum Wurzeln. Und dort, wo sich die Wurzeln befinden, kommen wir nicht hin. Diese Stelle entzieht sich unserer Wahrnehmung. Von Kindesbeinen an gilt alle Schulung, alles Ausbildung dem Verstand und so verwirrt sich unsere gesamte Wahrnehmung und starrt nur noch wie gebannt auf den Verstand. Dann rennen wir unser Leben lang nur noch in unserm Verstand herum. Unsere Wahrnehmung dringt niemals in die Bereiche darunter vor.

Die Reise eines Menschen, der meditiert, geht nach unten, zu den Wurzeln. Man muss vom Kopf aus hinunter steigen zum Herz und vom Herz zum Nabel. Erst vom Nabel aus kann jeder in die Seele gelangen; vorher kommt niemand hinein.

Normalerweise verläuft unsere Lebensreise vom Nabel zum Kopf. Die Richtung eines Suchers verläuft genau umgekehrt: Er muss vom Kopf aus zum Nabel hinunter steigen. Es gilt zu verstehen, dass das Zentrum der menschlichen Lebensenergie der Nabel ist. Nur von dorther bezieht das Kind Leben. Nur von dort aus beginnen sich die Arme und Nebenarme seines Lebens auszubreiten. Nur von dort aus bekommt es Lebenskraft. Aber unsere Aufmerksamkeit richtet sich nie auf dieses Energiezentrum – nicht einmal eine Minute lang. Wir fokussieren uns nie auf das System, durch welches wir dieses Energiezentrum kennen lernen, diese Mitte unserer Lebenskraft. Stattdessen fokussiert sich unsere ganze Aufmerksamkeit und unsere ganze Erziehung auf das System, das uns hilft es auszublenden. Das ist der Grund, warum unser ganzes Bildungswesen daneben gegangen ist.

Unser gesamtes Bildungswesen führt den Menschen langsam aber sicher in den Wahnsinn.

Der Verstand an sich schon wird den Menschen zum Wahnsinn bringen. Wisst ihr, dass je gebildeter ein Land wird, desto mehr Menschen dort wahnsinnig werden? Amerika hat heute den höchsten Anteil an Wahnsinnigen. Darauf kann es stolz sein! Denn das ist der Beweis dafür, dass Amerika das gebildetste, das zivilisierteste Land ist. Amerikanischen Psychologen zufolge wird in Amerika, wenn das jetzige System weitergeht, in hundert Jahren kaum noch ein Mensch zu finden sein, der nicht geistesgestört ist. Schon heute sind drei von vier Menschen nicht mehr ganz zurechnungsfähig.

Allein in Amerika suchen drei Millionen täglich ihre Psychiater. Mit der Zeit nimmt die Zahl der Ärzte in den USA ab und die Zahl der Psychiater zu. Den Ärzten zufolge sind zudem achtzig Prozent aller menschlichen Krankheiten seelischen, nicht körperlichen Ursprungs. Und je mehr Wissen wir sammeln, desto höher wird der Prozentsatz. Erst hieß es vierzig Prozent, dann sehr bald fünfzig Prozent und inzwischen heißt es, dass mindestens achtzig Prozent aller Krankheiten psychischer, nicht physischer Natur seien. Und ich garantiere euch, dass es in zwanzig bis fünfundzwanzig Jahren heißen wird, dass neunundneunzig Prozent aller Krankheiten psychischer, nicht körperlicher Natur sind. Man wird das zwangsläufig sagen müssen, weil wir uns einzig und allein für den Geist des Menschen interessieren. Und der ist wahnsinnig geworden.

Ihr könnt euch gar nicht vorstellen, wie ausgesprochen empfindlich, wie zart, gebrechlich unser Gehirn ist. Das menschliche Gehirn ist die gebrechlichste Maschine auf der Welt. Diese Maschine wird einer solchen Stress-Belastung ausgesetzt, dass man sich fragt, wieso sie nicht vollends zusammenbricht und wahnsinnig wird! Die gesamte Last des Lebens liegt auf dem Gehirn und wir haben keine Ahnung, wie empfindlich diese Stelle ist. Wir können uns kaum vorstellen, wie fein und empfindlich die Nerven im Kopf sind, die all diese Last, all diese Ängste, all dieses Leid, all dieses Wissen, all diese Schulung... das gesamte Gewicht des Lebens aushalten müssen.

Ihr werdet vielleicht nicht wissen, dass sich in diesem kleinen Kopf rund siebzig Millionen Nerven befinden. Allein ihre Zahl verrät euch bereits, wie winzig sie sind. Es gibt keine Maschine oder Pflanze, die noch fein gesponnener wäre. Die Tatsache, dass der kleine Kopf des Menschen von siebzig Millionen Nerven durchzogen wird, zeigt an, wie empfindlich er ist. Es gibt so viele Nerven im Gehirn eines einzigen Menschen, dass sie, wenn sie alle aneinander gereiht würden, den gesamten Globus umspannen würden.

In diesem kleinen Kopf also befindet sich ein dermaßen fein gesponnener Mechanismus, ein so empfindlicher Mechanismus. In den vergangenen fünftausend Jahren musste aller Stress des Lebens allein von diesem empfindlichen Gehirn aufgefangen werden. Die Folge war unvermeidlich. Die Folge ist, dass die Nerven angefangen haben zusammenzubrechen, wahnsinnig zu werden, auszurasten.

Die Last seiner Gedanken kann den Menschen nirgendwo anders hinführen als in den Wahnsinn. Unsere gesamte Lebensenergie kreist inzwischen nur noch im Gehirn. Ein Meditierer muss diese Lebensenergie wieder nach unten leiten, mehr zur Mitte hin. Er muss sie zurück lenken. Wie aber kann sie zurück gelenkt werden? Um dies verstehen zu können, müssen wir den Körper etwas besser verstehen – den ersten Schritt. Der Körper wird nicht als Vehikel für die spirituelle Reise oder als Tempel des Göttlichen oder als Werkzeug betrachtet um das Zentrum des Lebens zu entdecken. Der Körper wird entweder nur vom Standpunkt der Genusssucht oder vom Standpunkt der Askese aus in Betracht gezogen – aber beide Einstellungen sind verkehrt.

Der Weg, der zu Großartigem im Leben und zu allem Erstrebenswerten hinführt, liegt im Körper und geht durch den Körper. Man sollte den Körper als einen Tempel begreifen, als einen spirituellen Weg. Und solange wir nicht diese Einstellung haben, sind wir entweder Verwöhnte oder Entsager. In beiden Fällen ist unsere Einstellung zum Körper weder richtig noch ausgewogen.

Ein junger Prinz wurde einmal von Buddha eingeweiht. Er hatte in seinem Leben alle möglichen Genüsse kennen gelernt, er hatte nur dem Vergnügen gelebt.

Nun also wurde er zu einem *bhikshu*, einem Mönch. Alle anderen *bhikshu*s verwunderten sich sehr. Sie sagten: „Was, so einer will *bhikshu* werden! Er hat ja nie seinen Palast verlassen, er hat sich nie ohne seine Karosse bewegt. Wohin er auch ging, war sein Weg mit Samt-Teppichen ausgelegt und jetzt will er Bettler werden! Weiß er, was er da Wahnsinniges vorhat?"

Buddha zufolge bewegt sich der Verstand des Menschen immer zwischen Extremen, von einem Extrem zum anderen. Der Verstand des Menschen bleibt nie in der Mitte stehen. Genauso, wie das Pendel einer Uhr von einer Seite zur anderen ausschlägt aber nie in der Mitte verharrt, fällt auch der Verstand des Menschen immer vom einen Extrem ins andere. Bis jetzt hatte jener Mann an dem einen Extrem gelebt – seinen Körper mit allem zu verwöhnen; nunmehr wollte er am anderen Extrem leben – dem Verzicht auf seinen Körper. Und so geschah es. Wenn alle anderen *bhikshu*s auf den befestigten Wegen zu gehen pflegten, musste dieser Prinz, dessen Füße nie etwas Anderes gekannt hatten als die kostbarsten Teppiche, unbedingt daneben laufen, durchs Dornengestrüpp! Wenn alle *bhikshu*s im Schatten eines Baumes saßen, stellte er sich in die Sonne! Wenn alle *bhikshu*s nur eine Mahlzeit am Tag einnahmen, aß er einen Tag lang gar nichts und aß nur am nächsten Tag. Binnen sechs Monaten war er zum Skelett abgemagert, war sein schöner Körper von der Sonne verbrannt und waren seine Füße wund geworden.

Nach einem halben Jahr ging Buddha zu ihm und sagte: „Shrona!" – so hieß er – „Ich möchte dir eine Frage stellen. Ich habe gehört, dass du, als du noch als Prinz lebtest, ein guter *Veena*-Spieler gewesen sein sollst. Stimmt das?"

Der *bhikshu* sagte: „Ja. Die Leute sagten, niemand könne die *Veena* so gut spielen wie ich."

Buddha sagte: „Dann muss ich dir jetzt eine Frage stellen; vielleicht kannst du sie mir beantworten. Sie lautet: Wenn die Saiten der *Veena* zu locker gespannt sind, können sie dann noch Musik machen oder nicht?" Da musste Shrona lachen. Er sagte: „Was für Fragen du stellst! Jedes Kind weiß doch, dass keine Musik möglich ist, wenn die Saiten der *Veena* zu lose sind. Auf losen Saiten kann man keinen Laut machen, kann man sie nicht zupfen. Also können lose Saiten keine Musik hervorbringen!"

Da fragte Buddha weiter: „Und wenn die Saiten zu straff sind?" Shrona antwortete: „Auch zu straffe Saiten bringen keinen Ton hervor, denn Saiten, die zu stramm gespannt sind, reißen sobald man sie berührt."

Also fuhr Buddha fort: „Und wann entsteht Musik?"

Shrona sagte: „Musik entsteht dann, wenn die Saiten so gespannt sind, dass wir sie weder zu straff noch zu schlaff nennen können. Es gibt einen Zustand, wo sie weder zu schlaff noch zu straff sind. Es gibt einen Punkt dazwischen, einen mittleren Punkt: Nur dort entsteht Musik. Und ein erfahrener Musiker prüft, ehe er zu spielen beginnt, die Saiten – um nachzusehen, ob sie auch nicht zu schlaff oder zu straff sind."

Buddha sagte: „Das genügt! Ich habe meine Antwort erhalten. Und ich bin hergekommen um dir genau dasselbe zu sagen. Genauso, wie du es gelernt hast meisterhaft die *Veena* zu spielen, habe ich es vermocht meisterhaft die *Veena* des Lebens zu spielen. Und das Gesetz, das für das Musikinstrument *Veena* gilt, gilt ebenfalls für die *Veena* des Lebens. Wenn die Saiten des Lebens zu schlaff sind, können sie keine Musik abgeben und wenn die Saiten des Lebens zu straff gespannt sind, geben sie ebenso wenig Musik her. Einer, der die Musik des Lebens zu spielen sucht, muss zunächst Sorge dafür tragen, dass seine Saiten nicht zu straff und nicht zu schlaff gespannt sind."

Wo befindet sich diese *Veena* des Lebens? Außer dem menschlichen Körper existiert keine *Veena* des Lebens. Und im menschlichen Körper existieren Saiten, die weder zu schlaff noch zu straff sein dürfen. Nur in solcher Ausgewogenheit findet der Mensch zu seiner Musik. Diese Musik kennen, heißt die Seele kennen. Wenn ein Mensch es dahin bringt, seine innere Musik zu erfahren, lernt er die Seele kennen. Und gelingt es ihm gar, die Musik zu erfahren, die im Ganzen verborgen liegt, begegnet er dem Göttlichen.

Wo also liegen die *Veena-Saiten* des menschlichen Körpers? Zunächst: Es gibt in unserem Geist viele Saiten, die zu straff gespannt sind; und zwar so straff, dass sie keinerlei Musik hervorbringen können. Wenn jemand sie anrührt, kommt nur Wahnsinn hoch und sonst nichts. Und ihr alle lebt mit überspannten geistigen Saiten. Rund um die Uhr haltet ihr sie verspannt, von morgens bis abends. Und wer sich einbildet, sie würden vielleicht nachts entspannt, der täuscht sich. Selbst nachts steht euer Geist unter Druck und Hochspannung.

Früher wussten wir nicht, was sich nachts im Geist des Menschen abspielt; aber heute hat man hierfür Maschinen entwickelt. Während du schläfst, gibt die Maschine immerfort Auskunft darüber, was sich in deinem Gehirn abspielt. In den USA und Russland wird in Labors getestet, was ein Mensch in seinem Schlaf alles anstellt. Bereits an etwa vierzigtausend Menschen hat man Messungen im Schlaf vorgenommen. Und man ist dabei zu sehr überraschenden Ergebnissen gelangt. Die Ergebnisse zeigen, dass der Mensch nachts in seinem Schlaf genau dasselbe macht wie tagsüber. Genau das, was er den ganzen Tag lang tut… wenn er tagsüber einen Laden führt, dann führt er sogar nachts noch seinen Laden weiter. Wenn er sich den ganzen Tag lang Sorgen macht, dann macht er sich auch nachts noch Sorgen. Wenn er tagsüber wütend ist, dann bleibt er auch während der Nacht wütend. In der Nacht wird der gesamte Tagesablauf widergespiegelt, als sein Echo. Alles, was sich tagsüber im Kopf abspielt, hallt nachts zurück. Alles Unabgeschlossene versucht der Verstand in der Nacht abzuschließen. Wenn du auf irgendwen Wut hattest, sie aber nicht restlos zum Ausdruck bringen konntest, wenn also die Wut irgendwo unabgeschlossen blieb oder noch rumhängt, dann lässt dein Geist sie nachts raus. Indem die Wut nun restlos zum Ausdruck kommen darf sucht die *Veena*-Saite ihren Idealzustand wieder herzustellen. Wenn einer den ganzen Tag lang gar nichts gegessen hat, dann isst er nachts im Traum. Alles vom Tag her noch Unerledigte will nachts seinen Abschluss finden.

Was immer also der Verstand tagsüber tut, das tut er auch die ganze Nacht lang. Rund um die Uhr ist der Verstand eingespannt, ohne jede Pause. Die Zügel des Verstandes werden nie locker gelassen. Die Saiten des Verstandes sind also äußerst angespannt – das ist das eine.

Und das Zweite ist: Die Saiten des Herzens sind sehr schlaff. Die Saiten eures Herzens sind nicht im Geringsten gespannt. Wisst ihr wirklich, was Liebe ist? Ihr wisst, was Wut ist, was Neid ist, was Eifersucht ist, was Hass ist. Wisst ihr aber auch, was Liebe ist? Ihr mögt nun sagen: Ja sicher! Ab und zu liebt ihr! Ihr mögt sagen, dass ihr zwar hasst, dass ihr aber auch liebt. Aber heißt das, dass ihr wisst, was…? Kann es ein Herz geben, welches hasst und auch liebt? Genauso gut könnte man sagen, dass jemand „manchmal lebendig ist und manchmal tot"! Das würdet ihr aber nicht glauben, denn ein Mensch kann entweder leben oder er kann tot sein. Beides zugleich ist unmöglich – dass ein Mensch manchmal lebendig ist und manchmal tot, ist nicht möglich, ist unmöglich. Entweder kennt das Herz nur den Hass oder es kennt nur die

Liebe. Zwischen diesen beiden ist kein Kompromiss möglich. In einem Herzen voller Liebe wird Hass unmöglich.

Es gab einmal eine Fakirin, eine Frau namens Rabiya. In ihrer Ausgabe des Korans hatte sie eine Zeile gestrichen. Sie hatte einen Satz darin einfach durchgestrichen. Kein Mensch streicht in heiligen Büchern nach Belieben Sätze durch! Denn was gibt es an der Heiligen Schrift zu verbessern?

Ein anderer Fakir kam einmal Rabiya besuchen. Er las in dem Buch und sagte: „Rabiya, jemand hat in deiner heiligen Schrift rumgeschmiert! Sie ist entweiht worden; irgendwer hat eine ganze Zeile darin durchgestrichen. Wer war das?"

Rabiya erwiderte: „Das war ich."

Der Fakir war zutiefst schockiert. Er sagte: „Was fällt dir ein diese Zeile durchzustreichen?" Die Zeile lautete: „Hasse den Teufel."

Rabiya sagte: „Weil ich in der Klemme stecke. Am Tage, da mich die Gottesliebe erfasste, verschwand aller Hass in mir. Also kann ich nicht hassen, selbst wenn ich wollte. Selbst wenn mir der Teufel persönlich erschiene, könnte ich ihn nur lieben. Ich habe keine andere Wahl – denn bevor ich hassen kann, muss ich erst einmal den Hass in mir haben; ehe ich hassen kann, muss ich Hass in meinem Herzen haben. Wo soll ich ihn sonst hernehmen? Also wie soll ich das bitte anstellen?"

Liebe und Hass können nicht im selben Herzen koexistieren. Diese beiden Dinge sind so konträr wie Leben und Tod: Sie können im selben Herzen nicht koexistieren.

Was aber ist dann das, was ihr Liebe nennt? Wenn etwas weniger Hass da ist, nennt ihrs Liebe, wenn mehr Hass da ist, nennt ihrs Hass. Das sind aber alles eigentlich nur Formen des Hasses, nur in verschiedenen Proportionen. Liebe ist überhaupt nicht vorhanden. Der Fehler schleicht sich auf Grund der Gewohnheit ein, in Abstufungen zu denken. Aus solchen Gradierungen mögt ihr den verkehrten Schluss ziehen, dass Kälte und Hitze zweierlei wären. Sie sind nicht zweierlei: Kälte und Hitze sind Abstufungen ein und desselben Phänomens. Wenn der Anteil der Hitze fällt, dann fühlt sich dieses Etwas allmählich kalt an. Wenn der Anteil der Hitze steigt, dann fühlt sich genau dasselbe Etwas allmählich heiß an. Kälte ist nur eine andere Form von Hitze. Sie scheinen einander auszuschließen oder gegensätzlich zu sein, sind es aber nicht, sondern verdichtete bzw. unverdichtete Zustände von ein und demselben.

Genauso kennt ihr nur Hass: Unter der weniger verdichteten Form des Hasses versteht ihr Liebe und unter der stark verdichteten Form des Hasses versteht ihr Hass. Aber die Liebe ist überhaupt keine Form des Hasses. Liebe ist etwas vom Hass vollkommen Verschiedenes. Liebe hat mit Hass nicht das Geringste zu tun.

Die Saiten eures Herzens sind überhaupt nicht gespannt. Die Musik der Liebe ist solchen schlaffen Saiten nicht zu entlocken, ebenso wenig wie die Musik der Seligkeit. Habt ihr in eurem Leben je Seligkeit gekannt? Könnt ihr von irgend einem Augenblick sagen, es sei ein Augenblick der Seligkeit gewesen und dass ihr darin die Seligkeit erkannt und erfahren hättet? Wenn ihr authentisch seid, werdet ihr kaum behaupten können, jemals Seligkeit kennen gelernt zu haben.

Habt ihr je Liebe kennen gelernt? Habt ihr je Frieden kennen gelernt? Dergleichen könnt ihr ebenfalls kaum behaupten. Was also habt ihr kennen gelernt? Ihr kennt

Rastlosigkeit. Ja, manchmal wird der Grad der Rastlosigkeit kleiner – und das versteht ihr unter Friede… Tatsächlich aber seid ihr dermaßen rastlos, dass ihr jedes Mal, wenn die Rastlosigkeit ein bisschen weniger wird, eine Illusion von Frieden bekommt. Jemand ist krank: Lässt die Krankheit auch nur etwas nach, sagt er gleich, er wäre gesundet. Wenn die Krankheit, die ihn im Griff hat, ein klein wenig nachgibt, meint er gesund geworden zu sein.

Aber was ist Gesundheit in Bezug auf Krankheit? Gesundheit ist etwas vollkommen anderes. Gesundheit ist etwas völlig Anderes. Die allerwenigsten unter uns können je die Erfahrung machen, was Gesundheit ist. Was wir kennen, ist mal mehr, mal weniger Krankheit, aber Gesundheit kennen wir nicht. Wir kennen mal mehr Unruhe, mal weniger Unruhe, aber Frieden kennen wir nicht. Wir kennen mal mehr Hass, mal weniger Hass. Wir kennen mal mehr Wut, mal weniger Wut…

Ihr mögt meinen, die Wut komme nur manchmal hoch. Diese Vorstellung stimmt nicht – ihr seid vierundzwanzig Stunden am Tag wütend! Manchmal vielleicht mehr, manchmal weniger, aber ihr seid rund um die Uhr wütend. Bei der leisesten Gelegenheit zeigt sich plötzlich die Wut. Sie lauert nur auf ihre Chance. Die Wut liegt in eurem Innern im Anschlag; sie sucht nur nach einem passenden äußeren Anlass, der euch den Vorwand liefert wütend zu werden. Wenn ihr ohne Vorwand wütend werdet, dann werden die Leute euch für verrückt erklären. Aber wenn ihr keine Vorwände finden könnt, werdet ihr auch ohne jeden Grund wütend werden. Vielleicht ist euch das nur nicht bewusst. Ein Beispiel: Jemand kann sich in ein Zimmer einschließen lassen … für alles Nötige ist gesorgt, er braucht nur jede Veränderung aufschreiben, die in seinem Kopf vorgeht. Wenn er das alles aufschreibt, wird er entdecken, dass er sich in diesem verschlossenen Zimmer manchmal wohl fühlt und manchmal schlecht fühlt, ohne jeden Grund; manchmal wird er traurig, manchmal wird er froh; manchmal ist Wut da, manchmal keine Spur von Wut. Anlässe sind keine da, die Situation im Zimmer bleibt immer gleich; was aber geht da mit ihm vor?

Das ist auch der Grund, warum sich der Mensch vor dem Alleinsein so fürchtet. Denn wenn er allein ist, kann er nichts mehr auf äußere Gründe schieben, muss er davon ausgehen, dass er all diese Dinge in sich selber hegt. Ein Mensch in Isolationshaft kann nicht länger als sechs Monate bei Verstand bleiben; er wird wahnsinnig werden.

Ein Fakir erklärte dies einmal einem ägyptischen Kalifen. Der wollte ihm das aber nicht glauben. Also forderte ihn der Fakir auf, den vernünftigsten Einwohner der Stadt ausfindig zu machen und ihn für sechs Monate isoliert einzusperren. Die Stadt wurde durchsucht. Man fand einen gesunden jungen Mann: In jeder Hinsicht lebensfroh, frisch verheiratet, eben erst Vater geworden, gut verdienend – kurz, ein rundum zufriedener Mann. Man brachte ihn dem Kalifen, der zu ihm sagte: „Wir haben nichts gegen dich persönlich, wir wollen nur ein Experiment machen. Deine Angehörigen werden gut versorgt sein – um ihre Ernährung, Kleidung und alles Notwendige brauchen sie sich nicht zu sorgen. Sie werden besser leben als du. Auch du wirst allen Komfort haben, nur musst du sechs Monate lang ganz für dich leben."

Man schloss ihn in einem großen Haus ein. Zwar war für alles gesorgt – aber er fühlte sich so einsam! Der Mann, der ihn bewachte, kannte nicht einmal seine Sprache, also konnten sie kein Wort miteinander wechseln. Schon nach zwei oder drei Tagen wurde der Mann langsam nervös. Er hatte alle Annehmlichkeiten, es fehlte an gar nichts. Sein Essen kam pünktlich, er konnte sich zur rechten Zeit schlafen legen. Da es ein königlicher Palast war, stand ihm alles zu Diensten und es gab nirgendwo Schwierigkeiten. Er saß nur rum und konnte tun und lassen, was er wollte. Die einzige Auflage war, dass er mit niemandem sprechen durfte, niemanden zu sehen bekam. Schon nach zwei, drei Tagen verspürte er Unbehagen und nach acht Tagen fing er an laut zu rufen: „Holt mich hier raus! Ich halt es hier einfach nicht mehr aus!"

Was war das Problem? – seine inneren Probleme waren allmählich zum Vorschein gekommen. Genau die Probleme, von denen er noch einen Tag vorher angenommen hatte, sie kämen von außen, kamen nun, wie er entdecken musste, aus seinem eigenen Innern!

Binnen sechs Monaten war der Mann von Sinnen. Nach sechs Monaten, als man ihn wieder hinaus führte, war er vollkommen wahnsinnig geworden. Er hatte angefangen Selbstgespräche zu führen, er hatte angefangen sich selbst zu verfluchen, er hatte angefangen gegen sich selber zu wüten, hatte angefangen sich selbst zu befriedigen... Jetzt war einfach keine Menschenseele mehr da! Nach sechs Monaten führte man ihn als Wahnsinnigen wieder hinaus. Es dauerte sechs Jahre, bis er wiederhergestellt war.

Jeder Einzelne von euch würde da wahnsinnig werden. Ihr werdet deshalb nicht wahnsinnig, weil ihr die andern zu euren Sündenböcken machen könnt. Ihr habt immer Ausreden: „Der und der hat mich zutiefst beleidigt, da bin ich halt ausgerastet!" Niemand rastet aus, weil irgendwer ihn beleidigt. Drinnen brodelt schon die Wut; diese Beleidigung ist nur ein willkommener Anlass, das Fass zum Überlaufen zu bringen.

Ein Brunnen ist voller Wasser: Wenn du einen Eimer hinein wirfst und wieder hoch ziehst, kommt das Wasser aus dem Brunnen heraus. Wenn kein Wasser im Brunnen ist, kannst du deinen Eimer rein werfen, so oft du willst, es wird kein Wasser zum Vorschein kommen. Dem Eimer ist es nicht gegeben, von sich aus Wasser rauszuholen – es muss erst Wasser im Brunnen vorhanden sein. Wenn Wasser im Brunnen ist, kann ein Eimer es rausholen. Wenn kein Wasser im Brunnen ist, kann der Eimer auch kein Wasser rausholen.

Wenn keine Wut in dir ist, wenn kein Hass in dir steckt, dann kann dir auch keine Macht der Welt Wut oder Hass entlocken. Und all die Zeit zwischendurch, in der niemand seinen Eimer in deinen Brunnen wirft, kannst du dich gern in der Illusion wiegen, da wäre kein Wasser im Brunnen. Wenn dann aber tatsächlich einer seinen Eimer in dich rein wirft, kommt plötzlich doch Wasser zum Vorschein! Nur solange der Brunnen nicht benutzt wird, können wir uns vormachen, jetzt wäre kein Wasser mehr drin. Und genauso kommen auch, wenn niemand uns einen Anlass gibt, weder Wut noch Hass oder Neid in uns hoch. Nur glaubt bitte nicht, da wäre kein Wasser in eurem Brunnen! Da ist Wasser im Brunnen und wartet nur darauf, dass jemand mit einem Eimer kommt um es hochzuziehen. Aber wir meinen immer, diese Zwischenzeiten, in denen nichts passiert, wären Zeiten der Liebe und des Friedens. Dies ist ein Irrtum.

Jedes mal, nach jedem Krieg auf der Welt, sagen die Menschen, nun sei endlich Friede. Gandhi dagegen hat gesagt: „Wenn ihr mich fragt – ich sehe das anders. Es gibt immer nur Krieg oder Vorbereitung zum Krieg; Frieden jedenfalls gibt es nie. Friede ist eine Illusion."

Im Moment herrscht auf der Welt nicht Krieg; seit Ende des Zweiten Weltkrieges warten wir auf den Dritten Weltkrieg. Aber wenn wir die jetzigen Zeiten ‚Friedenszeiten' nennen, irren wir uns. Dies sind keine Friedenszeiten. Wir leben in einer Zeit, in der für den Dritten Weltkrieg gerüstet wird. Überall auf der Welt laufen die Vorbereitungen für einen Dritten Weltkrieg auf vollen Touren. Es gibt immer nur entweder Krieg oder Kriegsvorbereitungen. Die Welt hat von Anbeginn noch keinen friedlichen Tag erlebt.

Ebenso stecken im Menschen immer nur entweder Wut oder Vorbereitungen zum Wutausbruch. Der Mensch kennt keinen Zustand ohne Wut. In ihm herrscht Unruhe – entweder zeigt sie sich an der Oberfläche oder ist gerade im Begriff, zur Oberfläche aufzusteigen. Wenn ihr die Vorbereitungszeit für eine Friedenszeit haltet, dann täuscht ihr euch.

Die Saiten eures Herzens sind sehr schlaff: Sie bringen nur Wut hervor, bringen nur Misstöne und Katzenmusik hervor – Musik jedenfalls nicht. Wenn die Saiten eures Geistes zu überspannt sind, dann bringen sie Wahnsinn hervor und wenn die Saiten eures Herzens zu schlaff sind, dann bringen sie nichts als Wut, Feindseligkeit, Neid und Hass hervor. Die Saiten eures Herzens sollten etwas straffer gespannt werden, damit es Liebe hervorbringen kann, und die Saiten eures Geistes sollten ein wenig gelockert werden, damit er statt Wahnsinn eine hellwache Intelligenz hervorbringen kann. Sind die Saiten von beiden harmonisch gestimmt, dann besteht auch die Möglichkeit, dass die Musik des Lebens erklingt.

Zwei Dinge sind wichtig: Erstens, wie man die Saiten des

Geistes entspannen kann, und zweitens, wie man die Saiten des Herzens ein wenig mehr anziehen kann, ihnen etwas mehr Spannkraft geben kann. Und die Synthese von beiden ist das, was ich ‚Meditieren' nenne.

Und wenn es so weit ist, dass beides geschieht, dann kann auch das Dritte geschehen: Dann ist es möglich, hinab zu steigen zur wirklichen Mitte eures Lebens – zum Nabel. Wenn diese beiden Zentren Musik machen, wird es auch möglich nach innen zu gehen. Die Musik beider wird dann selber zur Fähre werden, die euch tiefer führt. Je harmonischer eure Persönlichkeit, je mehr Musik aus eurem Inneren strömt, desto tiefer gelangt ihr hinab. Je mehr Disharmonie in euch herrscht, desto flacher werdet ihr bleiben, desto oberflächlicher werdet ihr bleiben.

Die Seele des Menschen steht weder mit dem Geist noch mit dem Herzen in Verbindung. Die Seele des Menschen steht mit dem Nabel in Verbindung. Der wichtigste Punkt im menschlichen Körper ist der Nabel; er ist der Mittelpunkt. Der Nabel des Menschen liegt nicht nur im Mittelpunkt des menschlichen Körpers, sondern auch im Mittelpunkt des Lebens. Durch ihn wird das Kind geboren und durch ihn beendet es sein Leben. Und allen Menschen, die die Wahrheit zu entdecken suchen, dient der Nabel hierfür als Tor.

Es mag euch vielleicht nicht bewusst sein, aber den ganzen Tag über atmet ihr aus der Brust heraus, während ihr nachts aus dem Nabel heraus atmet. Den ganzen Tag lang hebt und senkt sich eure Brust, aber nachts, wenn ihr schlaft, fängt euer Bauch sich zu heben und senken an. Ihr habt sicher schon einmal gesehen, wie ein kleines Kind schläft: Die Brust des Säuglings rührt sich nicht, aber dafür hebt und senkt sich sein Bauch. Säuglinge sind dem Nabel noch sehr nah. Je älter das

Kind wird, desto mehr atmet es aus der Brust heraus und dann erreichen die Schwingungen des Atmens nicht mehr den Nabel.

Wenn ihr eine Straße entlang geht oder Fahrrad oder Auto fahrt und plötzlich passiert ein Unfall, werdet ihr überrascht feststellen, dass euch der Schreck zunächst in den Nabel fährt, nicht in den Kopf oder ins Herz. Wenn euch plötzlich ein Mann mit dem Messer anfällt, werdet ihr zuerst am Nabel erbeben, nicht woanders. Selbst wenn ihr jetzt im Moment plötzlich Angst bekämt, würde sich das zuerst als ein Erzittern der Nabelgegend bemerkbar machen.

Wann immer eine Lebensgefahr droht, spürt man deren erstes Beben am Nabel; denn der Nabel ist das Zentrum des Lebens. Nirgendwo sonst wird sich das Beben melden. Die Quellen des Lebens entspringen dort und der Mensch ist nur deshalb so orientierungslos, weil er dem Nabel überhaupt keine Aufmerksamkeit schenkt. Das Nabelzentrum ist durch und durch krank; es bekommt keinerlei Aufmerksamkeit. Und es werden auch keinerlei Anstalten zu seiner Entfaltung gemacht.

Es sind aber unbedingt Anstalten nötig um dem Nabelzentrum zur Entfaltung zu verhelfen. Genauso, wie wir zur Entfaltung des Geistes Schulen und Universitäten eingerichtet haben, sind auch Einrichtungen zur Entfaltung des Nabelzentrums absolut geboten. Denn es gibt Dinge, die der Entwicklung des Nabelzentrums zuträglich sind, und es gibt Dinge, die der Entwicklung des Nabelzentrums unzuträglich sind.

Wie ich schon sagte, spüren wir, wenn eine Situation der Angst entsteht, diese zu allererst am Nabelzentrum. Je mehr wir uns also in Furchtlosigkeit üben, desto gesünder wird unser Nabelzentrum werden; und je mehr man sich zum Mut anhält, desto gesünder wird sich das Nabelzentrum entfalten. Je größer die Furchtlosigkeit, desto fester und gesünder der Nabel – und desto tiefer der Kontakt zum Leben. Aus diesem Grunde haben alle großen Meditierer der Welt seit jeher die Furchtlosigkeit zur unentbehrlichen Eigenschaft eines Wahrheitssuchers erklärt. Nur dies ist der Sinn von Furchtlosigkeit: Der Sinn von Furchtlosigkeit besteht darin, dass sie das Nabelzentrum zu vollem Leben erweckt. Zur restlosen Entfaltung des Nabelzentrums ist sie absolut unverzichtbar.

Lasst uns dies Schritt für Schritt durchgehen.

Wesentlich ist es, dem Nabelzentrum maximale Aufmerksamkeit zu schenken und insofern ist es notwendig, unsere Aufmerksamkeit immer mehr vom Kopfzentrum und vom Herzzentrum weg nach unten zu verlagern, damit sie dort immer tiefer eindringen kann. Zu diesem Zweck werden wir hier zwei Meditationsexperimente machen – eins morgens und eins abends.

Damit sich das Bewusstsein vom Kopf nach unten verlagern kann, ist es notwendig den Verstand völlig zu entspannen. Aber wir halten den Verstand unentwegt unter Spannung. Wir haben vergessen, dass wir ihn ständig verspannt halten. Er ist total verspannt, nur merken wir das nicht einmal mehr! Als Erstes ist es also nötig ihm etwas Entspannung zu gönnen.

ANLEITUNG ZUR MORGENMEDITATION

Euer gesamter Geist muss entspannt sein – so still und gelöst, dass er überhaupt nichts mehr tut. Aber wie wollt ihr feststellen, ob er entspannt ist? Wenn wir mit aller Macht die Faust ballen, wird uns bewusst, wie sehr wir dafür alle Muskeln anspannen müssen. Und wenn wir die Faust wieder aufmachen, wird uns bewusst, wie sehr sich alle Muskeln gelockert und entspannt haben. Wir wissen nämlich nur deshalb nicht, was Verspanntheit eigentlich ist, weil unser Verstand ununterbrochen verspannt ist. Erst werden wir unseren Verstand so sehr anstrengen, wie es nur geht, und dann plötzlich werden wir ihn entspannen – danach werdet ihr auf Anhieb wissen, was der Unterschied zwischen einem verspannten und einem entspannten Verstand ist.

Diese Meditation beginnt also damit, dass ihr euren Verstand eine Minute lang anspannt, so sehr ihr nur könnt – aktiviert ihn so stark wie möglich. Und danach werde ich sagen: „Jetzt lasst es" – und dann lasst ihr ihn restlos entspannen. Nach und nach wird euch aufgehen, was es heißt verspannt zu sein, und was es heißt entspannt zu sein. Diesen Unterschied müsst ihr spüren können, es muss eine eigene Erfahrung werden; und danach werdet ihr ihn immer mehr entspannen können.

Das Erste ist also den Verstand restlos zu entspannen.

Außer dem Verstand muss aber auch der ganze Körper entspannt werden. Man muss so bequem sitzen, dass es nirgends im Körper mehr Anspannung oder Stress gibt. Nirgendwo im Körper sollte irgendeine Belastung sein. Und was sollt ihr dann machen? Im selben Augenblick, in dem alles in euch gelöst ist, fangen die Vögel zu singen an, hört ihr plötzlich das Geräusch der Wassermühle, vielleicht schreit irgendwo eine Krähe, von woanders her kommt ein anderer Laut... Ihr werdet anfangen all diese Geräusche zu hören. Denn je entspannter der Verstand ist, desto empfindsamer wird er werden. Ihr werdet anfangen die kleinste Kleinigkeit zu hören und zu fühlen – bis hin zum Hören eures eigenen Herzschlags und zum Hören und Spüren eures Ein- und Ausatmens.

Danach also sollte man, einfach still dasitzend, ruhig alles wahrnehmen, was um einen herum vor sich geht – und sonst nichts. Da sind irgendwelche Geräusche? – lausche ihnen in aller Stille. Da singt ein Vogel? – lausche ihm in aller Stille. Dein Atem strömt ein und aus? – schau ihm in aller Stille zu. Ansonsten gibt es nichts weiter zu tun. Du brauchst deinerseits gar nichts zu tun; denn sobald du wieder anfängst etwas zu tun, verspannt sich der Verstand sofort wieder.

Bleibt einfach immer nur sitzen, in einem Zustand entspannter Wachheit. Alles geschieht von allein, ihr hört einfach nur stillschweigend hin. Und ihr werdet überrascht feststellen, dass sich bei diesem stillen Hinhören allmählich eine tiefere Stille in euch ausbreiten wird. Je tiefer euer Hinhören, desto mehr wird diese Stille zunehmen. Binnen zehn Minuten wird jeder sehen: Du bist zu einem tiefen Ruhepol geworden. Überall herrscht Friede.

Diese Technik am Morgen...

Zunächst spannt euren Verstand restlos an. Wenn ich euch dazu auffordere, euren Verstand restlos anzuspannen, dann schließt eure Augen und strengt euren Verstand an, so sehr ihr nur könnt. Als Zweites dann werde ich euch auffordern ihn loszulassen: Dann lasst ihn entspannen, lasst ihn immerzu weiter entspannen... Und auf dieselbe Art und Weise lasst ihr danach auch den Körper entspannen. Die Augen bleiben geschlossen, ihr sitzt einfach nur stillschweigend da und lauscht allen Geräuschen, die hörbar werden. Zehn Minuten lang braucht ihr nur still zu lauschen – und sonst gibt es nichts weiter zu tun. In diesen zehn Minuten werdet ihr zum ersten Mal das Gefühl haben, dass sich ein Strom von Stille in Gang gesetzt hat und eure Lebensenergie begonnen hat in eurem Innern abwärts zu fließen. Sie wird langsam vom Kopf nach unten sinken.

So, nun schließt zunächst sanft die Augen. Sachte, ganz sachte schließen jetzt alle die Augen. Ihr dürft keinen Druck auf die Augen ausüben. Ihr dürft sie auf keinen Fall mit Gewalt zumachen. Lasst die Lider langsam fallen, es darf kein Gewicht auf den Augen sein. Schließt eure Augen. Ja, schließt die Augen… aber ganz sachte.

Und nun lasst den Körper entspannen und spannt lediglich euren Verstand an. Strengt eure Gedanken an, so sehr ihr nur könnt, setzt den Verstand unter Druck so sehr ihr nur könnt, macht den ganzen Kopf zur Dampfmaschine! Setzt eure ganze Kraft dran! Verspannt ihn mit aller Macht, aber lasst den Körper dabei entspannt bleiben. Lenkt alle Energie in den Verstand, damit sich der Verstand völlig verspannt – genau wie eine geballte Faust, alle Muskeln angespannt. Haltet ihn eine Minute lang so gut ihr nur könnt angespannt. Spannt ihn an, mit aller euch zur Verfügung stehenden Macht. Gestattet ihm nicht sich zu lockern, spannt ihn restlos an! Macht ihn so verspannt wie nur möglich. Spannt den Verstand in euch in jeder Hinsicht an. Haltet ihn angespannt. Macht ihn angespannt, mit all eurer Kraft, bis zum Gehtnichtmehr. Setzt alles dran, ihn so total anzuspannen, dass er sich, wenn ihr ihn loslasst, total entspannen kann. Spannt ihn an! Und jetzt darf er völlig entspannen! Gestattet ihm, sich restlos zu entspannen. Lasst den Verstand restlos entspannt sein. Setzt alle Spannungen frei. Nun breitet sich langsam in eurem Innern Entspannung aus. Ihr werdet innerlich spüren, dass etwas weggefallen ist, eine Anspannung verschwunden ist, irgendetwas Friedvolles eingesetzt hat. Lasst ihn entspannen. Einfach entspannen...

Und die Geräusche ringsum... der Wind, der durch die Blätter rauscht, ein paar Vogelstimmen... ihr sitzt einfach nur still da und lauscht gelassen all diesen Lauten. Hört einfach nur hin.

Die Meditierenden Japans kamen allmählich zu der Erkenntnis, dass ein Sucher, der in seinem Leben keine Gelegenheit bekommt Mut und Kraft zu entfalten, sein Leben lang nur vom Verstand beherrscht wird und seine anderen, tieferen Zentren sich gar nicht entwickeln. Er kann nur ein Gelehrter werden, aber er kann kein Heiliger werden. Er mag ein so genannter ‚beschlagener Mann' werden, er mag sich in der Bhagavat Gita, im Koran, in der Bibel und den Upanishaden auskennen; er mag sie auswendig lernen wie ein Papagei, durchaus möglich – aber er hat keinerlei Lebenserfahrung.

2. DER KOPF, DAS HERZ, DER NABEL

WEDER DER KOPF NOCH DAS HERZ, sondern der Nabel ist das wichtigste und grundlegendste Zentrum im Leben des Menschen. Der Mensch hat sich unter dem Diktat seines Kopfes entwickelt und das hat sein Leben in die falsche Richtung gelenkt, in die Irre geführt. In den vergangenen fünftausend Jahren haben wir immer nur den Verstand, nur den Intellekt ausgebildet und entwickelt. Das hat großen Schaden angerichtet. Das hat dazu geführt, dass fast jeder einzelne Mensch am Rande des Wahnsinns steht. Beim leisesten Auslöser kann jeder wahnsinnig werden. Der Verstand steht praktisch am Rande des Zusammenbruchs: Ein kleiner Stoß und unser Verstand kann zusammenbrechen.

Auch sollte es uns zu denken geben, dass im letzten halben Jahrhundert, in den vergangenen fünfzig Jahren, nahezu alle großen Denker der Welt wahnsinnig geworden sind. Im Westen hat es im letzten halben Jahrhundert kaum einen einzigen Denker gegeben, der nicht in der einen oder anderen Form den Wahnsinn erfahren hätte. Alle großen Dichter, großen Denker, großen Philosophen, großen Wissenschaftler haben in irgend einer Form unter Wahnsinn gelitten. Mehr und mehr – im selben Maße, wie immer mehr Menschen gebildet werden – erfassen die Symptome des Wahnsinns jetzt auch die breite Masse. Wenn ein neuer Mensch entstehen soll, ist es unerlässlich das Lebenszentrum des Menschen zu verlagern. Je mehr dieses Zentrum in die Nabelgegend gerückt wird, statt im Kopf angesiedelt zu werden, desto näher ist der Mensch seiner Lebensenergie.

Warum sage ich dies? In diesem Zusammenhang müssen zunächst noch ein paar weitere Dinge geklärt werden. Das Kind, das im Mutterschoß heranwächst, der sich entwickelnde Embryo, ist mit der Mutter durch den Nabel verbunden. Die Lebensenergie der Mutter strömt durch den Nabel selbst in das Kind ein. Die Lebensenergie der Mutter ist ein sehr unbekannter, ein sehr mysteriöser elektrischer Strom, der das gesamte Dasein des Kindes durch den Nabel hindurch versorgt. Später dann trennt sich das Kind von der Mutter ab, wird es geboren. Sofort nach seiner Geburt muss seine Nabelschnur durchtrennt werden und damit beginnt die Loslösung von der Mutter.

Es ist absolut notwendig, dass sich das Kind von der Mutter löst; andernfalls kann es kein eigenes Leben entwickeln. Das Kind, das in der Mutter herangewachsen ist und eins gewesen ist mit ihrem Körper, muss sich ab einem bestimmten Punkt von ihr trennen. Diese Trennung geschieht, indem die Verbindung, die es mit ihr gehabt hat, also der Nabel, durchgeschnitten wird. Wenn diese Verbindung durchschnitten ist, kommt die Lebensenergie, die es bisher über den Nabel bezogen hat, völlig zum Stillstand. Sein ganzes Wesen erbebt nun. Sein ganzes Wesen schreit nun nach diesem Energiestrom des Lebens, an den er bis gestern noch angeschlossen war, der aber heute plötzlich ausgesetzt hat.

Der Schmerz, den das Kind empfindet, sein Weinen nach der Geburt liegt nicht am Hunger, sondern am Schmerz von der Lebensenergie getrennt und abgeschnitten zu sein. Seine Verbindung mit der gesamten Lebensenergie wurde abgebrochen; die Quelle, aus der es bis gestern sein Leben erhielt, ist jetzt versiegt. Das Kind kämpft um sein Leben – und wenn das Kind nicht schreit, dann ist den Ärzten oder den

Fachleuten zufolge etwas schief gegangen. Wenn das Kind nicht weint, dann heißt das, dass es nicht überleben wird. Nicht empfunden zu haben, dass es von seiner Lebensenergie abgeschnitten wurde, kann nur eines heißen: Dass es todgeweiht ist und nicht leben wird. Daher wird auch alles Erdenkliche getan um das Kind zum Weinen zu bringen. Das Weinen muss sein, denn wenn es leben soll, muss es erfahren, dass es nunmehr von seiner Lebensquelle abgeschnitten ist. Erfährt es das nicht, schwebt es in höchster Gefahr.

Und das ist der Augenblick, da das Kind sich einen neuen Zugang zur Lebensenergie zu verschaffen sucht. Und erst durch die Muttermilch findet es wieder Zugang zu seiner Lebensenergie. So findet die zweite Verbindung des Kindes statt – mit dem Herzen. Am Herzen der Mutter beginnt auch sein eigenes Herzzentrum sich langsam zu bilden und das Nabelzentrum gerät in Vergessenheit. Das Nabelzentrum muss vergessen werden, da es abgeschnitten wurde, nicht mehr mit ihm verbunden ist. Und die Energie, die das Kind zuvor durch den Nabel empfing, empfängt es nun durch den Mund. Das Kind ist erneut mit der Mutter vereint: Ein neuer Kreislauf setzt ein und durch ihn wird es wieder verbunden. ‚Es mag euch vielleicht überraschen, aber wenn ein Kind seine Nahrung nicht durch die Milch seiner Mutter bekommt, wenn es nicht von ihr gestillt wird, dann bleibt seine Lebensenergie immer schwach. Man kann ihm auch auf anderen Wegen Milch zuführen, aber wenn es nicht regelmäßig die warme Berührung mit dem Herzen der Mutter erfährt, dann wird sein Leben für immer frustriert, bleiben seine Chancen ein langes Leben zu führen für immer gering. Kinder, die nicht mit Muttermilch gestillt werden, haben keine Aussicht, in ihrem Leben viel Glück und Stille zu erfahren.

In der gesamten jüngeren Generation im Westen und allmählich auch in Indien regt sich heute eine große Rebellion. Der tiefste Grund hierfür ist, die Wurzel liegt darin, dass westliche Kinder nicht mehr gestillt werden. Ihre Achtung vor dem Leben und ihre Beziehung zum Leben ist nicht von Liebe getragen. Von frühester Kindheit an hat ihre Lebensenergie lauter Erschütterungen erlitten und so sind sie lieblos geworden. Mit diesen Erschütterungen, mit der Trennung von der Mutter sind sie vom Leben selbst abgeschnitten worden. Denn für ein Kind gibt es zunächst kein anderes Leben als seine Mutter.

Wo immer heute in aller Welt Frauen höhere Bildung bekommen, verspüren sie keine Lust mehr, sich Kinder an die Brust zu legen. Und das hat sich katastrophal ausgewirkt. In primitiven Gesellschaften werden die Kinder sehr lange von der Mutter gestillt. Je gebildeter eine Gesellschaft wird, desto früher werden die Kinder von der Mutterbrust entwöhnt. Je früher den Kindern die Milch ihrer Mutter entzogen wird, desto schwieriger wird es für sie werden, in ihrem eigenen Leben Frieden zu finden. Eine tiefe Ruhelosigkeit wird sich von Anfang an ihres Lebens bemächtigen. An wem werden sie sich für diese Ruhelosigkeit rächen? Die Rache wird sich gegen die Eltern selber richten.

Überall auf der Welt rächen Kinder sich an ihren Eltern. An wem sonst sollten sie sich auch rächen? Sie selbst haben ja keine Ahnung, was das für eine Reaktion in ihnen ist, woher das Aufbegehren in ihnen kommt, was das für ein Feuer ist, das in ihnen aufflammt. Aber unbewusst, tief drinnen wissen sie, dass diese Auflehnung daher rührt, dass sie zu früh von ihrer Mutter getrennt wurden. Im Herzen wissen sie das, auch wenn ihr Intellekt nichts davon weiß. Das hat zur Folge, dass sie sich an ihren Müttern und Vätern rächen – dass sie sich an allen rächen wollen. Ein Kind, das gegen Mutter und Vater ist, kann nie und nimmer für Gott sein. Für Gott zu sein, ist einfach schon deshalb ganz ausgeschlossen, weil die ersten Gefühle, die es für Gott empfindet, genau dieselben sind, die es für Mutter und Vater empfand.

Es ist ja kein Zufall, dass überall auf der Welt Gott ‚der Vater' genannt wird. Es ist kein Zufall, dass Gott als das Ebenbild des eigenen Vaters verstanden wird. Nur wenn die allerersten Empfindungen im Leben eines Kindes die des Vertrauens, der Dankbarkeit und Verehrung gegenüber Mutter und Vater sind, können sich auch gegenüber Gott dieselben Empfindungen entwickeln – sonst nicht.

Kaum ist es geboren, wird das Kind also von seiner Mutter abgenabelt. Die zweite Quelle seiner Lebensenergie ist mit dem Herzen seiner Mutter verbunden. Aber irgendwann kommt der Punkt, da das Kind sich auch von der Milch seiner Mutter trennen muss. Wann kommt hierfür der richtige Zeitpunkt? Jedenfalls nicht so früh, wie wir annehmen.

Kinder sollten, wenn ihr Herz und ihre Liebe sich für den Rest ihres Lebens richtig entwickeln sollen, dem Herzen ihrer Mutter ein wenig länger nahe bleiben. Sie werden sehr früh abgeschoben. Nicht die Mutter sollte ihrem Kind die Milch entziehen; sie sollte vielmehr dem Kind gestatten sich von sich aus zu trennen. Irgendwann kommt der Punkt, da das Kind sich von selber trennt. Wenn eine Mutter den Bruch gewaltsam vollzieht, ist das so, als würde das Kind nach vier oder fünf Monaten aus dem Mutterleib gerissen, statt ihm zu gestatten, nach neun Monaten von selber herauszukommen. Genau derselbe Schaden entsteht, wenn die Mutter dem Kind ihre Milch entzieht, bevor das Kind sich aus eigenem Entschluss abwendet. Denn dann kann sich auch das zweite Zentrum, das Herz-Zentrum des Kindes, nicht richtig entwickeln.

Wo wir schon einmal bei diesem Thema sind, möchte ich euch noch ein paar Dinge mehr hierzu sagen. Ihr werdet staunen... Woher kommt es wohl, dass überall auf der Welt der weibliche Körperteil, der am meisten Anziehungskraft auf die Männer ausübt, die Brüste der Frau sind? Lauter Kinder, die zu früh von der Mutterbrust genommen wurden! In ihrem Unbewussten, tief drinnen, hat sich das Verlangen gehalten der Brust einer Frau nahe zu sein. Es wurde nie erfüllt – einen anderen Grund hat das nicht, eine andere Ursache gibt es nicht. In Stammesgesellschaften, in primitiven Gesellschaften, wo die Kinder lange genug gestillt werden, kennen die Männer diese Anziehungskraft der Brüste nicht.

Aber warum sind eure Gedichte, eure Romane, eure Filme, eure Dramen, eure Gemälde alle so auf die Brüste der Frauen fixiert? Weil sie alle von Männern stammen, die in ihrer Kindheit nicht lange genug an der Brust ihrer Mutter liegen durften. Dieses Verlangen ist ungestillt geblieben – und nimmt nun ganz neue Formen an. Jetzt findet es seinen Niederschlag in pornografischen Bildern, jetzt werden pornografische Bücher und Lieder geschrieben. Jetzt belästigen die Männer Frauen auf offener Straße und werfen Steine nach ihnen. Erst bereitet ihr den Boden für all diese Dummheiten und dann beschwert ihr euch darüber und wollt sie abschaffen.

Es ist lebensnotwendig, dass ein Kind lange genug an der Mutterbrust bleibt, damit seine geistigen, seine körperlichen und seelischen Wachstumsprozesse richtig verlaufen können. Andernfalls entwickelt sich sein Herz-Zentrum nicht genug, bleibt es unreif, unterentwickelt, fixiert. Und wenn sich das Herz-Zentrum nicht entfalten kann, dann tritt etwas vollends Unmögliches ein: Dann versucht der Betreffende, die Arbeit, die das Herz nicht leisten durfte, die der Nabel nicht leisten durfte, vom Kopf her zu leisten! Dieses Bemühen macht die Sache nur noch komplizierter; denn jedes Zentrum hat seinen eigenen Aufgabenkreis und jedes Zentrum kann nur diesen leisten; keines kann den anderen Zentren ihre Arbeit abnehmen. Weder der Nabel noch der Verstand kann die Arbeit des Herzens verrichten. Aber sobald das Kind von der Mutter getrennt wird, bleibt ihm nur noch ein einziges Zentrum, auf das dann die ganze Arbeitslast fällt – und zwar das Verstandeszentrum. Erziehung, Ausbildung, Schulen und Universitäten – alle stürzen sie sich auf das Verstandeszentrum. Und dann kommen nur noch die Menschen weiter im Leben, deren Verstand besser entwickelt ist und mehr leisten kann. Ein Wettlauf geht los und jeder versucht all seine Lebensaufgaben mit dem Verstand zu meistern.

Die Liebe eines Menschen, der vom Verstand her lebt, kann nur unecht sein – weil der Verstand nichts mit Liebe zu tun hat. Liebe kann nur durch das Herz geschehen, nicht durch den Verstand. Aber das Herz-Zentrum wurde nicht richtig entwickelt, also greift man auf den Verstand zurück. Dann denkt ihr sogar über Liebe nach! Liebe hat nichts mit Denken zu tun, aber in euch kommt selbst eure Liebe als Denken zum Ausdruck. Das ist der Grund, warum die ganze Welt in Sexualität erstickt. ‚Sexualität' bedeutet nur eines: Nämlich dass der Verstand dazu missbraucht wird die Arbeit des Sexzentrums zu tun. Wenn der Sex zu Kopf steigt, ist das gesamte Leben zerstört – und heutzutage ist der Sex auf der ganzen Welt den Menschen zu Kopf gestiegen.

Das Sexzentrum ist der Nabel, denn die größte Lebensenergie ist der Sex: Die Geburt kommt durch ihn, alles lebendige Wachstum kommt durch ihn. Aber euer Nabelzentrum ist unentwickelt und so zieht ihr andere Zentren für seine Aufgaben heran. Auch die Tieren haben Sex in sich, aber keine Sexualität; und daher hat selbst der tierische Sex noch etwas Schönes, etwas Vergnügtes an sich. Die Sexualität des Menschen ist deshalb so abstoßend, weil der Sex zu einem gedanklichen Verstandesprozess geworden ist – er denkt über Sex sogar nach!

Man kann eine Mahlzeit einnehmen – Essen ist notwendig; aber wenn jemand rund um die Uhr nur ans Essen denkt, dann ist er wahnsinnig. Zu essen ist absolut gut, ist sehr notwendig, man muss ja essen; aber wenn einer vierundzwanzig Stunden am Tag nur ans Essen denkt, dann sind seine Zentren durcheinander geraten – er bedient sich des Verstandes um die Arbeit seines Magens zu tun! Aber die Nahrung kann weder in den Verstand dringen, noch kann der Verstand sie verdauen. Der Verstand kann nur denken, kann nur Betrachtungen anstellen. Je mehr der Verstand übers Essen nachdenkt, desto mehr Leerlauf wird im Magen sein; er wird verstört werden. Versucht einmal, eure Nahrung durch Denken zu verdauen!

Normalerweise nehmt ihr eure Nahrung zu euch und denkt dann nicht mehr daran. Die Nahrung geht von allein in den Magen und der Magen beginnt mit seiner Verdauungsarbeit. Er ist ein unbewusstes Zentrum; er tut seine Arbeit, ihr braucht nicht darüber nachzudenken. Aber irgendeines schönen Tages solltet ihr einmal Acht geben und mitdenken: „Jetzt ist die Speise im Magen angekommen – jetzt wird sie verdaut – jetzt passiert dies, jetzt passiert das…" Ihr werdet merken, dass an diesem Tag die Verdauung unmöglich geworden ist! Je mehr Denken sich einmischt, desto mehr wird der unbewusste Magenprozess durcheinander geraten.

Aber derlei geschieht selten, was das Essen betrifft – außer bei Leuten, die vom Fasten besessen sind. Wenn jemand ohne Grund fastet, dann wird das Essen seine Gedanken beherrschen. Er will nicht essen, er will fasten – aber er wird ans Essen denken. Dieses Denken ist viel schädlicher als jedes Essen. Essen ist mit Sicherheit nicht schädlich. Essen ist völlig unerlässlich zum Leben, aber ans Essen zu denken ist irgendwie krankhaft. Wenn ein Mensch anfängt übers Essen nachzudenken, hört alles Wachstum in seinem Leben auf. Er wird von diesen nutzlosen Gedanken besessen sein.

Aber genau das ist mit dem Sex passiert: Wir haben ihn mit Gewalt aus seinem eigentlichen Zentrum verbannt und heute denken wir über ihn nach. Auf die Art und Weise habt ihr nach und nach die Aufgaben der drei wichtigsten Zentren in eurem Leben dem Verstand überliefert. Das ist so, als wollte ein Mensch unbedingt mit seinen Augen hören oder mit seinem Mund sehen. Das ist, als wollte ein Mensch mit seinen Ohren sehen oder schmecken. Ihr würdet so jemanden für verrückt erklären, denn die Augen sind schließlich zum Sehen da und die Ohren zum Hören. Das Ohr kann nicht sehen, das Auge kann nicht hören. Wer derartige Sachen versucht, kann am Ende nur Chaos entfesseln.

So also ist es um die drei Zentren des Menschen bestellt. Das Zentrum fürs Leben ist der Nabel, das Zentrum fürs Fühlen ist das Herz und das Zentrum fürs Denken ist der Verstand. Das Denken ist von allen dreien das oberflächlichste Zentrum. Das nächste Zentrum, tiefer gelegen, ist das des Fühlens und noch tiefer als dieses liegt das Zentrum des Seins.

Ihr mögt annehmen, dass wenn das Herz stillsteht, auch die Lebensenergie stillsteht. Aber heute sind Wissenschaftler zu dem Schluss gekommen, dass der Mensch, auch wenn sein Herz stehen geblieben ist, dennoch weiterleben kann, bis es wiederbelebt worden ist – noch sechs Minuten. Nachdem die Verbindung zum Herzen abgebrochen ist, bleibt das Lebenszentrum am Nabel noch sechs Minuten lang aktiv. Wenn man es schafft binnen dieser sechs Minuten das Herz wieder in Gang zu bringen oder ein neues Herz einzusetzen, kann der Betreffende weiterleben und braucht nicht zu sterben. Aber wenn das Leben aus dem Nabelzentrum entwichen ist, dann bringt es auch nichts mehr, ihm ein neues Herz einzusetzen.

Das tiefste und grundlegendste Zentrum in uns ist also der Nabel. Und so möchte ich mich jetzt mit diesem Nabelzentrum befassen.

In der Menschheit, wie sie sich heute darstellt, geht alles drunter und drüber. Es ist, als stünde ein Mann auf dem Kopf und machte *shirshasana*. Das ist die Yogaübung des Kopfstands, mit den Füßen in der Luft. Wenn einer vierundzwanzig Stunden lang *shirshasana* machen würde, in was für einer Verfassung wäre er dann? Ich sehe, ihr versteht! Er würde mit Sicherheit verrückt. Er ist schon verrückt, andernfalls würde er keine vierundzwanzig Stunden lang Kopfstand machen; er hat keinerlei Grund dazu. Aber ihr habt in eurem Leben alles umgekehrt – ihr macht allesamt Kopfstand! Ihr habt den Kopf zur Grundlage eures Lebens gemacht. Denken und Überlegen sind heutzutage das Fundament des Lebens.

Der authentischen Religion zufolge bilden aber nicht Denken und Überlegen das Lebensfundament; vielmehr sollte das Fundament darin bestehen, sich frei zu machen von allem Denken und Überlegen – ohne Gedanken zu sein. Aber ihr lebt immer nur aus Denken und Überlegen heraus und versucht durch Denken und Überlegen herauszufinden, was ihr mit eurem Leben anfangen sollt. Aus diesem Grund seid ihr völlig auf den Holzweg geraten. Durch Denken und Überlegen lässt sich gar nichts entscheiden – so wenig wie euer Gehirn eure Nahrung zu verdauen vermag oder wie euer Blut auf Grund eures Denkens in euren Adern kreist und eure Atembewegung auf euer Denken hört.

Ist euch denn noch nie aufgefallen, dass kein einziger lebenswichtiger Vorgang auf euer Denken angewiesen ist? Im Gegenteil – alle Lebensfunktionen würden durch zu viel Denken nur gebremst und gestört. Nur darum bedürft ihr jede Nacht eines tiefen Schlafes, in den ihr euch verliert – damit eure Lebensfunktionen endlich einmal so unbehindert ablaufen können, wie es sich gehört und damit ihr euch am nächsten Morgen wieder frisch fühlen könnt. Jemand, der sich nicht im Tiefschlaf verlieren kann, dessen Leben steht auf dem Spiel, denn ständiges Denken stört die wesentlichen Lebensfunktionen nur. Also ertränkt euch die Natur für eine Weile im Tiefschlaf, versetzt sie euch in einen Zustand der Unbewusstheit, wo alles Denken stillsteht und eure wirklichen Zentren ihre Arbeit tun.

Auch untereinander stehen eure wirklichen Zentren in Beziehung. Zum Beispiel kann ich mich auf euch über meinen Intellekt beziehen. Meine Gedanken mögen euch richtig erscheinen, meine Gedanken mögen euch beeindrucken – in dem Fall besteht zwischen euch und mir eine intellektuelle Beziehung. Dies ist zwar nur die oberflächlichste Form einer Beziehung, aber der Intellekt kann halt keine tieferen Beziehungen herstellen.

Tiefer gehen da schon die Beziehungen des Herzens, der Liebe – aber die Beziehungen der Liebe kommen nicht durch Denken zu Stande. Die Beziehungen der Liebe laufen vollkommen unwissentlich, unter Ausschluss eures Denkens. Und noch tiefer gehen diejenigen Lebensbeziehungen, die über den Nabel ablaufen, nicht übers Herz. Die sind noch unfassbarer. Man kann euch kaum beschreiben, was das für Beziehungen sind – weil ihr euch in dieser Dimension überhaupt nicht auskennt.

Ich sagte es bereits, die Lebenskraft der Mutter aktiviert den Nabel des Kindes. Eine Art von elektrischem Strom läuft zwischen dem Nabel der Mutter und dem Nabel des Kindes. Später wird das Kind sein ganzes Leben lang immer dann, zu jeder Frau in seiner Nähe, deren Strom dem seiner Mutter ähnelt, unbewusst eine gewisse Beziehung empfinden. Und ihm wird überhaupt nicht klar sein, was sich da in ihm für eine Beziehung regt und warum. Wir haben diese unbewusste Beziehung ‚Liebe' genannt. Wir sind nicht in der Lage sie zu erkennen, daher nennen wir sie ‚blind' – ‚Liebe ist blind'. So wie die Ohren nicht sehen können, die Zunge nicht riechen kann und das Auge nicht schmecken kann, ist auch die Liebe ‚blind' – weil sie aus Ebenen stammt, die so tief liegen, dass es schwer für uns wird die Ursachen dafür zu verstehen.

Bei manchen Personen empfindet man plötzlich einen starken Widerwillen – man möchte so schnell wie möglich das Weite suchen. Und man versteht nicht, was man eigentlich gegen sie hat: „Warum willst du nur vor ihnen davonlaufen?" Wenn dein Energiestrom und ihr Energiestrom verkehrt gepolt sind – und das entscheidet der Nabel – dann musst du einfach davonlaufen, auch wenn du es nicht verstehen kannst. Du wirst den Eindruck haben, als würde dich jemand zwingen dich, von ihnen abzuwenden. Ein andermal dagegen fühlst du dich plötzlich zu jemandem hingezogen – und verstehst auch nicht warum. Es scheint keinen Grund zu geben. Dein Energiestrom und der des anderen fühlen sich verwandt an, ähnlich, gleichartig, verbunden – das ist der Grund für diese Erfahrung.

Es gibt drei Arten von Beziehungen im Leben des Menschen. Erstens die Beziehungen des Intellekts, welche nicht sehr tief gehen. Die Beziehung zwischen einem Lehrer und einem Schüler etwa gehört zu dieser Art von Beziehung. Dann gibt es die Beziehungen der Liebe, welche tiefer gehen als die des Intellekts. Die Beziehungen zwischen Mutter und Kind, zwischen Brüdern, sogar zwischen Mann und Frau gehören zu dieser Art: Solche Beziehungen kommen aus dem Herzen.

Drittens gibt es die noch tieferen Beziehungen, die aus dem Nabel kommen. Ich nenne Beziehungen, die aus dem Nabel kommen, ‚Freundschaften'. Sie gehen tiefer als die Liebe. Liebe kann enden – Freundschaft endet nie. Morgen schon können wir die Leute hassen, die wir heute lieben – aber wer einmal Freund ist, kann niemals zum Feind werden. Wenn er zum Feind werden kann, dann heißt das nur, dass von Anfang an keine Freundschaft da gewesen ist. Beziehungen der Freundschaft sind solche vom Nabel her – also Beziehungen aus tieferen und unbekannten Reichen.

Aus diesem Grund ermahnte Buddha die Menschen nie dazu, einander zu lieben. Er sprach immer von Freundschaft. Er tat es aus einem besonderen Grund; er sagte immer, es müsse in eurem Leben Freunde geben. Jemand hat Buddha sogar einmal gefragt: „Warum nennst du das nicht ‚Liebe'?" Worauf Buddha geantwortet hat: „Freundschaft ist etwas viel

Tieferes als Liebe. Liebe kann enden, Freundschaft endet nie." Liebe bindet, Freundschaft lässt Freiheit. Liebe kann den andern versklaven, sie kann von ihm Besitz, kann die Herrschaft ergreifen. Freundschaft will niemand beherrschen, sie hält niemanden zurück. Sie sperrt nicht ein, sondern befreit. Liebe wird deshalb zur Fessel, weil Liebende immer darauf bestehen, der Partner dürfe keinen anderen lieben als sie allein.

Freundschaft stellt keine solchen Anforderungen. Ein Mensch kann Freunde zu Tausenden haben, Freunde zu Millionen haben; denn Freundschaft ist eine sehr unbegrenzte, sehr tiefe Erfahrung. Sie kommt aus dem tiefsten Zentrum des Lebens. Darum stellt Freundschaft letzten Endes auch die großartigste Möglichkeit dar dich zum Göttlichen hinzuführen. Jemand, der mit allen Freund ist, wird früher oder später beim Göttlichen anlangen; denn seine Beziehungen spielen sich mit jedermanns Nabelzentrum ab. Und so muss er eines schönen Tages auch zwangsläufig mit dem Nabelzentrum des Universums in Beziehung treten.

Die Beziehungen, die man im Leben hat, sollten nicht bloß intellektuell sein, sollten nicht bloß aus dem Herzen kommen, sondern sollten tiefer gehen – sie sollten aus dem Nabel kommen.

Zum Beispiel ist Folgendes nirgendwo auf der Welt klar – aber früher oder später wird es klar werden, früher oder später werden wir es in Erfahrung bringen –, nämlich dass wir mit sehr weit entfernten Quellen der Lebensenergie verbunden sind, die wir nicht sehen können. Wir wissen, dass der Mond, so weit entfernt er auch sein mag, dennoch einen unbekannten Einfluss auf den Ozean ausübt: Ebbe und Flut richten sich nach dem Mond. Wir wissen, dass die Sonne sehr weit weg ist, aber über irgendwelche unsichtbaren Fäden ist sie mit unserem Leben verbunden: Am Morgen, wenn die Sonne aufgeht, löst sie eine Revolution im Leben aus! Alles, was eben noch schlief, alles, was eben noch dalag wie tot, alles, was unbewusst war, wird jetzt schlagartig bewusst. Alles Schlafende wird plötzlich wach, Blüten öffnen sich, Vögel fangen zu singen an. Ein unsichtbarer Strom von der Sonne übt seinen Einfluss auf uns aus.

Ebenso gibt es noch andere, unsichtbare Quellen von Lebensenergie, die uns auf diese Art und Weise erreichen: Sie lenken unser Leben ununterbrochen. Nicht nur die Sonne, nicht nur der Mond, nicht nur die Sterne am Himmel, sondern das Leben selber besitzt einen Energiestrom, der uns nirgendwo sichtbar wird, der aber ununterbrochen unsere Zentren beeinflusst und lenkt. Je empfänglicher unser Zentrum ist, desto stärker kann diese Energie auf unser Leben einwirken. Je weniger empfänglich unser Zentrum ist, desto weniger wird diese Energie es beeinflussen können.

Die Sonne geht auf und die Blume öffnet sich... aber wenn wir eine Mauer um die Blume ziehen und so das Sonnenlicht von der Blume fern halten, dann wird sich die Blume nicht öffnen, wird sie verwelken. Hinter Mauern eingeschlossen, wird die Blume verwelken. Die Sonne kann nicht mit Gewalt eindringen und die Blume öffnen. Die Blume muss willens sein, sie muss bereit dazu sein. Die Blume muss der Sonne die Gelegenheit bieten an sie heranzutreten und sie zu öffnen.

Die Sonne kann sich nach jeder einzelnen Blume auf die Suche machen, überall nachsehen, ob sich vielleicht hinter einer Mauer eine Blume versteckt, um auch an sie heranzukommen. Die Sonne hat überhaupt keine Ahnung von den Blumen. Das Ganze ist ein vollkommen unbewusster Lebensprozess: Hier geht die Sonne auf – dort öffnen sich die Blumen. Eine Blume hinter einer Mauer wird sich nicht öffnen können, sondern wird verwelken und sterben.

Die Lebensenergie kommt aus allen Richtungen angeströmt, aber diejenigen, deren Nabelzentren verschlossen sind, werden nicht in den Genuss dieses Stromes kommen. Sie werden nicht einmal von ihm wissen. Sie werden nicht einmal merken, dass diese Energie da war und sie hätte berühren können, und dass es da in ihnen etwas Verborgenes gab, das sich hätte öffnen können – nicht einmal so viel werden sie wissen. Dieses Aufgehen des Nabels, das man seit undenklichen Zeiten als eine Lotusblüte beschrieben hat, wird deshalb mit der Lotusblüte verglichen, weil es dazu angelegt ist sich zu öffnen – eine bestimmte Lebensenergie vermag es zu öffnen. Hierzu bedarf es nur einer gewissen Vorbereitung. Damit dies geschehen kann, sollte unsere Mitte dem offenen Himmel zugänglich sein. Und darauf sollten wir achten. Dann kann die Lebensenergie, die uns zur Verfügung steht, an das Nabelzentrum herankommen und ihm Leben schenken.

Wie macht man es möglich, wie ist es zu bewerkstelligen, dass sich die eigene Lebensmitte wie eine Blume öffnet, und zwar so weit, dass die unsichtbaren Energieströme, die von überall her kommen, mit ihm in Verbindung treten können? Wie soll das geschehen?

Zuerst euer Atem… Je tiefer er geht, desto mehr werdet ihr an eurem Nabel arbeiten und ihn entfalten können. Nur habt ihr eben keine Ahnung davon. Ihr wisst nicht einmal, ob ihr tief genug atmet oder zu flach atmet oder wie viel genau notwendig ist. Je mehr Sorgen ihr euch macht, desto mehr seid ihr von Gedanken erfüllt. Es mag euch nicht einmal bewusst sein, aber je mehr der Kopf belastet ist, desto weniger wird euer Atem fließen; er wird behindert.

Ist euch jemals aufgefallen, dass ihr, wenn ihr wütend seid, auf eine ganz bestimmte Weise atmet und auf eine andere Weise atmet, wenn ihr friedlich seid? Ist euch je aufgefallen, dass euer Atem, wenn sich eure Gedanken intensiv mit sexuellem Verlangen beschäftigen, immer einen bestimmten Rhythmus annimmt und sich dieser Rhythmus ändert, sobald eure Gedanken von schönen Gefühlen erfüllt sind? Habt ihr je bemerkt, dass ein Kranker auf eine bestimmte Art und Weise atmet, ganz anders atmet als ein Gesunder?

Der Gang des Atems verändert sich von Augenblick zu Augenblick, je nachdem, was sich in euren Gedanken abspielt. Dasselbe gilt auch umgekehrt: Wenn euer Atem vollkommen harmonisch fließt, verändert sich eure Gedankenwelt. Entweder also kann man sein Denken ändern und dadurch das Atmen ändern oder man ändert das Atmen und das wirkt sich dann auf die Gedanken aus.

Für jeden, der seine Lebenszentren zu entwickeln und zu beeinflussen wünscht, ist rhythmisches Atmen das allererste. Egal ob er sitzt, steht oder geht – sein Atem muss so harmonisch, so friedlich, so tief gehen, dass ihm sein Atmen Tag und Nacht wie eine Art Musik, eine Art Harmonie vorkommt. Wenn du die Straße entlanggehst und im Augenblick nichts zu tun hast, wirst du dich dann sehr glücklich fühlen.

Wenn du tief, still, langsam und harmonisch atmest, zahlt sich das doppelt aus. Solange dein Atmen harmonisch bleibt, wird dein Denken weniger werden, werden fast keine Gedanken mehr kommen. Wenn das Atmen vollkommen gleichmäßig ist, werden die Gedanken völlig aus dem Kopf verschwinden. Das Atmen wirkt sich sehr tief und sehr weit reichend auf die Gedanken im Kopf aus. Es kostet nichts vernünftig zu atmen und es kostet auch nicht mehr Zeit vernünftig zu atmen. Ob man im Zug sitzt oder spazieren geht oder zu Hause sitzt – wenn dieses tiefe und friedliche Atmen anhält, wird dieser Vorgang binnen weniger Tage spontan werden. Dann merkst du es nicht einmal mehr. Dann geht der Atem von sich aus tief und langsam.

Je tiefer und langsamer dein Atem geht, desto mehr wird sich dein Nabelzentrum entwickeln. Bei jedem Luftholen trifft der Atem dann auf das Nabelzentrum. Wenn sich das Atemholen oberhalb vom Nabelzentrum abspielt, dann wird das Zentrum mit der Zeit bequem, wird es geschwächt, weil der Atem es nicht mehr trifft. In früheren Zeiten kannten die Menschen einige Hinweise, eine Formel fürs Atmen. Aber der Mensch ist so unintelligent, dass er die Formeln bald nur noch nachbetet ohne ihren Sinn zu erkennen, ohne sie auch nur zu verstehen.

Das ist genau wie wenn Wissenschaftler eine Formel für Wasser finden – H_2O. Ihnen zufolge wird Wasser aus zwei Teilen Wasserstoff und einem Teil Sauerstoff gebildet – daher die Formel H_2O. Wenn einer nun hergeht und ständig diese Formel „H_2O, H_2O, H_2O" leiert, so als würde er eine Litanei beten: „Maria hilf, Maria hilf, Maria hilf" oder „Aum, Aum, Aum", würden wir ihn für verrückt erklären. Denn was soll dabei herauskommen einfach nur eine Formel zu wiederholen? Die Formel ist ja nur symbolisch für etwas anderes. Erst wenn du verstehst, was die Formel besagt, macht die Formel Sinn.

Hier in Indien kann man oft hören, wie Leute dasitzen und den Ton ‚Aum' herleiern. Sie wissen nicht, dass auch dieses ‚Aum' eine Formel ist ähnlich wie H_2O. AUM schreibt sich mit drei Buchstaben – A, U und M. Vielleicht ist euch noch nicht aufgefallen, dass der Ton ‚A‘, wenn ihr den Mund schließt und innerlich laut „aaaa" macht, in eurem Kopf widerhallt. Das A steht für das Kopfzentrum. Wenn ihr innerlich ‚U‘ sagt, werdet ihr den Widerhall dieses Tons in eurem Herzen spüren. Das U steht für das Herz. Und wenn ihr innerlich ‚M‘ sagt, den dritten Buchstaben von AUM, dann werdet ihr seinen Widerhall am Nabel spüren. Die Laute A, U und M sind also die Laute für Kopf, Herz und Nabel. Wenn ihr ‚mmmm‘ sagt, werdet ihr das mit aller Kraft im Bauch spüren. Wenn ihr ‚uuuuu‘ sagt, werdet ihr spüren, wie es mit Kraft auf das Herz einwirkt, und wenn ihr ‚aaaaa‘ sagt, dann hallt es im Kopf wider und verebbt dort.

Dies ist eine Formel: Man muss vom A zum U gehen und vom U zum M. Einfach nur AUM herzuleiern, bringt überhaupt nichts. Vielmehr muss man seine Aufmerksamkeit auf diese Vorgänge richten, die uns in diese Richtung führen: vom A zum U und vom U zum M. Man beginnt mit tiefem Atmen. Je tiefer der Atem, je harmonischer, je mehr er im Einklang ist, desto mehr werdet ihr die Lebensenergie in euch aufsteigen spüren, wird sie von eurem Nabel her auszustrahlen anfangen, wird euer Nabel zu einer lebendigen Mitte werden. Schon nach wenigen Tagen werdet ihr das Gefühl bekommen, dass eine Energie aus eurem Nabel ausströmt, aber auch das Gefühl, dass eine Energie in ihn einströmt. Ihr werdet entdecken, dass sich da ein sehr lebendiges, ein dynamisches Zentrum in Nabelnähe entwickelt. Sobald ihr dies spürt, werden sich noch viele Erfahrungen mehr um dieses Zentrum herum kristallisieren.

Auf physiologischer Ebene ist Atmen das Allererste, was das Nabelzentrum entwickelt. Auf psychologischer Ebene unterstützen eine Reihe von Eigenschaften die Entwicklung des Nabels. Ich erwähnte bereits die Angstlosigkeit. Je mehr Angst ein Mensch hat, desto weiter rückt seine Chance in die Ferne sich seinem Nabelzentrum zu nähern. Je angstloser ein Mensch ist, desto näher kommt er seinem Nabel.

Bei der Kindererziehung ist daher mein dringlicher Rat, dass man einem Kind niemals, nicht einmal aus Versehen, verbieten darf im Dunkeln nach draußen zu gehen. Ihr wisst überhaupt nicht, dass ihr damit das Nabelzentrum für immer beschädigt. Ermuntert Kinder vielmehr immer dazu, ins Dunkel zu gehen; sagt ihnen, das Dunkel rufe sie. Wenn der Fluss Hochwasser führt, dann verbietet den Kindern nicht reinzuspringen – denn ihr wisst nicht, dass ein Kind, das sich in einen überschwemmten Fluss wagt, damit sein Nabelzentrum entwickelt. Das Nabelzentrum eines Kindes, das nicht in den Fluss zu springen wagt, wird schwach und feige. Wenn Kinder auf Berge klettern wollen, dann lasst sie! Wenn Kinder auf Bäume klettern wollen, lasst sie! Lasst sie überall hingehen, wo sie Abenteuer und Angstlosigkeit erleben können. Selbst wenn jedes Jahr ein paar Kinder beim Bergsteigen oder Kopfsprung in Flüsse oder Klettern in Bäumen umkommen, spielt das überhaupt keine Rolle. Denn wenn alle Kinder einer Gemeinschaft in Angst leben und nicht wissen, was Furchtlosigkeit heißt, dann ist diese ganze Gemeinschaft, sie mag noch so lebendig erscheinen, in Wirklichkeit tot.

In Indien ist dieses Unglück eingetreten. Wir reden eine Menge von Religion, aber wir haben keine Ahnung, was Mut ist. Wir wissen nicht, dass es ohne Mut überhaupt keine Religion geben kann, weil ohne Mut das entscheidende Element im Leben unentwickelt bleibt. Man braucht Mut – so viel Mut, dass man im Stande ist dem Tod die Stirn zu bieten und sich ihm zu stellen. In Indien wird immer nur über Religion geredet, aber unsere Angst vor dem Tod kennt keine Grenzen! Dabei sollte es genau umgekehrt sein: Menschen, die um die Seele wissen, die die Seele kennen, dürften kein bisschen Angst vor dem Tod haben, weil es für sie den Tod gar nicht gibt. Aber bei all eurem Gerede von ‚Seele' habt ihr Angst vor dem Tod, ungeheuer viel Angst.

Vielleicht redet ihr ja nur deshalb so viel von der Seele, weil ihr Angst vor dem Tod habt. Wenn ihr von ‚Seele' daherredet, tröstet euch das ein wenig: Also könnt ihr ja gar nicht sterben, da die Seele unsterblich ist! Vielleicht sagt ihr das ja nur dieser Angst wegen – und so ist es offenbar tatsächlich.

Man sollte zur Angstlosigkeit erzogen werden, zu einer grenzenlosen Angstlosigkeit erzogen werden! Wo immer sich also im Leben Gelegenheiten bieten sich einer Gefahr zu stellen, sollten sie wahrgenommen werden.

Nietzsche wurde einmal gefragt: „Was soll man tun um seine Persönlichkeit zu entwickeln?" Er empfahl einen sehr merkwürdigen Leitspruch, sagte etwas wirklich Unerwartetes – nämlich: „Lebe gefährlich! Wenn du deine Persönlichkeit entwickeln möchtest, dann lebe gefährlich!"

Ihr aber glaubt, dass es euch umso besser gehe, je mehr ihr in Sicherheit lebt: „Es ist genug Geld auf der Bank, es ist ein Haus da, es gibt die Polizei und das Militär, also keinen Grund zur Angst..." All das garantiert euch ein geruhsames Leben. Nur aber erkennt ihr eines nicht, nämlich dass ihr über all diese Sicherheitsvorkehrungen und diese Annehmlichkeiten praktisch leblos geworden seid. So macht das Leben doch gar keinen Sinn mehr, denn das einzig Sinnvolle im Leben ist es gefährlich zu leben. Leben hat keinen anderen Sinn. Leichen sind todsicher, denn jetzt können sie nicht mal mehr sterben.

Niemand kann sie umbringen – ihre Gräber sind todsicher.

Ein Kaiser baute sich einmal einen Palast. Aus Sicherheitsgründen durfte der Palast nur ein einziges Tor haben. Der benachbarte Kaiser wollte ihn besichtigen; der Palast gefiel ihm ausgesprochen und er sagte: „So einen Palast möchte ich auch bauen – so sicher, wie dieser hier. Kein Feind kann hinein" – es war nur ein Tor da und dieses Tor wurde scharf bewacht. Als der Kaiser abreiste und sein Gastgeber ihn verabschiedete, versammelte sich viel Volk. Zum Abschied sagte der Gast: „Es war mir ein großes Vergnügen. Ich werde mir jetzt auch so einen Palast bauen."

Das hörte ein alter Mann, der in der Nähe stand und der fing an zu lachen. Der Kaiser fragte: „Was lachst du?" – Der Alte antwortete: „Wenn du dir auch so einen Palast bauen willst, dann mach nicht denselben Fehler wie er!"

„Was für einen Fehler?", wollte der Kaiser wissen.

„Bau ihn ganz ohne Tor – lass keine Türen ein. Dann wirst du absolut sicher sein", gab der Alte zurück.

Der Kaiser sagte: „Dann wird es ein Mausoleum!"

Der Alte sagte: „Dieser Palast ist auch so schon ein Mausoleum. Ein Haus, das nur eine Tür hat, und die auch noch schärfstens bewacht wird, sodass von keiner Seite mehr Gefahr droht, ist ein Mausoleum."

Ihr haltet die Abwesenheit von Angst für Angstlosigkeit. Da irrt ihr. Angstlosigkeit ist nicht Abwesenheit von Angst. Angstlosigkeit ist etwas vollkommen anderes – etwas Inneres, das sich nur dort einstellen kann, wo Angst herrscht. Angstlosigkeit ist die totale Anwesenheit von Angst – einschließlich des Mutes sich ihr zu stellen. Aber Mut kann sich in eurem Leben überhaupt nicht entwickeln, so wie ihr es lebt.

Mein Rat ist also folgender: In Tempeln zu beten bringt euch dem Göttlichen keinen Deut näher. Aber wenn euch die Abenteuer des Lebens und des Wagemuts locken, wenn euch Gefahren locken und ihr euch auch darauf einlasst, werdet ihr ganz gewiss dem Göttlichen näher kommen. Nur in Gefahren, in Unsicherheit wird eure verborgene Mitte, die in euch schlummert, aufwachen und munter werden. In Gefahren, in Unsicherheit fühlt sich die Mitte herausgefordert – und nur in solch einer Situation kann sich das Nabelzentrum entwickeln.

In den alten Zeiten haben die Sannyasins diese Unsicherheit auf sich genommen. Damals verließen sie ihr Heim – aber nicht, weil mit dem Heim etwas nicht stimmte. Später dann sind irgendwelche Dummköpfe darauf verfallen, die Sannyasins wären von zu Hause weggegangen, weil dort etwas nicht in Ordnung gewesen wäre; sie hätten Frau und Kinder verlassen, weil diese eine Fessel waren. Das ist eine falsche Vorstellung.

Der Sannyasin wollte nur eines – alle Sicherheit aufgeben! Er wollte sich in einen Zustand der Unsicherheit begeben, wo es keine Unterstützung, keine Freunde, keine Bekannten mehr gab – niemanden, den man sein Eigen nennen konnte. Er wollte es auf Krankheiten, Tod, Gefahren, Armut ankommen lassen, er suchte ausdrücklich diesen Zustand der Unsicherheit. Ein Sannyasin war jemand, der sich freiwillig in Unsicherheit begab.

Später jedoch sorgten die Sannyasins dafür, dass sie in bester Sicherheit leben konnten – mehr noch als alle, die in der Gesellschaft lebten! Jemand, der in der Gesellschaft lebt, muss sich abrackern für seinen Lebensunterhalt – nicht dagegen ein Sannyasin: Er lebt weit abgesicherter; er braucht nur die Hand aufzuhalten und bekommt seine Kleidung, bekommt ein Dach überm Kopf, braucht sich um nichts zu kümmern. Der einzige Unterschied also ist inzwischen, dass er für all das keinen Finger zu krümmen braucht. Selbst mit den Problemen und Unsicherheiten des Geldverdienens hat er nichts mehr zu schaffen. Andere nehmen ihm alle Mühen ab, andere sorgen für alles Nötige. Ein Sannyasin wird also zu einem wie an einen Pflock gebundenes Haustier und darum kann ein Sannyasin auch nicht mutig sein. Ein Sannyasin scheint jemand zu sein, der ohne alle Selbstbehauptung auf der Welt lebt, der nicht den geringsten Mut aufbringen kann.

Der eine Sannyasin sagt: „Ich bin ein Jain"; ein anderer Sannyasin sagt: „Ich bin ein Hindu"; wieder ein anderer Sannyasin sagt: „Ich bin ein Muslim". Wie kann ein Sannyasin aber ein Hindu, ein Jain, ein Muslim sein? Aber keiner bringt es über die Lippen zu sagen: „Ich gehöre zu allen" – denn würde er das sagen, dann hieße das, dass der Sannyasin nirgendwo hingehört! Dann könnte es passieren, dass die Leute, die ihm jetzt zu essen geben, die ihn behausen, nicht mehr so nett zu ihm sind. Sie würden sagen: „Du gehörst nicht zu uns. Du gehörst ja zu allen, also wende dich bitte an alle! Wir kümmern uns nur dann um deine Bedürfnisse, wenn du auch ein Jain-Mönch bist", oder „Wir kümmern uns nur dann um deine Bedürfnisse, wenn du ein muslimischer Mönch bist. Wir sind Muslims, also kümmern wir uns nur um muslimische Mönche." Also sagt der Mönch lieber: „Ich bin Muslim" oder er sagt: „Ich bin Hindu."

Alles nur eine Frage des Auskommens. Nichts weiter als die Suche nach einem neuen Zuhause. Ihr altes Zuhause haben sie zwar hinter sich gelassen, aber nun hätten sie gern ein neues Zuhause.

Inzwischen ist das so weit gediehen, dass sich irgendwelche Schlaumeier, die sich ein gutes Leben machen möchten, gar nicht erst die Mühe machen selbst ein Haus zu bauen. Sie werden einfach Sannyasins! Sie erzählen den Leuten: „Ihr seid so dumm und baut euch ein Haus und versündigt euch dafür, denn bestimmt kommt ihr dann in die Hölle!" Und mit solchen Sprüchen bringen sie die Leute dazu, ihnen ein Haus zu bauen! Und dann wohnen sie dort und fühlen sich wohl in dem Gedanken, dass sie in den Himmel kommen! Sie sammeln Tugendpunkte und umgehen alle Sorgen des Lebens. Und so haben die Sannyasins auf ihre Weise ein sicheres Auskommen gefunden. Aber dabei heißt ‚Sannyas' lediglich die Sehnsucht gefährlich zu leben. Im Grunde heißt Sannyas: „Von nun an gibt es für mich kein Obdach, keinen Gefährten, keine Sicherheit mehr."

Jesus kam einmal an einer Blütenpracht vorbei und sagte zu seinen Freunden: „Seht ihr die Blumen, die dort aufgeblüht sind? Sie wissen nicht einmal, ob morgen die Sonne wieder aufgehen wird, sie wissen nicht, ob sie auch morgen noch Wasser finden werden. Aber heute sind sie aufgeblüht in all ihrer Pracht."

Einzig der Mensch trifft heute Vorkehrungen für morgen und dann trifft er auch noch Vorkehrungen für übermorgen! Es gibt Leute, die setzen sogar lange vorher fest, wie dereinst ihr Grab aussehen soll. Leute, die sich für ganz schlau halten, entwerfen schon im Voraus das Grabmal, in dem ihre Leiche aufbewahrt werden soll. Ihr alle trefft Vorkehrungen und vergesst darüber völlig, dass ein Mensch, der Vorkehrungen für morgen trifft, mit all seinen Vorkehrungen das Heute erschlägt. Und morgen wird er sich wieder um den nächsten Tag kümmern und somit wieder das Heute totschlagen. Jeden Tag kümmert er sich schon um den kommenden Tag und bringt damit jeden gegenwärtigen Tag zur Strecke. Und dabei gibt es nie etwas anderes als den gegenwärtigen Tag! Das Morgen kommt nie: Sobald es da ist, ist es das Heute. Also tötet er das Heute um des Morgen willen.

So ist die Einstellung beschaffen, die Sicherheit sucht – sie tötet das Heute fürs Morgen. Sie opfert die Gegenwart für die Zukunft. Und die Zukunft kommt nie! Das Morgen kommt nie. Am Ende entdeckt er, dass ihm sein ganzes Leben durch die Finger geronnen ist.

Wer es wagt heute zu leben und sich überhaupt keinen Gedanken ums Morgen zu machen, der lebt gefährlich – denn morgen lauern möglicherweise Gefahren. Nichts ist gewiss. Durchaus möglich, dass die Ehefrau, die dich heute liebt, dich morgen schon nicht mehr liebt; dass dein Ehemann, der dich heute liebt, dich morgen schon nicht mehr liebt. Es gibt keine Gewissheit für morgen. Heute hast du Geld, morgen hast du vielleicht keins. Heute hast du was anzuziehen, morgen vielleicht nichts. In einem Menschen, der dieses ungewisse Morgen völlig akzeptiert und einfach nur abwartet, was morgen kommt, der auf alles gefasst ist, was das Morgen bringen mag, kristallisiert sich langsam eine Mitte, die ich ‚das Nabelzentrum' nenne. Aus seinem Innern steigt etwas auf – eine gewisse Kraft, eine Energie, eine Potenz. In seinem Innern steigt ein Unterbau auf, wie ein Sockel des Muts, auf dem sich sein Leben entfalten kann. Somit kommt es also auf der körperlichen Ebene auf das richtige Atmen an und auf der psychologischen Ebene auf den Mut. Diese beiden Dinge sind die Grundvoraussetzungen für die Entwicklung des Nabelzentrums.

Vor etwa sieben- oder achthundert Jahren machte man in Japan den Versuch einen anderen Menschentyp zu entwickeln, den sie ‚Samurai' nannten. Er war sowohl Mönch wie Krieger. Das mutet sehr seltsam an. Denn was hat ein Mönch mit einem Krieger zu schaffen? Die Tempel in Japan sind sehr seltsam. In diesen Tempeln, wo eigentlich Meditation gelehrt wird, gibt es auch Unterricht in Jujitsu und Judo und anderen Kampfkünsten wie Ringen, Schwertkampf und Bogenschießen. Würden wir hinfahren und uns dort umsehen, wären wir überrascht! Was braucht man in einem Meditationstempel das Schwert zu führen? Und Unterricht in Judo, Jujitsu und Ringen – was hat das mit Meditation zu schaffen? Vor den Meditationstempeln prangen Schwert-Symbole! Eine wirklich merkwürdige Sache…

Aber es gab einen guten Grund: Die Meditierenden Japans kamen allmählich zu der Erkenntnis, dass ein Sucher, der in seinem Leben keine Gelegenheit bekommt Mut und Kraft zu entfalten, sein Leben lang nur vom Verstand beherrscht wird und seine anderen, tieferen Zentren sich gar nicht entwickeln. Er kann nur ein Gelehrter werden, aber er kann kein Heiliger werden. Er mag ein so genannter ‚beschlagener Mann' werden, er mag sich in der *Bhagavat Gita*, im Koran, in der Bibel und den Upanishaden auskennen; er mag sie auswendig lernen wie ein Papagei, durchaus möglich – aber er hat keinerlei Lebenserfahrung. Also brachte man dem Meditierer bei, mit Schwert und Pfeil und Bogen umzugehen.

Vor kurzem kam ein Freund von mir aus Japan zurück. Irgendwer hatte ihm dort eine Statue geschenkt und über die zerbrach er sich nun den Kopf. Denn er wurde aus ihr einfach nicht schlau. Kaum heimgekehrt, kam er damit zu mir und sagte: „Jemand hat mir diese Statue geschenkt und ich komme zu dir, weil ich einfach keinen Reim darauf machen kann, was sie zu bedeuten hat? Was stellt sie dar?" Die Statue stellte einen Samurai-Krieger dar.

Ich erklärte ihm: „Das verstehst du deshalb nicht, weil wir Inder seit Jahrtausenden ein Missverständnis verbreiten."

Die Statue zeigte einen Krieger mit gezogenem Schwert. Und die eine Gesichtshälfte – die auf der Seite der Hand mit dem Schwert – leuchtete im Widerschein vom Schwert. Auf dieser Seite erinnerte sein Gesicht etwa an das Gesicht Arjunas, des Kriegshelden der *Bhagavat Gita*. Die andere Hand hielt eine Fackel und deren Licht fiel auf seine andere Gesichtshälfte: Auf dieser Seite gemahnte sein Gesicht eher an einen Buddha, Mahavir oder Christus. Er hielt also ein Schwert in der einen und eine Leuchte in der anderen Hand. Das ist schwer zu verstehen, weil man erwartet, er sollte entweder ein Schwert oder eine Leuchte in der Hand halten. Wieso hält ein Mann beides hoch?

Das also konnte mein Freund nicht verstehen. Er fragte mich: „Ich begreife das nicht. Was hat es nur zu bedeuten?"

Ich antwortete ihm: „Die Leuchte macht nur Sinn in der Hand eines Mannes, der in seiner anderen Hand auch ein spiegelblankes Schwert hält. Ihm geht es aber gar nicht darum, Gebrauch von dem Schwert zu machen. Nur schwache, furchtsame Menschen gebrauchen ein Schwert. Jemand, dessen ganzes Leben wie ein Schwert geworden ist, braucht es nicht einzusetzen – und zwar deshalb nicht, weil sein ganzes Leben einem Schwert gleicht."

Glaubt also nicht, dass einer, der ein Schwert in der Hand

hält, dieses auch einzusetzen gedenkt, dass er damit jemanden verletzen oder töten will. Töten will nur einer, der Angst davor hat, selber getötet zu werden. Ansonsten wird er niemals töten. Gewalttätig werden kann wirklich nur ein Angsthase. Ein Schwert hat also in Wirklichkeit nur in der Hand eines Gewaltlosen etwas zu suchen. Ja, ein Mensch kann nur dann gewaltlos sein, wenn er selbst ein Schwert geworden ist – sonst nicht.

Die Leuchte des Friedens wird nur demjenigen Segen bringen, der aus seinem inneren Sein ein Schwert des Mutes hervorgebracht hat, dessen Dasein ein Schwert der Energie und der Stärke geboren hat. Zur einen Hälfte muss die Persönlichkeit also voll von unbedingter Stärke sein und zur anderen Hälfte voll von unbedingtem Frieden. Nur so kommt eine geschlossene Persönlichkeit, kommt Ganzheit zu Stande.

Bis auf den heutigen Tag hat die Welt immer nur zwei Situationen gekannt: Entweder haben die Menschen die Leuchte hochgehalten – und sind darüber völlig schwach geworden, denn sie konnten niemanden, der ihr Licht ausblies, daran hindern oder zur Rede stellen, warum er so etwas tat. Dann haben sie immer nur bei sich gedacht: „Sobald dieser Kerl wieder weg ist, machen wir das Licht eben wieder an. Und sollte er nicht weggehen, dann müssen wir halt im Dunkeln leben – so oder so ist da kein Problem, warum sich also die Mühe machen, groß Widerstand zu leisten?"

So also haben wir einerseits die eine Situation von Menschen, die zwar eine Leuchte hochhalten, aber nicht die Stärke besitzen sie auch zu beschützen.

Indien zum Beispiel ist so zu einem schwachen Land geworden. Dass es ein schwaches Land werden konnte, liegt daran, dass wir nie die wahren Zentren unserer Lebensenergie entwickelt haben. Wir haben einfach auf unsern Geist gepocht, haben die Gita, die Upanishaden und die Lehren Mahavirs auswendig gelernt und Kommentare dazu geschrieben. Der Meister saß immer im Kreise seiner Schüler und dort unterhielten sie sich über tausenderlei unnütze Dinge, die nichts mit dem Leben zu tun haben. Unser ganzes Land, unsere ganze Rasse ist schwach geworden, ohne jede Stärke. Indien ist impotent geworden.

Und auf der anderen Seite gibt es Leute, die sich einfach gar nicht mehr um die Leuchte kümmerten, die zum Schwert griffen und anfingen es zu gebrauchen. Sie konnten aber, weil sie keine Leuchte hatten, nicht im Dunkeln erkennen, wen sie da eigentlich umbrachten. Sie wussten nicht, ob sie die eigenen Leute oder die anderen nieder machten. Also metzelten sie einfach nur drauflos und wer sagte: „Macht doch lieber Licht!", dem sagten sie: „Red keinen Quatsch! Die Zeit, die wir damit vertun, Licht zu machen, nutzen wir besser mit dem Schwert. Und außerdem können wir mit dem Metall, aus dem wir eine Leuchte schmieden müssten, besser ein weiteres Schwert anfertigen. Wozu kostbares Öl und Metall verschwenden? Unser ganzes Leben dreht sich ums Schwert!"

Die Menschen im Westen benutzen ihre Schwerter im Dunkeln und die Menschen im Osten sitzen mit einer Leuchte da, aber ohne Schwert. Und beide sind sie am Jammern. Die ganze Welt ist am Jammern. Woran es bisher gemangelt hat, ist der echte Mensch. Der echte Mensch ist sowohl ein lebendiges Schwert als auch eine Leuchte des Friedens. Ich nenne erst den Menschen einen religiösen Menschen, der alles beides in sich verwirklicht hat.

Jeder Mensch muss seinen eigenen Weg finden, wie er meditiert. Jeder Mensch muss mit seinen eigenen Füßen gehen und sich so den Weg für seine spirituelle Reise bahnen. Es gibt keine vorgegebene, befestigte Straße, die du einfach nur zu beschreiten brauchst. Solche Straßen sind einfach nirgends zu finden. Der Weg der spirituellen Reise ähnelt einem winzigen Fußpfad – dazu einem Pfad, der noch nicht einmal da ist! Du bahnst ihn dir selbst, indem du ihn gehst, und er ist so lang, wie du ihn gehst.Und je weiter du gehst, desto mehr entwickelt sich dein Verständnis für die noch vor dir liegende Reise-Etappe.

3. DER NABEL – SITZ DES WILLENS

WIE IST ES MÖGLICH, DAS LEBEN DES MENSCHEN in seinem Wesen zu zentrieren, wie kann er sich selber erfahren, wie kann er zu seinem eigenen Selbst gelangen? Was heißt es, dazu überzugehen sein Leben vom Nabelzentrum her zu führen – zentriert im Selbst, zentriert im eigenen Sein? Bevor ich Näheres dazu sage, möchte ich über drei weitere wichtige Möglichkeiten sprechen, die Energie, die im Nabel schläft, zu wecken. Sobald sie wach ist, wird sie zum Tor, durch welches der Mensch ein Bewusstsein erfahren kann, das sich vom Körper unterscheidet.

Das Erste ist die richtige Ernährung, das Zweite ist das richtige Arbeiten und das Dritte ist das richtige Schlafen.

Jemand, der sich nicht richtig ernährt, nicht richtig arbeitet und nicht richtig schläft, kann sich auch niemals im Nabel zentrieren. Aber der Mensch hat mit allen Dreien den Kontakt verloren.

Der Mensch ist das einzige Lebewesen, dessen Ernährungsweise nicht festgelegt ist. Bei allen anderen Lebewesen steht die Ernährung fest. Ihre körperlichen Grundbedürfnisse und ihre Natur bestimmen jeweils, was sie essen dürfen und was nicht, wie viel sie essen dürfen und wie viel nicht, wann sie essen und wann sie aufhören müssen.

Nur der Mensch ist da absolut nicht festgelegt: Weder verrät ihm seine Natur, was er essen sollte, noch sagt ihm seine Wahrnehmung, wie viel er essen sollte, noch zeigt ihm seine Einsicht, wann er mit dem Essen aufhören sollte. Da keine dieser menschlichen Eigenschaften festgelegt sind, ist das

Leben der Menschen bisweilen abenteuerliche Wege gegangen. Aber sobald er auch nur eine Spur von Einsicht hat, sobald der Mensch anfängt, auch nur mit einer Spur von Intelligenz, mit einer Spur von Bedachtsamkeit zu leben, seine Augen auch nur ein wenig aufzumachen, ist es überhaupt nicht schwer zur richtigen Ernährungsweise zu finden. Es ist ganz leicht – nichts könnte leichter sein.

Aber was heißt ‚eine richtige Ernährungsweise'? Hier gibt es zweierlei zu berücksichtigen. Erstens, was sollte man essen und was nicht? Der menschliche Körper besteht aus chemischen Elementen; alle Körperprozesse sind ausgesprochen chemisch. Wenn in einen Menschen Alkohol eindringt, wird sein Körper von dieser Chemikalie beeinflusst: Er wird berauscht, wird unbewusst werden. Der Betreffende mag noch so gesund, noch so friedfertig sein – die Chemie des Rauschmittels wird seinen Körper beeinflussen. Egal wie fromm ein Mensch sein mag – wenn ihm Gift verabreicht wird, muss er sterben.

Sokrates starb an Vergiftung und Gandhi starb durch eine Pistolenkugel. Der Kugel ist nicht bewusst, ob sie einen Heiligen oder Sünder trifft, und auch Gift kann nicht zwischen einem Sokrates oder einem gewöhnlichen Sterblichen unterscheiden. Genauso wenig erkennen Schadstoffe, Rauschmittel und Gifte, ja nicht einmal deine Nahrungsmittel, wer oder was du bist. Sie kommen schnurstracks zum Ziel – sie dringen in die Körperchemie ein und tun dort ihr Werk. Auf diese Art und Weise fängt jedes Rauschmittel an im Bewusstsein des Menschen Schaden anzurichten und Störungen zu verursachen. Jede Art von Nahrung, die den Menschen in irgendeiner Weise unbewusst macht, jede Art von Erregung, jede Art von Extrem, jede Art von Störung richtet Schaden an. Und der tiefste, der schlimmste Schaden tritt dann ein, wenn diese Dinge erst einmal bis zum Nabel vordringen.

Vielleicht ist euch nicht bekannt, dass überall auf der Welt die Naturheilkunde Schlammpackungen, vegetarische Ernährung, leichte Kost, feuchte Umschläge und Wannenbäder verschreibt, um den Körper zu heilen. Aber kein Naturheilkundler hat bis heute begriffen, dass die lindernden Auswirkungen von feuchten Umschlägen, Schlammpackungen und Wannenbädern weniger mit deren speziellen Eigenschaften zu tun haben, als vielmehr damit, dass sie sich auf das Nabelzentrum auswirken. Und das Nabelzentrum wiederum wirkt auf den restlichen Körper ein. All diese Dinge – der Schlamm, das Wasser, das Wannenbad – wirken sich auf die schlafende Energie im Nabelzentrum aus. Ist diese Energie erst einmal geweckt, beginnt der Betreffende zu gesunden.

Nur weiß die Naturheilkunde selber immer noch nichts davon. Die Naturheilkundler führen diese Heilwirkung direkt auf die Schlammpackungen, die Wannenbäder oder feuchten Umschläge auf dem Bauch zurück! Sie wirken sich heilsam aus, aber das kommt in Wirklichkeit daher, dass sie die Energie im schlafenden Nabelzentrum wecken.

Wenn das Nabelzentrum misshandelt wird, wenn es die falsche Ernährung, die falschen Nahrungsmittel bekommt, dann zieht sich das Nabelzentrum nach und nach zurück und seine Energie wird geschwächt. Nach und nach erschlafft dieses Zentrum und schläft am Ende praktisch ein. Dann sind wir uns dieses Zentrums nicht mehr als Zentrum bewusst. Dann nehmen wir nur noch zwei Zentren wahr: Einerseits den Verstand, durch den ständig die Gedanken ziehen, und andererseits ein Eckchen vom Herz, durch das die Gefühle ziehen. Mit einer tieferen Ebene als diese beiden sind wir nicht in Tuchfühlung. Je leichter also die Speisen sind, desto weniger belasten sie den Körper. Und desto besser die Chancen und desto günstigere Bedingungen für den Antritt eurer inneren Reise.

Für eine richtige Ernährung ist vor allem darauf zu achten, dass sie nicht erregen darf, nicht berauschen darf, nicht belasten darf. Wer richtig gegessen hat, darf sich nicht schwer und benommen fühlen. Aber vermutlich fühlen wir uns alle nach unseren Mahlzeiten schwer und benommen. An solchen Zeichen können wir erkennen, dass wir uns falsch ernähren.

Ein sehr bedeutender Arzt, Kenneth Walker, sagt in seiner Autobiografie: „Meine Lebenserfahrung hat mir gezeigt, dass nur die Hälfte von dem, was der Mensch gewöhnlich zu sich nimmt, dazu dient, seinen Magen zu füllen; die andere Hälfte dient dazu, den Magen der Ärzte zu füllen. Würden die Leute nur die Hälfte von dem zu sich nehmen, was sie tatsächlich essen, würden sie niemals krank werden. Ja, dann wären überhaupt keine Ärzte mehr nötig!"

Die einen werden krank, weil sie nicht genug zu essen bekommen, und die anderen werden krank, weil sie zu viel zu essen bekommen. Die einen sterben durch Hunger und die anderen durch Völlerei. Und die Zahl der Letzteren übersteigt seit jeher die der Ersteren. Nur sehr wenig Menschen sterben vor Hunger. Selbst wenn jemand vorsätzlich verhungern will, hat er mindestens drei Monate lang keine Aussicht zu sterben. Jeder Mensch kann drei Monate lang ohne Nahrung auskommen. Aber wenn einer sich drei Monate lang überfrisst, hat er keine Aussicht zu überleben.

Es hat Leute gegeben, deren Vorstellungen uns höchst seltsam anmuten. Zum Beispiel den großen Kaiser Nero. Der hatte zwei Ärzte, denen es oblag ihn nach seinen Mahlzeiten zum Erbrechen zu bringen, sodass er dieselbe Mahlzeit mindestens fünfzehn bis zwanzig Mal genießen konnte. Nach jeder Mahlzeit nahm er ein Mittel ein, das ihn erbrechen ließ, damit er genüsslich weiteressen konnte.

Aber das, was wir heute machen, ist gar nicht so anders.

Nero in seinem Palast konnte sich zwei Ärzte leisten, weil er ein Kaiser war. Wir sind zwar keine Kaiser, aber wir haben gleich in der Nähe Ärzte. Nero brachte sich jeden Tag zum Erbrechen, wir bringen uns alle paar Monate zum Erbrechen. Wir ernähren uns falsch und stopfen alles mögliche Zeug in uns rein. Dann nimmt unser Arzt eine Spülung vor und wir fangen wieder von vorn an mit der falschen Ernährung. Nero war ein weiser Mann – er sah zu, dass er täglich ausgespült wurde. Wir machen das nur alle zwei oder drei Monate. Wären wir ebenfalls Kaiser, würden wir es auch so halten, aber was sollen wir machen – unsere Verhältnisse sind nun einmal nicht so, also kommt es für uns nicht in Frage. Wir lachen über Nero, aber in gewisser Weise unterscheiden wir uns von ihm überhaupt nicht.

Langsam werden uns allerdings unsere falschen Essgewohnheiten gefährlich. Sie erweisen sich als sehr kostspielig. Sie haben uns an einen Punkt gebracht, wo wir nur noch irgendwie unser Leben fristen. Unsere Ernährungsweise scheint nicht der Gesundheit zu dienen, vielmehr scheint sie uns krank zu machen. Es ist schon eine bedenkliche Situation, wenn uns unsere Ernährungsweise krank zu machen beginnt! Das ist so, als würde es jeden Morgen, wenn die Sonne aufgeht, schlagartig dunkel werden – das wäre für uns ebenso überraschend und bedenklich. Aber alle Ärzte der Welt sind sich einig darin, dass die meisten Krankheiten des Menschen auf seine falsche Ernährungsweise zurückzuführen sind.

Das Allererste ist also, dass jeder Einzelne sich sehr umsichtig und bewusst ernähren sollte. Und besonders gilt das für jeden, der meditiert. Für ihn ist es unerlässlich genau darauf zu achten, was er isst, wie viel er isst und wie es sich auf seinen Körper aufwirkt. Wer da ein paar Monate lang mit Bewusstheit experimentiert, wird mit Sicherheit herausfinden, welche Ernährungsweise für ihn die richtige ist, welche Speisen ihm Gelassenheit, Frieden und Gesundheit bescheren. Da gibt es keine wirklichen Probleme; aber ihr seid nur deshalb nie in der Lage die richtige Ernährungsweise für euch herauszufinden, weil ihr nie weiter darauf achtet, was ihr eigentlich esst.

Noch etwas, was das Essen betrifft: Die innere Verfassung, mit der ihr esst, ist sehr viel wichtiger, als das, was ihr esst. Wenn ihr voll Freuden und fröhlich esst, wirken sich die Speisen ganz anders auf euch aus, als wenn ihr voll Traurigkeit vor euch hinmümmelt.

Wenn ihr in einer kummervollen Verfassung esst, dann ist selbst die beste Speise noch Gift für euch. Und wenn ihr mit Freuden esst, dann kann es vorkommen, dass selbst Gift nicht seine volle Wirkung tun kann – durchaus möglich! Also: Auch die innere Verfassung beim Essen ist wichtig.

In Russland gab es einen bedeutenden Psychologen namens Pawlow. Er experimentierte mit Tieren und kam zu einem erstaunlichen Ergebnis. Er hatte sowohl Katzen wie Hunde als Versuchstiere. Er gab einer Katze zu essen und beobachtete die Katze durch einen Röntgenapparat um festzustellen, was in ihrem Magen vorging, nachdem sie gefressen hatte. Sobald die Nahrung den Magen erreichte, wurden Verdauungssäfte ausgeschieden. Im selben Moment erschien ein Hund im Blickfeld der Katze. Sobald der Hund bellte, erschrak die Katze und das Röntgenbild zeigte, wie in der Katze die Ausscheidung der Verdauungssäfte innehielt: Der Magen verschloss sich, krampfte sich zusammen. Dann wurde der Hund wieder weggeführt, aber ihr Magen blieb noch sechs Stunden lang in diesem Zustand. Der Verdauungsvorgang setzte erst sechs Stunden später wieder ein – so lange blieb die Nahrung unverdaut im Magen liegen! Als der Verdauungsprozess nach sechs Stunden wieder einsetzte, war die Nahrung in keinem verdaubaren Zustand mehr; sie hatte sich verfestigt und war kaum noch zu verdauen. Sobald sich die Katze über die Anwesenheit des Hundes Sorgen machte, stand der Verdauungsprozess still.

Was soll man dann erst von euch sagen? Ihr macht euch rund um die Uhr Sorgen! Es ist ein Wunder, wie die Nahrung, die ihr aufnehmt, überhaupt je verdaut wird, wie die Schöpfung das schafft – euch zum Trotz! Ihr habt keinerlei Lust sie zu verdauen. Es ist ein absolutes Wunder, dass sie verdaut wird. Und wie ihr so am Leben bleibt, ist ebenfalls ein Wunder.

Ihr solltet innerlich gesammelt und zufrieden essen.

Aber seht euch an, wie es bei euch zu Hause zugeht: Der Esstisch steht in der düstersten Ecke! Die Frau wartet den ganzen Tag nur darauf, dass ihr Mann zum Essen nach Hause kommt. Und wenn dann der Mann endlich isst, redet sie sich all den emotionalen Schrott von der Seele, der sich in den letzten vierundzwanzig Stunden in ihr angestaut hat. Sie hat keine Ahnung, dass sie sich damit wie ein Feind gebärdet. Sie hat keine Ahnung, dass sie ihrem Mann damit Gift auf dem Teller serviert.

Der Mann hat nach der langen Tagesarbeit auch seine Ängste und Sorgen. Er schlingt irgendwie sein Essen hinunter und sucht dann das Weite. Er hat keine Ahnung, dass dieser Akt, den er so schnell wie möglich hinter sich bringen wollte und vor dem er regelrecht geflohen ist, ein Akt voller Andacht hätte sein müssen. Eine solche Handlung darf man nicht übereilen. Sie hätte eher so verrichtet werden sollen, wie wenn man einen Tempel betritt, wie wenn man zum Gebet niederkniet, wie wenn man sich hinsetzt, um auf den Saiten seiner *Veena* zu spielen oder ein Lied für die Geliebte anzustimmen. Ja, dieser Akt ist sogar noch wichtiger als dies alles: Gibt er nicht dem eigenen Körper Nahrung?! Das sollte in einem Zustand größter Zufriedenheit geschehen. Das sollte ein Akt der Liebe und der Andacht sein.

Je zufriedener und fröhlicher und je entspannter und sorgloser jemand beim Essen sein kann, desto mehr wird seine Speise zur ‚richtigen Speise' werden. Sich gewaltsam zu ernähren heißt nicht nur, dass der Mensch nicht-vegetarisch isst: Gewaltsam kann die Ernährung allein schon dadurch werden, dass man wütend isst. Das eine ist so gewaltsam wie das andere. Wer voller Wut, voller Leid, voller Sorgen isst, der isst ebenfalls gewaltsam. Auch wenn der Mensch dies vielleicht gar nicht weiß: Es ist genauso gewaltsam tierisches Fleisch zu essen, wie sein eigenes Fleisch innerlich vor lauter Wut oder Angst zu verzehren. Auch dann ist Gewalt am Werke. Auch dann kann seine Ernährungsweise nicht gewaltfrei sein.

Zu einer ‚richtigen Ernährung' gehört auch, sein Essen in einem sehr friedlichen, einem sehr freudigen Zustand zu sich zu nehmen. Wenn man sich nicht in einem solchen Zustand befindet, dann ist es besser zu warten, bis es wieder so weit ist und eine Weile gar nichts zu essen. Seine Mahlzeiten sollte man immer nur dann einnehmen, wenn man in völliger Aufnahmebereitschaft ist. Und wie lange dauert es, bis die Bereitschaft wieder da ist? Wenn ihr die Geistesgegenwart besitzt abzuwarten, kann sie höchstens einen Tag lang ausbleiben. Nur habt ihr euch nie die Mühe gemacht darauf Acht zu geben. Ihr habt aus eurer Nahrungsaufnahme eine regelrechte Routine gemacht. Ihr stopft euer Essen in euch hinein und steht dann wieder vom Esstisch auf. Die Seele spielt dabei keine Rolle mehr – und das ist gefährlich.

Auf der körperlichen Ebene also sollte die richtige Ernährungsweise gesund, nicht aufreizend und gewaltfrei sein; auf der psychologischen Ebene sollte man in einer zufriedenen, liebenswerten und freudigen Verfassung sein und auf der seelischen Ebene sollte ein Gefühl der Dankbarkeit da sein – dass man es durchaus zu schätzen weiß!

Diese drei Dinge zusammen machen das Essen zum ‚richtigen Essen'. Man sollte dabei das Gefühl haben: „Wieder einmal habe ich heute etwas zu essen; dafür bin ich dankbar. Wieder ist mir ein Tag Leben geschenkt worden und das erfüllt mich mit ungeheurem Dank. Diesen Morgen bin ich wieder lebend erwacht, wieder hat mir heute die Sonne ihr Licht geschenkt; wieder werde ich heute den Mond sehen; ich bin immer noch am Leben! Es war keineswegs selbstverständlich, dass ich auch den heutigen Tag noch erleben durfte, ich hätte heute auch schon im Grabe liegen können – aber noch einmal ist mir das Leben geschenkt worden. Ich habe es nicht verdient, es ist mir umsonst beschert worden."

So viel Dankgefühl, so viel Erkenntlichkeit zumindest sollte in deinem Herzen sein – dafür, dass du zu essen hast, dass du zu trinken hast, dass du atmest. Für all dies solltest du ein Gefühl der Dankbarkeit haben. Dem ganzen Leben gegenüber, der ganzen Welt gegenüber, dem Göttlichen gegenüber sollte ein Gefühl des Dankes da sein: „Ich habe wieder einen Tag zu leben geschenkt bekommen. Wieder einmal habe ich etwas zu essen erhalten. Wieder darf ich einen Tag lang die Sonne sehen, auf die blühenden Blumen schauen. Ich bin heute wieder lebendig."

Zwei Tage, ehe der Tod Rabindranath Tagore ereilte, schrieb dieser noch folgende Zeilen:
„Herrgott, wie bin ich dankbar! Oh Gott, wie soll ich nur meinen Dank ausdrücken? Du hast mir dieses Leben geschenkt, dessen ich in keiner Weise würdig war. Du hast mir den Atem geschenkt, ohne dass es mir zugestanden hätte zu atmen. Du hast mir Erfahrungen von Schönheit und Seligkeit beschert, die ich überhaupt nicht verdient hatte. Ich bin ja so dankbar. Ich bin überwältigt von deiner Gnade. Und was ich in diesem geschenkten Leben an Leid, an Schmerzen, an Sorgen erlitten habe, das habe ich mir selbst zuzuschreiben, denn dies dein Leben ist allzu beseligend! All das muss ich mir selber eingebrockt haben. Ich bitte dich also gar nicht darum, mir Befreiung von dieser Welt zu gewähren. Sofern du mich dessen für wert hältst, schicke mich bitte immer wieder in dieses Leben zurück: Dies dein Leben ist so beseligend und ich danke dir dafür bis auf den Grund meines Herzens."

Dieses Gefühl, dieses Gefühl der Dankbarkeit sollte in allen Lebensbereichen vorherrschend sein – und vor allem dort, wo es um eure Ernährung geht. Nur auf diese Weise kann eure Ernährung zur ‚richtigen Ernährung' werden.

Der zweite Punkt ist das ‚richtige Arbeiten'. Auch das ist nicht mehr wesentlicher Bestandteil eures Lebens. Körperlich zu arbeiten ist etwas Peinliches geworden.

Ein westlicher Denker, Albert Camus, witzelt in einem seiner Briefe, die Zeit sei gar nicht mehr fern, wo die Leute anfangen würden ihre Diener zu bitten, ihnen auch das Lieben abzunehmen. Dann werde man sich zwar noch in jemand anders verlieben, werde aber einen Diener beauftragen stellvertretend den Liebesakt zu vollziehen.

So weit kann es durchaus eines Tages noch kommen! Ihr habt längst damit begonnen alles von anderen erledigen zu lassen; nur das Lieben besorgt ihr noch selber. Ihr bezahlt andere um für euch zu beten. Ihr stellt einen Priester ein und beauftragt ihn in eurem Namen zu beten und die vorgeschriebenen Rituale für euch zu vollziehen. Ihr ermächtigt einen Priester im Tempel in eurem Namen Gebete zu sprechen. Selbst so wichtige Dinge, wie eure Gebete und Andachten durchzuführen, überlasst ihr euren Dienern. Wenn eure Diener also für euch Andachten abhalten können, ist es nicht undenkbar, dass irgendwelche Schlaumeier eines Tages ihrem Diener Auftrag erteilen für sie mit ihren Geliebten zu schlafen. Wo liegt das Problem? Und dann werden alle, die sich keine Diener leisten können um sich dieser Pflicht zu entledigen – sich zutiefst dafür schämen, so arm zu sein, selber das Lieben besorgen zu müssen. Eines Tages ist das durchaus möglich. Denn es gibt schon so genug Bedeutsames im Leben, das ihr euch bereits von euren Dienern abnehmen lasst! Und ihr habt keinen blassen Schimmer, was ihr verliert, wenn ihr alles delegiert, was bedeutsam ist. Auf die Art geht euch alle Kraft, alle Vitalität des Lebens verloren. Denn der Körper des Menschen und die Natur des Menschen sind zu einem gewissen Maße für Arbeit geschaffen – aber heutzutage wird ihm all diese Arbeit vorenthalten. Das richtige Arbeiten spielt ebenfalls für das Erwachen des Bewusstseins und der Energie des Menschen eine wesentliche Rolle.

Eines Morgens putzte sich Abraham Lincoln zu Hause die Schuhe. Ein Freund, der zu Besuch bei ihm war, sagte: „Lincoln! Was tust du da! Deine eigenen Schuhe putzen?!"
Lincoln antwortete: „Du überraschst mich. Putzt du vielleicht anderer Leute Schuhe? Ja, ich putze meine eigenen Schuhe – putzt du etwa andern die Schuhe?"
Der Freund erwiderte: „Ach was, ich lasse sie mir putzen, von anderen!"
Lincoln darauf: „Es ist schlimmer sich die Schuhe von anderen putzen zu lassen, als anderen die Schuhe zu putzen."

Was will er damit sagen? Er will damit sagen, dass wir dabei sind unsere unmittelbare Berührung mit dem Leben zu verlieren. Mit dem Leben kommen wir aber nur unmittelbar in Berührung, indem wir arbeiten.

Einmal, als Konfuzius noch lebte, also vor etwa dreitausend Jahren, kam er zu Besuch in ein Dorf. In einem Garten sah er, wie ein alter Gärtner mit seinem Sohn Wasser aus einem Brunnen hoch zog. Für den alten Mann war selbst das Hochziehen eines Wassereimers aus einem Brunnen ein hartes Stück Arbeit, auch wenn ihm sein Sohn dabei half. Und der Alte war schon uralt. Konfuzius staunte. Wusste der Alte etwa noch nicht, dass neuerdings Ochsen und Pferde dafür eingesetzt wurden Wasser aus Brunnen zu holen? Und der da tat es noch selbst – wie altmodisch! Also trat Konfuzius näher und sagte: „Mein Freund! Weißt du denn nichts von der neuen Erfindung? Heutzutage lässt man sich das Wasser von Pferden und Ochsen aus dem Brunnen hochholen. Warum machst du das noch selber?"

Der Alte antwortete: „Nicht so laut! Nicht so laut! Mir kannst du sagen, was du willst, aber ich möchte nicht, dass mein Kleiner dich hört."

Konfuzius fragte: „Wie meinst du das?"

Der Alte antwortete: „Ich weiß von diesen Erfindungen. Aber all solche Erfindungen entwöhnen den Menschen nur der körperlichen Arbeit. Ich möchte nicht, dass mein Sohn abgeschnitten wird. Denn sobald er der körperlichen Arbeit entwöhnt wird, ist er dem Leben selbst entwöhnt worden."

Leben und Arbeiten – das sind Synonyme. Leben und Arbeiten haben dieselbe Bedeutung. Aber nach und nach habt ihr diejenigen Menschen, die keine körperliche Arbeit zu tun brauchen, ‚die Glücklichen' zu nennen begonnen und diejenigen, die noch körperliche Arbeit tun müssen, ‚die Unglücklichen'. Und in gewisser Weise trifft das inzwischen tatsächlich zu; denn einerseits haben viele Menschen zu arbeiten aufgehört, aber dafür müssen andere jetzt zu viel Arbeit verrichten. Zu viel Arbeit bringt einen um; zu wenig Arbeit bringt einen auch um. Darum spreche ich vom ‚richtigen Arbeiten' – und zwar körperlichem Arbeiten, in vernünftigem Maße. Jeder Mensch sollte etwas körperliche Arbeit tun. Je intensiver, je seliger, je dankbarer ein Mensch sich auf die Arbeitsseite in seinem Lebens einlässt, desto mehr wird er merken, wie sich seine Lebensenergie vom Gehirn allmählich nach unten, in Richtung Nabel verlagert. Zum Arbeiten ist weder das Gehirn noch das Herz erforderlich.

Die Arbeitsenergie bezieht man unmittelbar aus dem Nabel – dort liegt ihre Quelle. Neben der richtigen Ernährung ist ein wenig körperliche Arbeit absolut unverzichtbar. Und sie braucht keineswegs im Dienste anderer zu stehen – nach dem Motto: „Wenn ich mit meiner Arbeit den Armen diene, dann haben wenigstens die Armen etwas davon"; oder „Wenn ich in ein Dorf gehe und auf den Feldern arbeite, dann haben die Bauern etwas davon"; oder: „Wenn ich irgendeine Schwerarbeit übernehme, dann verrichte ich damit ein großes barmherziges Werk". Damit hat es nichts zu tun – irgendwelchen anderen zu dienen. Mögen andere ihren Gewinn davon haben – aber in erster Linie tust du es dir selbst zuliebe.

Als Churchill sich zur Ruhe gesetzt hatte, ging ihn ein Freund von mir in seinem Hause besuchen. Trotz seines hohen Alters fand er Churchill in seinem Garten beim Umgraben und Setzen einiger Pflanzen. Als mein Freund ihm ein paar Fragen zur Politik stellen wollte, winkte Churchill ab und sagte: „Lassen Sie's. Das ist jetzt vorbei. Wenn Sie mir jetzt noch Fragen stellen wollen, dann nur noch zu zwei Themen. Sie können mich etwas zur Bibel fragen, denn darin lese ich im Hause, oder Sie können mich etwas zum Gärtnern fragen, denn das ist meine Beschäftigung hier draußen im Garten. Politik interessiert mich jetzt nicht mehr. Die Zeiten sind vorbei. Jetzt ist mein Motto einfach nur noch: ‚Arbeite und bete'."

Als mein Freund zurückkam, sagte er zu mir: „Aus diesem Churchill werde ich einfach nicht schlau. Ich hatte mir von ihm ein paar Antworten erhofft, aber er sagte mir, er wolle nur noch beten und arbeiten."

Ich sagte zu ihm: „,Bete und arbeite', das ist doppelt gemoppelt. Beten und Arbeiten bedeuten dasselbe. Das sind Synonyme."

An dem Tage, da das Arbeiten zum Beten wird und das Beten zum Arbeiten, ist man beim ‚richtigen Arbeiten' angelangt. Ein bisschen körperliche Arbeit ist absolut unerlässlich. Aber das habt ihr ganz aus den Augen verloren. Nicht einmal die traditionellen Sannyasins in Indien haben daran gedacht zu arbeiten. Sie haben sich geziert, so etwas kam für sie überhaupt nicht in Frage. Sie sind einfach in eine andere Richtung gegangen. Die Reichen haben mit der Körperarbeit aufgehört, weil sie das nötige Geld dazu hatten und andere dafür bezahlen konnten für sie zu arbeiten, und die Sannyasins haben damit aufgehört, weil sie nichts mehr mit der Welt zu tun haben wollten. Da brauchten sie nicht etwas herzustellen oder Geld zu verdienen, wozu hätten sie also arbeiten sollen? Das Ergebnis war, dass zwei hoch angesehene Klassen der Gesellschaft sich von der Arbeit abwandten. Und so fiel allmählich der gesellschaftliche Rang derjenigen immer mehr, die nunmehr die Arbeit verrichten mussten.

Für einen Sucher ist Körperarbeit von großer Bedeutung und großem Nutzen. Nicht, weil man dann damit etwas Nützliches herstellt, sondern weil dein Bewusstsein, je mehr du dich auf eine Arbeit einlässt, gleich welche, allmählich zu seiner Mitte findet und sich aus dem Verstand nach unten verlagert. Diese Arbeit braucht nicht weiter produktiv zu sein, sie kann auch unproduktiv sein, kann bloß eine Körperübung sein. Aber in irgendeiner Form ist Körperarbeit absolut wesentlich – für die Wendigkeit des Körpers, die vollkommene Wachheit des Geistes und das restlose Erwachen des Seins.

So viel zum zweiten Teil.

Aber man kann auch in diesem Bereich Fehler machen. Genauso, wie man bei seiner Ernährung Fehler machen kann, z.B. durch Über- oder Unterernährung, können sich auch hier Fehler einschleichen: Indem man entweder überhaupt keine körperlichen Übungen macht oder es damit übertreibt. Ringer z.B. überspannen den Bogen und trainieren bis zur Krankhaftigkeit. Ein Ringer ist kein gesunder Mensch. Ein Ringer belastet seinen Körper mit zu viel Gewicht. Er vergewaltigt seinen Körper. Wenn der Körper vergewaltigt wird, können sich zwar bestimmte Körperteile, bestimmte Muskeln besser entwickeln – aber kein Ringer lebt lange! Kein Ringer stirbt gesund. Wusstet ihr, dass alle Ringer – ob es nun Gama oder Sando ist oder wie auch immer diese Muskelmänner heißen mögen – dass selbst die größten Muskelprotze der Welt schwer krank sterben? Sie sterben vorzeitig und sie sterben an brutalen Krankheiten. Indem man seinen Körper vergewaltigt, mag man seine Muskeln entwickeln und Eindruck schinden, sehenswert werden! – aber der Unterschied zwischen Zurschaustellung und Leben ist groß. Der Unterschied zwischen Leben, einem gesundem Leben und einem Exhibitionisten-Leben ist riesig.

Jeder Einzelne muss für sich selbst entscheiden, je nach Körperbau, wie viel körperliche Arbeit er tun sollte um gesünder und frischer zu leben. Je mehr frische Luft in den Körper kommt, desto mehr beseligt jeder einzelne Atemzug, desto mehr Lebenskraft steht einem dafür zur Verfügung, sein Inneres zu erforschen. Simone Weil, eine französische Philosophin, hat in ihrer Autobiografie etwas Wunderbares geschrieben; sie sagt dort: „Bis zu meinem dreißigsten Lebensjahr war ich immer krank. Ich lebte ungesund und litt ständig an Kopfschmerzen. Ich musste wohl erst vierzig werden um zu erkennen, dass ich bis dreißig eine Materialistin gewesen war. Ich wurde von dem Augenblick an gesund, in dem ich spiritueller wurde. Aber erst viel später ging mir auf, dass meine ewigen Kränkeleien und mein ungesundes Leben mit meinem Materialismus zusammenhing."

Jemand, der krank und ungesund lebt, kann der Existenz nicht voller Dankbarkeit begegnen. In ihm ist kein Platz für Erkenntlichkeit gegen die Existenz. Da gibt allein die Wut den Ton an. Man kann unmöglich empfänglich sein für die Existenz, wenn man immer nur böse auf sie ist. So jemand ist strikt gegen sie. Solange man in seinem Leben noch nicht zu einer gewissen ausgewogenen Gesundheit gelangt ist, durch richtiges Arbeiten und richtige Körperbetätigung, ist es nur natürlich, dass man dem Leben mit einem gewissen Maß an Negativität, Widerstand und Groll begegnet.

Richtiges Arbeiten ist also eine wesentliche Stufe auf der Leiter zur höchstmöglichen Religiosität.

Das Dritte ist: richtiges Schlafen. Mit dem Essen ist etwas schief gegangen, mit der Körperarbeit ist etwas schief gegangen – und das Schlafen ist regelrecht gemeuchelt worden! Das größte Opfer der Entwicklung der menschlichen Zivilisation ist der Schlaf. Vom Tag an, da der Mensch das elektrische Licht erfand, ist der Schlaf tief gestört worden. Und je mehr elektronisches Spielzeug er in die Hand bekam, desto überflüssiger erschien ihm das Schlafen – pure Zeitverschwendung! Die Zeit, die wir schlafend verbringen, ist futsch ... Mit je weniger Schlaf der Mensch also auskommen kann, desto besser. Diesen Leuten kommt überhaupt nicht in den Sinn, dass der Schlaf vielleicht irgendeine Rolle spielen könnte, was die tieferen Lebensprozesse betrifft.

Manche denken tatsächlich, die Zeit, die man schlafend verbringt, sei vergeudete Zeit; also schlafen sie so wenig wie möglich. Je früher sie ihre Schlafzeit einschränken, desto besser!

Das ist der eine Menschenschlag – diejenigen, die die notwendige Menge an Schlaf beschneiden wollen. Ein anderer Menschenschlag sind seit jeher die Mönche und Einsiedler. Die hatten nämlich das Gefühl, dieser Schlaf, diese Unbewusstheit in Form von Schlaf sei das Gegenteil des angestrebten Zustands der Selbsterkenntnis, des Erwachens. Also war es ihnen zufolge nicht gut zu schlafen und je weniger man schlief, desto besser!

Die Mönche hatten noch ein weiteres Problem: Sie hatten zu viele Dinge in ihr Unbewusstes verdrängt und im Schlaf kamen diese verdrängten Dinge hoch und trieben Unfug in ihren Träumen. So entstand eine gewisse Angst vor dem Schlaf, denn all die Sachen, die sie tagsüber ignoriert hatten, drangen im Schlaf wieder an die Oberfläche. Ausgerechnet die Frauen, die sie verlassen hatten, vor denen sie ja in die Wildnis geflüchtet waren, erschienen ihnen nun sogar im Schlaf. Plötzlich sahen diese Mönche sie in ihren Träumen! All das Geld und der Ruhm, wovor die Mönche geflüchtet waren, kamen ihnen jetzt im Traum nachgelaufen. Also hielten sie den Schlaf für eine ganz gefährliche Sache – unkontrollierbar! Je weniger sie also schliefen, desto besser. Diese Mönche haben der ganzen Welt den Floh ins Ohr gesetzt, Schlafen sei etwas Ungeistliches. Eine geradezu alberne Vorstellung. Der erste Menschenschlag ist also gegen den Schlaf, weil er ihn für Zeitverschwendung hält und man ja gar nicht so viel Schlaf brauche – je länger man wach bleiben könne, desto besser.

Ein paar wirklich komische Leute müssen alles ausrechnen und über alles und jedes eine Statistik aufstellen. Die haben nachgerechnet, dass ein Mensch, der acht Stunden schläft, damit ein Drittel seines Tagesablaufs mit Schlafen vertut. Ist dieser Mensch dann sechzig, waren zwanzig Jahre davon für die Katz: Von seinen sechzig Jahren hat er nur vierzig Jahre genutzt. Dann haben sie ihr Rechenexempel aber noch weiter getrieben und ausgerechnet, wie viel Zeit der Mensch zum Essen, zum Ankleiden, Rasieren, Duschen und so weiter braucht. Als sie dann mit ihrer Rechnerei fertig waren, mussten sie feststellen, dass für all diese Dinge praktisch unser ganzes Leben draufgeht! Unterm Strich, so ihre Erkenntnis, hat dieser Mensch nur anscheinend sechzig Jahre lang gelebt, denn in Wirklichkeit hat er zwanzig Jahre davon mit Schlafen, soundso viele Jahre mit Essen, soundsoviele Jahre mit Waschen, soundso viele Jahre mit Zeitunglesen verbracht. Alles ist den Bach hinunter und nichts ist übrig geblieben zum Leben! Damit haben diese Leute eine Panik ausgelöst; denn ihr Rat war, all diese Dinge zu beschleunigen, damit wenigstens etwas Zeit zum Leben bleibe. ‚Der Schlaf frisst die meiste Zeit eines Menschenlebens auf – also schlaft weniger!'

Während diese Leute also empfahlen, weniger zu schlafen und somit eine Anti-Schlaf-Welle auslösten, stellten die anderen, die Mönche und Einsiedler, den Schlaf als etwas „Ungeistliches" hin und so empfahlen auch sie den Menschen möglichst wenig zu schlafen. Je weniger Schlaf der Mensch brauche, desto geistlicher sei er und wenn er ganz ohne Schlaf auskomme, sei er ein ausgesprochen Heiliger. Diese beiden Gruppen haben mit ihren Vorstellungen das Schlafvermögen des Menschen zu Grunde gerichtet. Und durch diese Vernichtung des Schlafs sind alle Zentren menschlichen Lebens bis in die Wurzeln erschüttert, verstört, ja entwurzelt worden. Und bis heute ist uns noch nicht einmal aufgegangen, dass die eigentliche Ursache all der Krankheiten, all der Unregelmäßigkeiten, die heute dem Menschen überall das Leben schwer machen, sein Mangel an Schlaf ist.

Wer nicht richtig schlafen kann, der kann auch nicht richtig leben. Schlaf ist keine Zeitverschwendung. Die acht Stunden Schlaf sind absolut nicht vertan: Im Gegenteil, nur diesen acht Stunden habt ihr es zu verdanken, dass ihr sechzehn Stunden lang wach bleiben könnt. Andernfalls würdet ihr nicht so lange wach bleiben können. Während dieser acht Stunden sammelt sich die Lebensenergie wieder an, verjüngen sich eure Lebensgeister, kommen das Gehirn- und das Herz-Zentrum mal zur Ruhe und wird euer Leben vom Nabel aus gesteuert. Diese acht Stunden Schlaf machen euch wieder eins mit der Natur und mit der Existenz – das ist der Grund, warum ihr euch hinterher so erfrischt fühlt.

Wenn ihr jemanden foltern wollt, dann ist die beste Methode dazu – Jahrtausende alt – ihn am Einschlafen zu hindern. Bis heute hat man noch keine bessere Foltermethode finden können. Während des letzten Weltkriegs war in Deutschland der Schlafentzug das beliebteste Foltermittel für Gefangene – und so ist es noch heute in Russland. Man erlaubt dem Betreffenden einfach nicht einzuschlafen. Also stellte man Wachtposten neben die Gefangenen um sie am Einschlafen zu hindern.

Die Chinesen sind als die Ersten auf diese Foltermethode gestoßen, vor etwa zweitausend Jahren. Jemanden einfach nicht einschlafen zu lassen, das war eine sehr billige Foltermethode. Man stellte den Mann aufrecht in eine Zelle, so eng, dass er sich nicht rühren konnte, sich weder setzen noch hinlegen konnte. Dann ließen sie von oben Wasser auf ihn tropfen, immer auf den Kopf, Tropfen für Tropfen. Er hatte keinerlei Ausweichmöglichkeit, konnte sich weder setzen noch hinlegen und so fing er dann nach zwölf, sechzehn oder höchstens achtzehn Stunden an zu brüllen und schreien: „Hilfe! Ihr bringt mich ja um damit! Lasst mich hier raus!" Dann hatten sie ihn so weit – jetzt konnten sie ihn ausquetschen, jetzt würde er seine Geheimnisse ausplaudern. Und nach drei Tagen gab selbst der Tapferste auf.

Hitler in Deutschland und Stalin in Russland haben es mit Hunderttausenden genauso gemacht: Man hielt sie wach und ließ sie nicht einschlafen. Man kann sich keine schlimmere Qual vorstellen. Selbst wenn man jemanden totschlägt, leidet er nicht die Qualen, die das Nicht-Einschlafen-Dürfen verursacht. Denn nur durch den Schlaf wird der Verschleiß wieder gut gemacht. Wenn der Mensch nicht schlafen kann, dann verliert er unentwegt immer mehr von seiner Lebensenergie ohne sie regenerieren zu können. Er läuft vollkommen aus. Wir sind deshalb eine so ausgetrocknete Menschheit, weil die Türen, durch die wir etwas empfangen könnten, verschlossen sind und die Türen, durch die wir alles verlieren, immer weiter aufgesperrt werden – sperrangelweit.

Der Schlaf muss wieder seinen Platz im Leben des Menschen finden. Tatsächlich ist für die psychische Wiederherstellung der Menschheit nichts anderes, keine andere Maßnahme nötig als diese. Ein, zwei Jahrhunderte lang müsste das Schlafen gesetzlich geregelt werden! Wer meditieren will, hat vor allem darauf zu achten, dass er richtig und ausreichend schläft.

Und noch etwas gilt es hier zu verstehen: richtig schlafen sieht für jeden anders aus. Das ist nicht bei allen gleich, denn jeder Körper hat seine ganz eigenen Bedürfnisse und die sind für jeden unterschiedlich, je nach Alter und vielen anderen Umständen.

Zum Beispiel schläft ein Kind im Mutterleib rund um die Uhr, denn all seine Gewebe entwickeln sich noch. Es braucht einen bruchlosen Schlaf; sein Körper kann sich nur entwickeln, wenn es ununterbrochen durchschläft. Es ist durchaus möglich, dass lahme oder verkrüppelte oder blinde Kinder deshalb beschädigt zur Welt kommen, weil sie während der neun Monate im Mutterleib aufgewacht sind. Vielleicht wird die Wissenschaft eines Tages erkennen, dass Kinder, die aus irgendeinem Grunde im Mutterleib aufwachen, verkrüppelt oder körperlich zum Teil unterentwickelt zur Welt kommen.

Es ist unerlässlich, im Mutterleib ununterbrochen durchzuschlafen, weil sich der ganze Körper erst bilden muss, erst entwickeln muss. Ein sehr tiefer Schlaf ist unerlässlich, damit all diese Wachstumsprozesse stattfinden können. Wenn das Kind dann geboren ist, schläft es den ganzen Tag, rund um die Uhr – sein Körper wächst ja noch. Später schläft es nur noch achtzehn Stunden, dann vierzehn Stunden... Nach und nach, im gleichen Masse, wie sein Körper ausreift, schläft es auch immer weniger. Am Ende pendelt es sich auf einen Zeitraum zwischen sechs und acht Stunden ein.

Ein alter Mensch schläft weniger – dann sind es nur fünf Stunden, vier Stunden, ja sogar nur noch drei Stunden; denn für einen alten Menschen hat jegliches Körperwachstum aufgehört. Er braucht nicht mehr so viel Schlaf jeden Tag, weil jetzt der Tod näher rückt. Wenn ein alter Mensch so viel schlafen würde wie ein Säugling, dann würde er nicht sterben können, dann fiele es ihm schwer zu sterben. Zum Sterben ist immer weniger Schlaf nötig. Das ist der Grund, warum ein alter Mensch mit der Zeit immer weniger schläft und ein Kind viel mehr Schlaf braucht. Wenn alte Menschen von Kindern dasselbe Verhalten erwarten wie von sich selbst, wird die Sache gefährlich. Aber genau das tun alte Menschen oft: Sie behandeln Kinder so, als wären sie ebenfalls alt. Sie wecken sie morgens viel zu früh: „Es ist schon drei Uhr! Es ist schon vier Uhr! Aufstehen!" Ihnen ist nicht bewusst, dass es völlig in Ordnung ist, wenn sie um vier Uhr aufwachen, weil sie ja alt sind. Aber Kinder können noch nicht um vier Uhr früh aufstehen. Sie dann zu wecken, ist falsch. Damit schädigt man die Körperfunktionen des Kindes, für sie ist das gar nicht gut.

Ein kleiner Junge hat einmal zu mir gesagt: „Ich versteh meine Mutter nicht! Wenn ich mich abends überhaupt nicht müde fühle, zwingt sie mich ins Bett zu gehen und wenn ich morgens todmüde bin, zwingt sie mich aufzustehen. Ich versteh einfach nicht, warum ich unbedingt schlafen soll, wenn ich gar nicht müde bin, und aufstehen soll, wenn ich müde bin. Du erklärst den Leuten doch immer alles so gut – kannst du das nicht mal meiner Mutter klar machen?" Er bat mich seiner Mutter verständlich zu machen, wie widersprüchlich sie sich verhielt.

Wir merken oft gar nicht, dass wir Kinder behandeln wie alte Menschen. Und wenn sie dann langsam älter werden, müssen sie sich an lauter Vorschriften halten – wie sie in zahllosen Büchern stehen.

Vielleicht ist es noch nicht zu euch durchgedrungen, aber jüngsten Forschungsergebnissen zufolge können nicht alle zu ein und derselben Zeit aufstehen. Früher hat es immer geheißen, es sei für alle gut, morgens um fünf aufzustehen. Das ist völlig verkehrt und unwissenschaftlich. Es ist nicht für alle gut. Für die einen mag es gut sein, aber für andere ist es vielleicht schädlich. Alle vierundzwanzig Stunden sinkt bei jedem Menschen drei Stunden lang die Körpertemperatur – und diese drei Stunden sind die Stunden des Tiefschlafs. Wenn der Betreffende während dieser drei Stunden aufgeweckt wird, verdirbt man ihm damit den ganzen kommenden Tag, bringt man seine ganze Energie durcheinander.

In der Regel liegen diese drei Stunden zwischen zwei und fünf Uhr früh. Bei den meisten Menschen liegt diese Zeit zwischen zwei und fünf Uhr morgens – aber durchaus nicht bei allen. Bei einigen bleibt die Körpertemperatur bis sechs Uhr niedrig, bei einigen sogar bis sieben Uhr und bei anderen normalisiert sich die Temperatur bereits ab vier Uhr morgens. Wenn also jemand während dieser Zeitspanne niedriger Temperatur wach wird, verdirbt ihm das die gesamten kommenden vierundzwanzig Stunden – mit schädlichen Folgen. Erst wenn die Temperatur eines Menschen wieder ihren Normalstand erreicht hat, wird es für ihn Zeit aufzuwachen.

An sich wäre es für alle das Beste mit der aufgehenden Sonne aufzuwachen; denn mit der aufgehenden Sonne steigt die Temperatur in allen. Aber das ist keine Regel, es gibt da Ausnahmen. Bei einigen Wenigen kann es notwendig sein etwas über den Sonnenaufgang hinaus zu schlafen, weil die individuelle Körpertemperatur eines jeden zu einer anderen Zeit und mit einem anderen Tempo ansteigt. Also muss jeder Einzelne herausfinden, wie viele Stunden Schlaf er braucht und zu welcher Uhrzeit er am gesündesten aufsteht. Und das ist dann seine Regel. Man kann getrost auf alles pfeifen, was in den heiligen Büchern steht, was die Gurus sagen.

Seine eigene richtige Schlafregel findet man umso besser, je tiefer und länger man schlafen kann. Aber ich rede hier vom

Schlafen, nicht vom Im-Bett-Liegen. Herumlungern auf dem Bett ist nicht Schlafen. Dann aufzustehen, wenn sich das Aufstehen für dich gesund anfühlt – das sei deine Regel. Gewöhnlich dürfte das um die Zeit des Sonnenaufgangs sein, aber möglicherweise ist das bei dir anders. Dann brauchst du dir keine Angst oder Sorgen zu machen oder dich für sündig zu halten und zu fürchten, in die Hölle zu kommen. Viele von den Leuten, die frühmorgens aufstehen, kommen in die Hölle; und viele, die erst spät aufstehen, leben im Himmel! Ob man spirituell oder unspirituell ist, hat mit alledem überhaupt nichts zu tun – wohl aber hat das richtige Schlafen etwas damit zu tun.

Jeder sollte also für sich selber herausfinden, welche Regel am besten auf ihn passt. Drei Monate lang sollte jeder Einzelne mit seinem Arbeiten, seinem Schlafen und mit seiner Ernährungsweise experimentieren, um herausfinden, welche Regeln für ihn die gesündesten, die friedlichsten und beglückendsten sind. Und jeder sollte seine eigenen Regeln finden. Keine zwei Menschen sind gleich, also gibt es nie eine allgemeine Regel, die auf alle anwendbar wäre. Wann immer sich jemand unbedingt an eine allgemeine Regel zu halten versucht, wirkt sich das negativ aus. Jeder ist individuell verschieden. Jeder ist einmalig und unvergleichbar. Nur du selbst bist so wie du selbst, es gibt nirgendwo auf der Welt einen zweiten Menschen wie dich. Da kannst du dir also keine Regel zur Regel machen, bis du herausgefunden hast, was die Regeln deiner eigenen Lebensprozesse sind.

Bücher, Bibeln und Gurus sind deshalb so gefährlich, weil sie vorgefertigte Formeln haben. Sie schreiben euch vor, dass ihr dann und dann aufzustehen habt, das und das zu essen habt, das und das nicht essen dürft, so und so schlafen müsst und überhaupt alles nur so und nicht anders machen dürft. Solche fix und fertigen Formeln sind gefährlich. Es ist gut sie zu verstehen, aber jeder einzelne Mensch muss sich sein Leben selber einrichten. Jeder Mensch muss seinen eigenen Weg finden, wie er meditiert. Jeder Mensch muss mit seinen eigenen Füßen gehen und sich so den Weg für seine spirituelle Reise bahnen. Es gibt keine vorgegebene, befestigte Straße, die du einfach nur zu beschreiten brauchst. Solche Straßen sind einfach nirgends zu finden. Der Weg der spirituellen Reise ähnelt einem winzigen Fußpfad – dazu einem Pfad, der noch nicht einmal da ist! Du bahnst ihn dir selbst, indem du ihn gehst, und er ist so lang, wie du ihn gehst. Und je weiter du gehst, desto mehr entwickelt sich dein Verständnis für die noch vor dir liegende Reise-Etappe.

Diese drei Punkte also gilt es sich zu merken: richtige Ernährung, richtiges Arbeiten und richtiger Schlaf. Wenn das Leben in diesen drei Punkten richtig abläuft, wächst die Chance, dass sich das öffnet, was ich das Nabel-Zentrum nenne – welches das Tor zum spirituellen Leben ist. Wenn ihr euch diesem Tor nähert, tut es sich auf. Und dann geschieht etwas ganz Einmaliges – eine Erfahrung, wie ihr sie einfach noch nicht aus eurem bisherigen Leben kennt.

Gestern Abend, als ich weggegangen war, kam ein Freund und sagte: „Was du da sagst, ist ja alles schön und gut. Aber solange wir die Erfüllung noch nicht gefunden haben, kann es uns kaum überzeugen." Ich habe ihm nicht darauf geantwortet. Offenbar meint er seine Erfüllung finden zu können, indem ich darüber rede – aber da irrt er gewaltig und vertut nur seine Zeit. Ich meinerseits tue alles, was in meinen Kräften steht, aber ihr müsst eurerseits einen noch viel größeren Kraftaufwand machen. Wenn ihr den nicht aufbringt, dann hat es keinen Zweck und dann macht es auch keinerlei Sinn, dass ich ein Wort darüber verliere.

Ständig liegen mir die Leute in den Ohren, wie sehr sie sich mehr Frieden, mehr Seligkeit wünschen – dass sie sich eine Seele wünschen. Ja, ihr wollt alles haben! Aber nichts auf der Welt ist einfach nur dadurch zu haben, dass man es gerne hätte. Der Wunsch allein ist absolut impotent, in ihm steckt keine Kraft.

Der Wunsch allein reicht nicht. Es gehören auch Entschlossenheit und Anstrengung dazu. Es ist völlig in Ordnung einen Wunsch zu haben; aber wie viel Mühe gebt ihr euch für diesen Wunsch, wie viele Schritte macht ihr auf diesen Wunsch zu, was unternehmt ihr für diesen Wunsch?

Wenn ihr mich fragt, so liegt der einzige Maßstab, der einzige Beweis für euren Wunsch in der Anstrengung, die ihr dafür zu machen bereit seid, dass er in Erfüllung geht. Es gibt keinen anderen Beweis dafür, dass ihr euch etwas wünscht. Wenn jemand sich etwas wünscht, setzt er sich auch dafür ein, dass er es bekommt. Nur diese Anstrengung kann beweisen, dass der Betreffende sich etwas gewünscht hat.

Du sagst, du wünschst dir was – willst aber nichts dafür tun es zu bekommen? Dir fehlt die nötige Entschlossenheit. Ich habe zu euch von den drei Zentren gesprochen: Das Zentrum für den Intellekt ist der Verstand, das Zentrum für die Gefühle ist das Herz. Wofür ist der Nabel das Zentrum? Der Nabel ist das Zentrum für die Willenskraft. Je aktivierter der Nabel ist, desto geballter wird die Willenskraft und desto mehr Entschlossenheit, Kraft und Lebensenergie könnt ihr freisetzen um ans Ziel zu kommen. Oder ihr könnt es euch auch umgekehrt denken: Je entschlossener ihr seid, je mehr

Tatkraft ihr entwickelt, desto mehr wird sich euer Nabelzentrum entwickeln. Beides hängt eng zusammen, ist wechselseitig bedingt. Je mehr du denkst, desto mehr wird sich dein Intellekt entwickeln; je mehr du liebst, desto mehr wird sich dein Herz entwickeln. Je entschlossener du bist, desto mehr wird sich das Zentrum deiner inneren Energie entfalten, jener Lotus des Nabels mitten in dir.

Noch eine kleine Geschichte... Ein blinder Fakir ging bettelnd durch eine kleine Stadt und kam an eine Moschee. Vor dem Eingang der Moschee breitete er seine Arme aus und rief: „Gebt mir bitte zu essen! Ich habe Hunger!"

Die Vorbeikommenden sagten: „Du Idiot! Das hier ist doch kein Gasthaus. Du stehst vor einer Moschee, einem Tempel – niemand wohnt hier. Du bettelst eine Moschee an, hier wirst du leer ausgehen. Geh besser woanders hin."

Der Fakir lachte und sagte: „Wenn ich am Hause Gottes nichts bekomme, an welchem anderen Hause soll ich dann etwas bekommen? Ich bin hier am letzten Haus angelangt und zufällig ist dieses letzte Haus ein Tempel. Wie könnte ich von hier weggehen? Und wenn ich gehe, wohin soll ich gehen? Nach diesem Haus kommt keins mehr, also bleibe ich jetzt solange hier stehen, bis ich etwas bekommen habe."

Da lachten die Leute ihn aus und sagten: „Idiot! Hier wohnt doch niemand! Wer sollte dir etwas geben?"

Er antwortete: „Darum geht es überhaupt nicht. Wenn ich sogar das Haus Gottes mit leeren Händen verlassen muss, wo sollen dann meine Hände gefüllt werden? Dann werden meine Hände nirgends gefüllt werden. Nun, da ich diese Tür gefunden habe, werde ich erst weitergehen, wenn meine Hände gefüllt sind."

Und so blieb der Fakir da. Ein Jahr lang hielt er seine Hände immerzu ausgestreckt und solange verzehrte er sich immerzu in Sehnsucht. Die Leute erklärten ihn langsam für verrückt. Sie sagten zu ihm: „Du armer Tor! Was sitzt du hier mit ausgebreiteten Armen? Hier ist nichts zu holen."

Aber der Fakir war einmalig in seiner Art, ein Mensch wie sonst keiner – er blieb einfach sitzen, saß da und saß und saß.

Nach einem Jahr wurden die Bewohner langsam gewahr, dass der Fakir vielleicht doch etwas bekommen hatte: Die Aura um sein Gesicht hatte sich verändert. So etwas wie ein Hauch von Frieden umfloss ihn; eine Art von Licht, ein Duft ging von ihm aus. Und der Mann begann zu tanzen! Hatte er zuvor immer Tränen in den Augen gehabt, lag jetzt ein Lächeln auf seinem Gesicht. Er war praktisch tot gewesen, aber in diesem einen Jahr war er wieder zum Leben erblüht – und nun tanzte er!

Die Leute fragten: „Hast du denn etwas bekommen?"

Er sagte: „Wie hätte ich nichts bekommen sollen? Hatte ich mir denn nicht vorgenommen: Entweder bekomme ich etwas oder ich sterbe!? Und ich habe viel mehr bekommen, als worum ich gebeten hatte! Ich hatte nur um etwas Nahrung für meinen Leib gebeten und nun habe ich auch Nahrung für meine Seele bekommen. Ich wollte nur den Hunger meines Leibes stillen, nun aber ist auch der Hunger meiner Seele gestillt worden."

Da wollten alle wissen: „Wie konnte dir das gelingen? Wie hast du das geschafft?"

Er sagte: „Geschafft habe ich überhaupt nichts. Aber all meine Willenskraft stand hinter meinem Durst. Ich habe mir gesagt: ‚Wenn dich schon dürstet, dann dürste auch mit letzter Entschlossenheit'. Hinter meinem Durst stand mein absoluter Entschluss. Und nun ist mein Durst gestillt. Ich bin dort angekommen, wo dieses Wasser sprudelt, und seit ich davon getrunken habe, ist mein Durst weg!"

Entschlossenheit heißt: Den Mut, die innere Kraft und Willensstärke aufzubringen, etwas für das zu tun, was du dir vorgenommen hast, genau so zu handeln, wie du es für richtig hältst und genau dem Pfad zu folgen, der dir als richtig erscheint. Wenn dir diese Entschlossenheit fehlt, dann können weder meine Worte noch die eines anderen etwas ausrichten. Wenn sich bloß durch meine Worte etwas ausrichten ließe, dann wäre die Sache sehr einfach. Es hat genug Menschen auf Erden gegeben, die sehr viel Gutes gesagt haben: Wenn dann alles auch wirklich so eingetreten wäre, wie sie es gesagt haben, nur weil sie es gesagt haben, gäbe es heute auf der ganzen Welt nichts mehr zu tun. Aber weder Mahavir noch Buddha noch Jesus Christus noch Krishna noch Mohammed haben irgendetwas ausrichten können. Niemand kann etwas ausrichten, solange du nicht selbst bereit bist es auch zu tun.

Der Ganges fließt immerzu weiter, die Meere sind randvoll – aber ihr steht ohne Eimer in der Hand da und ruft lauthals nach Wasser! Der Ganges sagt: „Wasser gibt es genug, aber womit willst du es schöpfen?" Ihr sagt: „Was heißt hier schöpfen! Du bist der Ganges, du hast Wasser in Hülle und Fülle – gib mir doch einfach was ab!" Die Tore zum Ganges sind nicht verschlossen, die Tore zum Ganges stehen sperrangelweit offen – aber ihr braucht ein Gefäß. Die spirituelle Reise kann, wenn es am Gefäß der Entschlossenheit fehlt, nie und nimmer zu Erfüllung oder Gestilltheit führen.

ANLEITUNG ZUR ABENDMEDITATION

Was die Abendmeditation betrifft, solltet ihr zunächst zwei oder drei Dinge verstehen… Die Morgenmeditation findet im Sitzen statt. Morgens steigt, wacht das Leben auf; darum ist es besser im Sitzen zu meditieren. Die Abendmeditation muss man im Bett liegend machen, vor dem Einschlafen. Nach dem Meditieren schlaft ihr dann einfach still ein. Die Morgenmeditation ist das Erste, was nach dem Aufwachen passiert, die Abendmeditation ist das Letzte, was vor dem Einschlafen passiert.

Wenn man vor dem Einschlafen in einen richtig meditativen Zustand kommt, verändert sich damit die ganze Schlafqualität. Dann wird der gesamte Schlaf zu einer Meditation. Denn der Schlaf folgt bestimmten Regeln. Die erste Regel ist die, dass dein letzter Gedanke am Abend deinen Schlaf als Hauptgedanke beherrschen wird – und es wird auch dein erster Gedanke sein, sobald du morgens aufwachst. Wenn du abends mit Wut eingeschlafen bist, dann werden deine Gedanken und deine Träume die ganze Nacht über um Wut kreisen. Und wenn du morgens aufwachst, wirst du sehen, dass dein erstes Gefühl und dein erster Gedanke etwas mit Wut zu tun hat. Was immer wir abends mit in den Schlaf nehmen, das leistet uns die ganze Nacht lang Gesellschaft.

Aus diesem Grunde sage ich, dass ihr besser Meditation mit euch nehmt, wenn ihr schon etwas mit in den Schlaf nehmt – sodass euer ganzer Schlaf um Meditation und um ihren Frieden kreist. Nach und nach, in ein paar Tagen werdet ihr sehen, dass eure Träume wegbleiben, dass euer Schlaf gleich einem tiefen Fluss wird. Und wenn ihr dann am Morgen aus eurem tiefen Schlaf erwacht – tief auf Grund dieser Abendmeditation – werdet ihr als allererstes an etwas Friedliches, etwas Beseligendes, etwas Liebevolles denken. Die Morgenreise muss also mit der Morgenmeditation begonnen werden und die Nachtreise muss mit der Nachtmeditation begonnen werden.

Die Nachtmeditation muss im Liegen gemacht werden – im Bette liegend. Sobald ihr euch hingelegt habt, muss dreierlei geschehen. Das Erste ist, dass der Körper sich vollkommen entspannen muss, so also wäre kein Leben mehr in ihm – so locker, so entspannt, kein Funke Leben im Körper. Und drei Minuten lang müsst ihr dem ganz bewusst nachspüren – dass der Körper sich jetzt entspannt, immer mehr entspannt, noch mehr entspannt... denn alles, was ihr euch geistig vorstellt, das befolgt der Körper. Der Körper ist nur ein Diener, ein Untergebener. Der Körper setzt alles, was wir fühlen, in Handeln um. Wenn du Wut empfindest, hebt der Körper einen Stein auf um ihn zu werfen; wenn du Liebe empfindest, nimmt der Körper irgendwen in die Arme. Was immer du sein möchtest, was immer du tun möchtest – der Körper setzt es in die Tat um, sobald der Gedanke im Geiste aufgetaucht ist.

Jeden Tag sehen wir das Wunder, wie der Körper einen auftauchenden Gedanken in die Tat umsetzt. Wir denken nur nie daran, uns zu entspannen; andernfalls nämlich würde der Körper auch das tun. Der Körper kann so weit entspannen, dass man nicht einmal mehr weiß, ob er überhaupt noch da ist – aber dazu kommt es erst, nachdem man dieses Experiment eine Weile geübt hat.

Drei Minuten lang müsst ihr euch also immer entspannter fühlen. Im Augenblick gebe ich euch noch Anregungen, damit ihr dieses Gefühl erst einmal kennen gelernt habt. Wenn ich euch suggeriere, dass der Körper sich jetzt langsam entspannt, dann werdet ihr tatsächlich spüren, wie sich der Körper immer mehr entspannt, mehr und mehr entspannt… Der Körper wird entspannt sein.

Im gleichen Maße, wie der Körper sich entspannt, wird der Atem ruhiger gehen. Mit Ruhe ist nicht gemeint, dass der Atem still steht, sondern dass er langsam, gelassen und tief wird. Dann müsst ihr drei Minuten lang hinspüren, wie euer Atem immer ruhiger wird, wie sich das Atmen entspannt. Dann wird nach und nach auch der Geist immer entspannter und gelassener werden. Wenn sich der Körper entspannt, wird der Atem ruhig werden; wenn der Atem ruhig wird, wird der Geist automatisch still werden. Alles drei hängt zusammen.

Zunächst also werden wir fühlen, dass sich der Körper entspannt – das wird unser Atmen beruhigen. Dann werden wir fühlen, dass der Atem jetzt entspannt ist – das wird unseren Verstand still machen. Und dann werde ich euch das Dritte suggerieren: dass es jetzt in eurem Kopf ganz still und leer wird. Auf diese Art und Weise, nachdem ihr jeder dieser drei Suggestionen eine kleine Weile gefolgt seid, werde ich zu euch sagen, dass jetzt der Geist vollkommen ruhig geworden ist. Danach werdet ihr zehn Minuten lang ganz still da liegen, genau so, wie ihr bei der Morgenmeditation ganz still sitzt.

Ihr werdet den Ruf eines Vogels hören, ihr werdet das Bellen eines Hundes hören und viele andere Geräusche – lauscht einfach still weiter auf alles. So als wäre das hier ein leeres Zimmer… ein Ton dringt ein, hallt wider und verebbt dann langsam. Ihr braucht nicht darüber nachzudenken, woher diese Geräusche jetzt kommen mögen; ihr braucht auch nicht darüber nachzudenken, warum der Hund jetzt bellt, denn ihr habt nichts mit diesem Hund zu schaffen. Du hast keinen Grund darüber nachzudenken, warum dieser Hund jetzt wohl bellen mag und warum dieser blöde Köter dich ausgerechnet jetzt stören muss, wo du doch gerade meditierst! Nein, dich geht das alles nichts an. Der Hund hat keine Ahnung, dass du meditierst, er weiß nichts davon, er ist absolut unwissend, er macht halt das, was er muss. Mit dir hat es nichts zu tun. Er bellt jetzt eben, also musst du ihn bellen lassen. Für dich ist das nur dann eine Störung, wenn du daraus eine Störung machst. Zur Störung wird es erst, wenn du dich sträubst, wenn du unbedingt willst, dass dieser Hund jetzt mit seinem Bellen aufhört. Da sitzt die Schwierigkeit. Der Hund bellt – was soll er auch anderes tun? Wir meditieren – was sollen wir auch anderes tun? Zwischen beidem besteht kein Konflikt, das eine schließt das andere nicht aus. Ihr seid still; das Hundegebell wird kommen, etwas verweilen und weggehen; ihr lasst euch davon nicht stören.

Einmal war ich in einem kleinen Dorf in einem Gasthaus. Es war auch ein politischer Führer da. Ich weiß nicht, was in der Nacht damals los war, aber alle Hunde des Dorfes hatten sich um das Gasthaus versammelt und fingen zu bellen an. Dieser Politiker hielt es nicht aus; er stand auf, kam in mein Zimmer und fragte: „Schlafen Sie schon? Ich kann einfach nicht einschlafen. Ich habe diese Hunde schon zwei Mal verjagt, aber sie kommen einfach immer wieder."

Ich sagte: „Wen man vertreibt, der wird immer wiederkommen. Es ist ein Fehler, jemanden vertreiben zu wollen, denn der, den man vertreibt, hält sich immer irgendwie für unabkömmlich. Er nimmt an, er habe eine gewisse Wichtigkeit, sonst würde man ihn ja nicht vertreiben wollen. Und diese Hunde sind eben arme Hunde. Sie werden annehmen irgendwie benötigt zu werden – dass sie Ihnen etwas bedeuten. Also kommen sie zurück.

Und noch etwas: Die Hunde haben keine Ahnung davon, dass sie einen politischen Führer vor sich haben, dass sie Ihretwegen bellen. Sie sind keine Menschen – wenn die Menschen hier erfahren sollten, dass ein politischer Führer unter ihnen weilt, würden sie in Scharen herbeiströmen. Bis heute jedenfalls haben Hunde noch nicht genug Intelligenz entwickelt, um sich um einen politischen Führer zu versammeln, wenn er auftaucht. Die Hunde kommen hier jeden Tag her. Seien Sie nicht so töricht zu glauben, sie wären auf Grund Ihrer Bedeutung hergekommen. Zweifellos wissen sie nichts davon. Und was Ihre Schlafprobleme betrifft – nicht die Hunde halten Sie wach, sondern Sie selbst halten sich wach. Sie unterhalten den unhaltbaren Gedanken, Hunde sollten nicht bellen. Was berechtigt Sie dazu? Die Hunde haben das Recht zu bellen und Sie haben das Recht zu schlafen. Da ist kein Widerspruch, beides kann gleichzeitig geschehen. Ich sehe jedenfalls nicht, wie das eine das andere ausschließen sollte. Lassen Sie die Hunde weiterbellen und schlafen Sie getrost weiter. Schließlich können die Hunde ja auch nicht von Ihnen verlangen, dass Sie nicht schlafen sollten, weil ihr Schlaf ihr Gebell störe. Also sagen Sie auch nicht, sie sollten zu bellen aufhören." Und außerdem sagte ich ihm: „Akzeptieren Sie einfach, dass die Hunde jetzt bellen und lauschen sie still. Geben Sie Ihren Widerstand auf. Akzeptieren Sie ihr Bellen. Und sobald Sie es akzeptieren, wird sich selbst noch das Hundegebell in einen musikalischen Rhythmus verwandelt haben."

Ich weiß nicht, wann er zu Bett ging, aber als er am nächsten Morgen aufstand, sagte er mir: „Ich hab keine Ahnung, was passiert ist, aber ich komme nicht aus dem Staunen heraus. Da ich keine andere Wahl hatte, musste ich es akzeptieren. Anfangs wollten mir Ihre Ideen nicht in den Kopf" – meine Ideen wollen niemandem sofort in den Kopf! Wieso sollte er da die Ausnahme sein – „aber als ich mich völlig hilflos fühlte, sah ich ein, dass ich nur die eine Wahl hatte: Entweder ruiniere ich mir meinen Schlaf oder ich nehme es so, wie Sie sagten. Irgendwann dachte ich bei mir, ich hätte den Hunden jetzt genug Aufmerksamkeit geschenkt, warum meine Aufmerksamkeit also nicht mal auf Ihren Rat lenken und sehen, was herauskommt. Also hab ich mich ganz ruhig hingelegt und zugehört und das Gebell akzeptiert. Danach weiß ich nicht mehr, wann ich eingeschlafen bin. Auch nicht, wie lange die Hunde noch weiter gebellt haben oder wann es still geworden ist. Jedenfalls habe ich blendend geschlafen!"

Wehrt euch also nicht. Hört ruhig allem zu, was sich rings um euch abspielt. So ein stilles Lauschen wirkt tatsächlich Wunder. Dieses Gewährenlassen, dieses Das-Leben-nicht-abwehren ist der springende Punkt, wenn man in Meditation gehen möchte.

Zuerst also entspannen, dann still lauschen – in einem Zustand der Losgelassenheit. Es ist leicht, die Hunde zu vergessen; weit schwerer ist es, die Leute um euch herum zu vergessen.

Die Reise des Suchers zielt nicht darauf ab,
ein „guter Mensch" zu werden; die Reise des Suchers
zielt darauf ab, ein Weiser zu werden.

4. UNSEREM GEIST AUF DIE SCHLICHE KOMMEN

DER GEIST DES MENSCHEN IST KRANK, ist zu einer Wunde geworden. Er ist keine gesunde Schaltzentrale mehr, sondern zu einem eiternden Krebsgeschwür geworden. Deshalb ist auch eure ganze Aufmerksamkeit nur noch auf ihn gerichtet. Vielleicht ist es euch ja noch nicht aufgefallen, aber wenn irgendein Körperteil krank wird, stürzt sich eure gesamte Aufmerksamkeit nur noch auf ihn.

Dein Bein wird dir erst bewusst, sobald es weh tut; solang es nicht weh tut, nimmst du dein Bein gar nicht wahr. Erst wenn deine Hand verletzt worden ist, wird dir diese Hand bewusst; ohne Verletzung bemerkst du sie überhaupt nicht.

Folglich ist euer Geist auf die eine oder andere Weise zweifellos krank geworden; denn ihr beschäftigt euch einzig und allein nur noch mit ihm, rund um die Uhr.

Je gesünder der Körper, desto weniger nimmt man ihn wahr. Man nimmt immer nur denjenigen Teil wahr, der angeschlagen ist. Und der einzige Körperteil, denn ihr heute noch wahrnehmt, ist euer Kopf. Euer Bewusstsein dreht sich nur noch um ihn – erkennt nur ihn, erkennt nur ihn an. Eine eiternde Wunde hat sich dort gebildet; und ohne sie loszuwerden ohne diesen so verspannten und so rastlosen Geisteszustand loszuwerden, kann kein Mensch zur Mitte seines Lebens hinfinden.

Also wollen wir heute einmal diesen Zustand, unseren Geist, etwas unter die Lupe nehmen – und schauen, was sich da machen lässt. Zunächst einmal müsst ihr euch ein klares Bild von diesem Zustand namens Geist machen. Wenn ihr euch einmal zehn Minuten allein hinsetzen und ganz ehrlich jeden Gedanken, der euch so durch den Kopf geht, auf ein Blatt Papier schreiben würdet, wärt ihr nicht bereit es irgendwem zu zeigen, nicht einmal eurem engsten Freund. Denn da würdet ihr Gedanken finden, die so wahnsinnig sind, dass kein Mensch, weder du selbst noch sonst wer, so etwas erwartet hätte. Es wären so banale, sinnlose und absurde Gedanken darunter, dass ihr glauben würdet den Verstand verloren zu haben.

Wenn ihr mal zehn Minuten lang alles ehrlich aufschreibt, was euch durch den Kopf geht, werdet ihr überrascht sein, was sich da abspielt. Ihr werdet euch fragen, ob ihr geistig gesund oder verrückt seid. Ihr überprüft niemals auch nur zehn Minuten lang euren Verstand und was sich da eigentlich abspielt. Oder vielleicht schaut ihr ja nur deswegen nicht hinein, weil ihr insgeheim ja längst wisst, was da los ist. Vielleicht habt ihr nur Angst.

Darum fürchten sich die Leute auch so davor allein zu sein und wollen vierundzwanzig Stunden am Tag Gesellschaft haben – immerzu müssen sie irgendwelche Freunde treffen oder in einen Club oder sonst wo hingehen. Und wenn sie niemanden auftreiben können, dann lesen sie eben eine Zeitung oder hören Radio. Niemand möchte allein sein; denn im selben Augenblick, da du allein bist, dämmert dir, wie es wirklich um dich bestellt ist.

Solange ein anderer da ist, bist du damit beschäftigt, dich auf ihn zu beziehen und brauchst dich nicht selber wahrzunehmen. Dies Suchen nach dem anderen ist nichts weiter als das Suchen nach einer Chance vor dir selber Ausreiß zu nehmen. Der eigentliche Grund, warum du dich für andere interessierst, ist der, dass du Angst vor dir selber hast. Denn du weißt sehr wohl: Würdest du dich vollkommen kennen, dann würdest du sehen, wie durch und durch wahnsinnig du bist. Um dieser Erkenntnis auszuweichen, sucht der Mensch Unterhaltung, sucht er Begleiter, sucht er nach einem Freund, sucht er Gesellschaft, will er in der Masse untertauchen.

Der Mensch fürchtet sich vor dem Alleinsein. Er fürchtet das Alleinsein deshalb, weil er im Alleinsein seinen wahren Zustand gespiegelt fände, auf sein eigenes Spiegelbild stieße. Und das würde ihm einen Riesenschreck, eine Höllenangst einjagen. Also tut er vom Augenblick, da er frühmorgens aufwacht, bis spätabends, wenn er sich schlafen legt, einfach alles, um sich selbst auszuweichen um nur nicht sich selber begegnen zu müssen. Vor lauter Angst, er könnte sich selber sehen.

Der Mensch hat tausende Methoden entwickelt um Reißaus vor sich selbst zu nehmen. Und je schlimmer es um den geistigen Zustand des Menschen steht, desto raffiniertere Tricks hat er sich einfallen lassen um vor sich selber zu fliehen. Ein kurzer Blick auf die letzten fünfzig Jahre zeigt uns bereits, dass sich der Mensch in diesem Zeitraum mehr Mittel hat einfallen lassen sich von sich selber abzulenken, als je zuvor in der gesamten Menschheitsgeschichte: Kinos, Radio, Fernsehen – alles nur Methoden zur Selbstflucht. Wie rastlos der Mensch geworden ist! Jeder lechzt nach Unterhaltung. Nur weil sich eure innere Situation ständig verschlimmert hat, stellt ihr euch heute auf den Kopf, ‚um mal auf etwas andere Gedanken zu kommen'. Auf der ganzen Welt ist mit fortschreitender Zivilisation der Drogenmissbrauch sprunghaft gestiegen. Neuerdings ist man auf Drogen verfallen und sie werden in Europa und Amerika jetzt immer populärer – Drogen wie LSD, Meskalin, Marihuana. Noch nie ist in den gebildeten Schichten sämtlicher Kulturmetropolen Europas und Amerikas ein solches Fiebern nach neuen Drogen ausgebrochen wie heute. Unermüdlich forscht man nach wirksamen Mitteln, wie der Mensch sich vergessen kann – andernfalls hält es der Mensch einfach nicht mehr aus.

Was ist die Ursache von alledem? Warum nur wollt ihr euch unbedingt vergessen? Warum nur seid ihr so auf Selbstvergessenheit versessen? Und glaubt bitte nicht, dass sich nur die Kinogänger vergessen wollen: Die Kirchgänger wollen sich ganz genauso vergessen – und zwar aus den gleichen Gründen, da ist keinerlei Unterschied. Nur ist die Kirche eine uralte Methode der Selbstbetäubung und das Kino ist eine moderne Methode. Wenn ein Mann in seinem Tempel sitzt und „Ram-Ram-Ram" vor sich hin murmelt, dann glaubt nicht, er bezwecke mit diesem Singsang etwas anderes, als sich zu vergessen – genauso wie jemand anders sich damit zu vergessen sucht, dass er sich Filmschlager anhört. Zwischen diesen beiden besteht kein Unterschied.

Das Bestreben sich in Äußerlichkeiten zu verstricken – ob mit ‚Ram' oder mit einem Film oder mit Musik… das Bestreben sich egal in was zu verlieren, ist im Grunde nichts als das Bestreben, vor sich selber davonzulaufen. Ihr seid allesamt damit beschäftigt, vor eurem Selbst davonzulaufen, der eine so, der andere so. Damit beweist ihr nur, wie sehr es innerlich mit euch abwärts geht und dass ihr nicht mal den Mut aufbringt, euch das überhaupt einmal anzusehen: Um Himmels willen nur nicht in diese Richtung blicken!

Da verhaltet ihr euch wie der Vogel Strauß. Sobald er einen Feind sieht, steckt der Vogel Strauß seinen Kopf in den Sand – denn den Feind anzusehen kommt ihm gefährlich vor. So aber ist der Feind nicht zu sehen. Die Vogel-Strauß-Logik besagt: „Solang er nicht sichtbar ist, ist er nicht da und ich bin sicher." Nur stimmt diese Logik nicht. Dem Vogel Strauß kann man das noch nachsehen, aber nicht einem Menschen. Einfach nur dadurch, dass etwas nicht zu sehen ist, hört es doch nicht auf zu existieren! Was zu sehen ist, dagegen kann man etwas tun; aber was nicht zu sehen ist, dagegen kann man unmöglich etwas tun.

Ihr wollt den Zustand vergessen, der in euch herrscht, ihr wollt ihn nicht sehen. Das mag gelingen, indem ihr euren Verstand davon überzeugt, etwas Unsichtbares sei ja auch gar nicht da; was aber nicht heißt, das s es damit auch weggegangen ist. Unsichtbar sein hat nicht das Geringste mit Nichtexistieren zu tun. Ja, wäre das Betreffende sichtbar, dann könntet ihr vielleicht etwas unternehmen, aber leider schließt seine Unsichtbarkeit jede Maßnahme aus. So wird es in eurem Innern weiterwachsen – wie eine Wunde, wie ein Geschwür, das ihr zugedeckt habt, weil ihr es euch auf keinen Fall an-sehen wollt.

Euer Denken ist zu einer Wunde geworden. Sollte irgendwann einmal ein Apparat erfunden werden, mit dem wir uns anschauen könnten, was in jedem Einzelnen vor sich geht, würde jeder vermutlich sofort Selbstmord begehen. Niemand will einem anderen Einblick in das gestatten, was in ihm vorgeht. Eines Tages mag so etwas möglich werden. Noch aber können wir dankbar sein, dass es keine Fensterchen in unserem Kopf gibt, durch die wir einander ins Innere sehen und anschauen können, was sich darin alles abspielt.

Zwischen dem, was die Leute in ihrem Innern verbergen und was sie nach außen hin zeigen, ist ein großer Unterschied. Was man außen auf ihren Gesichtern sieht, ist etwas ganz anderes, als was in ihrem Inneren vor sich geht. Durchaus möglich, dass sie nach außen hin von Liebe reden, innerlich aber voller Hass stecken. Sie mögen zu jemandem sagen: „Guten Morgen! Schön dich zu sehen! Es freut mich, dich heute Morgen zu treffen", während sie innerlich sagen: „Herrje, muss ich denn in aller Herrgottsfrühe schon diesem Knallkopf begegnen!"

Hätten die Oberstübchen der Leute Gucklöcher, dann säßen wir tief in der Tinte, dann wäre das Leben kaum mehr auszuhalten. So aber können wir mit irgendwem freundlich plaudern, während wir innerlich denken: „Wann stirbt dieser Mensch endlich!" An der Oberfläche ist das eine da und dahinter etwas ganz anderes – aber wir trauen uns nicht nach innen zu schauen und nachzusehen, was in unserem Innern los ist.

Eine Mutter lebte einmal mit ihrer Tochter zusammen und alle beide waren sie Schlafwandler. Eines Nachts stand die Mutter gegen drei Uhr früh auf und ging in den Garten hinter dem Haus. Kurz darauf stand auch ihre Tochter im Schlaf auf und ging hinaus in den Garten. Sobald die Alte ihre Tochter sah fing sie an zu keifen: „Du Aas! Du hast mir meine Jugend gestohlen. Im selben Augenblick, als du zur Welt kamst, fing ich an zu altern. Du bist meine Feindin. Wärst du nicht zur Welt gekommen, wäre ich heute noch jung!"

Und als das Mädchen seine Mutter sah, rief es: „Du böse Alte! Nur deinetwegen hab ich es so schwer, lebe ich wie eine Sklavin. Von Anfang an hast du mir meinen Lebensstrom versperrt wie ein Felsblock. Du liegst mir wie ein Mühlrad um den Hals!"

In dem Moment krähte der Hahn und beide erwachten. Beim Anblick des Mädchens sagte die Alte: „Liebling, was bist du so früh schon auf?! Erkälte dich bitte nicht. Komm, lass uns reingehen!" Augenblicklich berührte das Mädchen seiner alten Mutter die Füße, so wie sie es jeden Morgen als Erstes tat, und sagte: „Aber Mutter! Du bist ja viel zu früh aufgestanden! Bei deinem Gesundheitszustand solltest du dich richtig ausschlafen. Komm rein und leg dich noch etwas hin!"

Der Unterschied zwischen dem, was sie im Schlaf und was sie im Wachen sagen, spricht für sich. Was man in seinem Schlaf sagt, ist authentischer als was man im Wachen sagt, denn es kommt mehr von innen. Was man sich selber tun sieht in den eigenen Träumen, das kommt der Wirklichkeit näher als alles, was man auf dem Marktplatz und unter Leuten zu erkennen gibt. Dein Gesicht unter Leuten ist geschminkt und künstlich; tief in dir drin bist du ein völlig anderer Mensch. Du magst dir gewisse Dinge verhehlen können, indem du ein paar ‚gute Gedanken' drauf kleisterst, aber im Innern glimmt das Feuer dieser Gedanken weiter. An der Oberfläche magst du absolut still und gesund erscheinen, aber innerlich ist alles ungesund und verstört. An der Oberfläche magst du zu lächeln scheinen, aber es ist durchaus möglich, dass dein Lächeln nur ein Meer von Tränen zudeckt. Ja, höchstwahrscheinlich hast du dein ewiges Lächeln überhaupt nur deshalb einstudiert, weil du deine inneren Tränen verbergen willst.

Nietzsche wurde einmal gefragt: „Immer sieht man Sie lachen. Sie sind so fröhlich! Sind Sie tatsächlich eine solche Frohnatur?"

Nietzsche antwortete: „Nun, da Sie schon fragen, will ich Ihnen auch sagen, wie es sich wirklich verhält. Ich lache um nicht weinen zu müssen. Bevor mir die Tränen kommen können, habe ich sie schon durch mein Lachen zurückgedrängt. Ich halte sie selber zurück. Mein Lachen dient nur dazu, anderen Frohsinn vorzugaukeln. Dabei lache ich nur, weil ich dermaßen traurig bin, dass ich mir durch mein Lachen Luft machen muss. Und ab und zu tröstet mich das tatsächlich."

Niemand hat je Buddha lachen sehen, niemand hat je Mahavir lachen sehen, niemand hat je Christus lachen sehen. Das muss seinen Grund haben. Vielleicht verbergen sich in ihnen keine Tränen mehr und so brauchen sie auch nicht zu lachen um sie zu überspielen. Vielleicht ist keine Spur von Traurigkeit mehr in ihnen, die durch Lächeln zugedeckt werden müsste. Alles Verstörte hat sich aufgelöst, also braucht man es jetzt auch nicht mehr nach außen hin mit Blumen des Lachens zu beschönigen.

Wessen Körper stinkt, der muss sich mit Parfüm besprenkeln. Wessen Körper hässlich ist, der muss sich etwas einfallen lassen, damit er schön wirkt. Wer innerlich traurig ist, der muss lernen zu lachen, und wem innerlich die Tränen bis zum Halse stehen, der muss nach außen hin immerzu lächeln. Wer innerlich voller Dornen ist, muss sich äußerlich überall Blumen anstecken. Der Mensch ist absolut nicht das, was er zu sein vorgibt; er ist das genaue Gegenteil. Innerlich ist er das eine und äußerlich ist er etwas ganz anderes. Und es geht noch an, wenn nur die andern durch das, was ihr nach außen vorgebt, getäuscht werden.

Aber das Problem ist, dass ihr euch selbst etwas vormacht. Wenn nur andere von eurer Fassade getäuscht würden, ginge es noch an; das wäre auch kaum anders zu erwarten, denn die Menschen sehen normalerweise nur die Oberfläche.

Aber ihr täuscht euch auch selbst, weil ihr das Bild, das die anderen von euch haben, für wirklich haltet. Man sieht sich immer mit den Augen der anderen, man sieht sich nie unmittelbar so, wie man ist, wie man eigentlich ist.

Dein Image, das sich in den Augen der anderen formt, täuscht dich und dann hast du Angst nach innen zu schauen. Du möchtest das Image sehen, das die anderen von dir haben, nicht die eigene Realität.

„Was sagen die andern?", möchtet ihr immer zuerst wissen. Das, was die Leute so alles über euch sagen. Hinter eurer ewigen diesbezüglichen Neugier steckt nichts weiter als Folgendes: Ihr glaubt euch in dem Bild wiederzuerkennen, das sich in den Augen der anderen gebildet hat.

Ist das noch zu fassen?! Sogar um dich selbst erkennen zu können, musst du in die Augen von jemand anders schauen?!

Die Leute haben Angst, andere könnten schlecht über sie reden. Und wenn die Leute gut über sie reden, freuen sie sich deshalb so, weil ihre Selbsteinschätzung auf der Meinung der anderen beruht. Sie haben keinen unmittelbaren Zugang zu sich selbst; sie haben keinerlei direkte Selbsterfahrung. Zu dieser Erfahrung könnte es ganz leicht kommen, aber es kommt nur deswegen nicht dazu, weil ihr es vorzieht davonzulaufen. Allererste Bedingung, wenn euch daran gelegen ist euch eurem Innern zu stellen, ist also, euch nicht darum zu kümmern, was die anderen sagen mögen oder wie du wohl auf andere wirken magst. Vielmehr muss eine direkte Begegnung mit dem stattfinden, was du wesenhaft bist. Du musst ganz auf dich allein gestellt dein Inneres aufschließen und nachschauen, was es dort alles gibt. Es ist ein Akt des Mutes. Der Entschluss, die Hölle, die in dir verborgen liegt, zu betreten, erfordert gewaltigen Mut. Es ist ein geradezu heroischer Akt dich selbst in deiner Nacktheit anzuschauen. Es gehört ein Riesenmut dazu.

Es war einmal ein Kaiser. Jeden Tag pflegte er in einem Zimmer zu verschwinden, das mitten in seinem Palast lag. Seine Familie, sein Hofstaat, seine Freunde und Minister – alle rätselten sie, was es wohl mit dieser Gewohnheit auf sich haben mochte. Er trug den Schlüssel zu diesem Zimmer immer bei sich und wenn er das Zimmer betrat, schloss er jedes Mal hinter sich ab. Das Zimmer hatte nur eine Tür und kein einziges Fenster. Alle vierundzwanzig Stunden verbrachte er mindestens eine Stunde lang in diesem Zimmer.

Sogar seine Frauen wussten nicht zu sagen, was es mit diesem Zimmer auf sich hatte, denn er hatte es niemandem anvertraut. Wurde er danach gefragt, schwieg er sich immer nur mit einem viel sagenden Lächeln aus. Und nie gab er irgendwem den Schlüssel. Alle rätselten sie herum und jeden Tag wuchs ihre Neugier: „Was macht er da nur?" Niemand wusste es. Jedes Mal blieb er eine geschlagene Stunde in diesem verschlossenen Zimmer, kam dann wieder zum Vorschein und steckte den Schlüssel in seine Tasche. Und am nächsten Tag wiederholte sich wieder dasselbe. Schließlich starben sie alle vor Neugier und steckten die Köpfe zusammen, wie sie herausfinden könnten, was er da im Schilde führte. Seine Minister, seine Frauen, seine Söhne und Töchter – alle waren sie unter einer Decke.

Eines Nachts bohrten sie ein Guckloch in die Wand, um zu beobachten was er tat, wenn er das nächste Mal kam. Als der Kaiser am nächsten Tag wiederkam, lugten sie alle durch das Loch, einer nach dem anderen. Aber jeder, der sein Auge an das Loch legte, schreckte sofort zurück und sagte: „Was soll das wohl? Was macht er da nur?" Doch keiner von ihnen konnte sagen, was genau er da machte.

Der Kaiser legte, kaum war er drin, alle Kleider ab. Dann

streckte er seine Arme gen Himmel und sagte: „O Gott! Derjenige, der diese Kleider trug – das bin ich nicht. Das ist nicht meine Wirklichkeit. Das hier ist meine Wirklichkeit!" Und dann fing er an, wie wild herumzuspringen und Beleidigungen zu brüllen und sich aufzuführen wie ein Irrer. Jeder, der durch das Loch sah, wich sofort erschrocken zurück und sagte: „Was ist nur in unseren Kaiser gefahren? Wir hatten geglaubt, er würde dort vielleicht so etwas wie Yoga machen oder Gebete sprechen... Aber das! Was soll das nur?!"

Und der Kaiser sagte zu Gott: „Der Mann, der sonst immer vor dir steht, so gesammelt und friedlich wirkend – der ist nur Lug und Trug. Der gibt den ‚gesitteten Menschen'; den krieg ich mit Müh und Not noch hin. Aber so, wie ich jetzt bin, bin ich wirklich. So nackt wie jetzt und so wahnsinnig wie jetzt. Wenn du mich so akzeptierst, wie ich wirklich bin, dann ist alles gut. Denn ich kann zwar andere täuschen – aber wie könnte ich dich täuschen? Vor den Leuten kann ich zwar so tun, als wäre ich nicht nackt, kann ich mir Kleider anziehen. Aber du weißt sehr wohl, dass ich nackt bin. Wie könnte ich dich täuschen? Ich kann zwar vor den Leuten eine Schau abziehen, als wäre ich ganz ruhig und selig. Du aber kennst mich bis in den Grund meiner Seele. Wie sollte ich dir etwas vormachen können? In deinen Augen bin ich nichts als ein Irrer."

Vor Gott sind wir alle wie Irre. Aber lassen wir Gott vorerst beiseite – würden wir in uns hineinschauen, so würden wir uns sogar in unseren eigenen Augen wie Irre vorkommen. Unser Geist ist längst völlig verwirrt, aber wir haben auf diesen Missstand nie geachtet, und so haben wir auch keine Methoden entwickelt ihn zu beheben.

Das Erste ist also: Wir müssen uns unserem Geist direkt stellen. Aber um dahin zu kommen, müsst ihr erst zwei oder drei Punkte verstehen. Erst dann könnt ihr euch Gedanken darüber machen, wie sich euer Geist verändern ließe.

Als Allererstes müsst ihr, wenn ihr euch eurem Geist unmittelbar stellen wollt, alle Ängste vor Selbsterkenntnis aufgeben. Was ist diese Angst vor der Selbsterkenntnis? Die Angst ist die, dass du dich als ein schlechter Mensch entpuppen könntest. Die Angst ist die, dass sich dann herausstellen könnte, dass du ein schlechter Mensch bist – nach allem, was du getan hast, um als guter Mensch dazustehen. Dem Anschein nach bist du ja auch ein guter Mensch – du bist fromm, du bist unschuldig, du bist authentisch, du bist ehrlich... deine Angst ist, du könntest vielleicht erkennen, dass du insgeheim gar nicht authentisch bist, sondern verlogen. Du hast Angst davor herauszufinden, dass du unreligiös, raffiniert, gerissen, heuchlerisch, unfromm bist. Deine Angst ist, dass sich das Bild, das du abgibst – das, wofür du dich hältst! – als Fälschung entpuppen könnte.

Ein Mensch mit solchen Ängsten kann sich niemals seinem Geist stellen. Es ist spielend leicht in die Einöde zu ziehen, es ist nicht weiter schwer, ins Dunkle hineinzugehen, es gehört nicht viel dazu, sich dort ohne Angst vor wilden Tieren hinzusetzen, aber es gehört sehr viel dazu, sich ohne Angst vor den Wilden hinzustellen, der in dir steckt! Das ist verdammt schwer. Es gehört nicht sehr viel dazu, jahrelang in der Sonne zu stehen – jeder Narr kann das. Es gehört auch nicht viel dazu, auf dem Kopf zu stehen – jedem Idioten kann man solche Zirkustricks beibringen. Und es ist auch nicht weiter schwer sich auf ein Nagelbrett zu legen – die Haut gewöhnt sich sehr schnell an die Spitzen. Aber wenn es eines gibt, wofür man all seinen Mut zusammenreißen muss, dann ist es dies – zu riskieren, sich dem, was in einem steckt, unmittelbar zu stellen – was immer man ist, ob schlecht oder wahnsinnig.

Das Erste ist also diese Angst abzulegen und sich fest vorzunehmen, sich selbst couragiert ins Auge zu schauen. Wer so viel Mut nicht aufbringt, bekommt Probleme. Du möchtest gern deine Seele finden, du möchtest gern die Existenz erkennen, aber den Mut dich deinem eigenen Selbst unmittelbar und ohne Weiteres zu stellen, den bringst du nicht auf?! Die Seele und die Existenz kann man fürs Erste vergessen – die vorrangige Frage lautet: Wie sieht es in deinem Geist aus? Die erste Wirklichkeit ist deine Denkzentrale – die steht dir am nächsten, die musst du dir als Erstes anschauen, musst du kennen und erkennen.

Als Erstes kommt somit die Anstrengung deine eigenen Gedankenprozesse kennen zu lernen – ganz allein, ohne Angst. Gib dir jeden Tag mindestens eine halbe Stunde lang die Gelegenheit, dein Inneres ganz so zum Ausdruck zu bringen, wie es ist. Schließe dich in ein Zimmer ein – wie jener Kaiser! – und lass deinen Gedanken völlig freien Lauf. Sag dir: „Egal was du denken möchtest, womit du dich befassen möchtest – lass alles zu." Schalte deine gesamte Selbstzensur aus, die nie etwas an die Oberfläche gelassen hat – hör damit ganz auf. Gestatte dir die Freiheit alles hochkommen zu lassen, was hochkommen möchte. Würge nichts ab und unterdrücke nichts: Mach dich auf alles gefasst, was in dir steckt.

Und du darfst auch nicht urteilen, was gut und was schlecht ist; denn sobald du urteilst, setzt die Verdrängung schon ein. Alles was du schlecht nennst, will dein Geist dann verdrängen und alles was du gut nennst, will dein Geist dann als Tarnung benutzen. Du brauchst also nichts einzustufen, weder als gut noch als schlecht. Was immer vor dein geistiges Auge tritt, egal was es ist – das sei bereit, so zu erkennen, wie es ist.

Wenn du deinen Gedanken gestattest in völliger Freiheit alles zu denken, in Betracht zu ziehen, zu fühlen, wird eine große Angst über dich kommen und du wirst dich fragen, ob du wahnsinnig bist. Aber es ist wesentlich, alles in dir Verborgene zu kennen um dich davon befreien zu können. Das Erkennen und das Anerkennen sind die ersten Schritte um davon frei zu kommen. Du kannst einen Feind nicht besiegen, den du nicht erkennst oder anerkennst: Das ist völlig ausgeschlossen. Der verborgene Feind, der Feind im Rücken ist gefährlicher als der Feind, der vor dir steht, den du kennst, den du anerkennst.

Das Erste also ist: Auf Grund all der Beschränkungen und Verbote, die ihr eurem Denken von allen Seiten her auferlegt habt, gestattet ihr keinem Gedankengang sich in seiner Spontaneität zum Ausdruck zu bringen. Ihr habt jegliche Spontaneität des Denkens abgewürgt. Alles ist jetzt unnatürlich und gekünstelt. Ihr habt alles verschleiert, ihr schneidet Grimassen und ihr erlaubt eurem Denken nie sich frei zu entfalten.

Erlaubt eurem Innern also zumindest fürs Erste sich ungezwungen vor euren Augen zum Ausdruck zu bringen, damit ihr euch mit allen Inhalten eures Denkens, die ihr bisher versteckt und verdrängt habt, vertraut machen könnt. Enorm viele von euren Gedankengängen sind ins Dunkel abgedrängt worden. Ihr bringt da nie Licht herein. In eurem eigenen Hause lebt ihr nur auf dem Balkon und innen ist es in allen Räumen stockfinster. Und ihr habt keine Ahnung, wie viele Insekten und Spinnen und Schlangen und Skorpione sich dort tummeln. Dort im Dunkeln muss es davon wimmeln. Und ihr habt Angst, da Licht hereinzubringen; euch läuft es bei dem bloßen Gedanken kalt über den Rücken, in welchem Zustand sich euer Haus wohl befinden mag.

Ein Sucher kommt also absolut nicht umhin diese Ängste abzulegen. Wenn es in eurem Geist und euren Gedanken zur Revolution kommen soll, ist das Allererste diese Angst abzulegen, um euch bereitwillig und unerschrocken mit euch selbst bekannt zu machen.

Das Zweite ist dann alle Zensur und Verbote aufzuheben, die ihr eurem Denken auferlegt habt – und davon gibt es Unmengen. Eure ganze Erziehung hat euch – dank all euren Moralaposteln, eurer Zivilisation und Kultur – nichts als Verbote auferlegt: „So was darfst du nicht denken! Solch ein Gedanke darf dir nicht über die Schwelle deines Innern kommen! Das ist aber ein schlechter Gedanke; lass ihn ja nicht zu!" Euer Verdrängen kann den ‚schlechten Gedanken' aber nichts anhaben – dann verkriechen sie sich eben noch tiefer ins Unterbewusste.

Durch Verdrängung löst kein Gedanke sich auf, sondern macht sich nur umso tiefer in eurem Dasein breit. Denn das, was ihr da verdrängt, kam ja von innen, es kam nicht von außen. Merkt euch das gut: Alles, was sich gedanklich in euch abspielt, kommt nicht von irgendwo da draußen, sondern kommt von drinnen. Das ist so, als käme aus einem Berg Wasser hervorgesprudelt, und wir stopften das Loch zu. Das Quellwasser würde so nicht zerstört; es würde kehrtmachen und im Innern nach anderen Möglichkeiten suchen, dennoch aus dem Berg herauszuquellen. Nur werden es, wo anfangs wohl nur eine Quelle gesprudelt hätte, stattdessen dann vielleicht zehn sein; denn das Wasser wird einfach dadurch versuchen ins Freie zu gelangen, indem es sich in zehn Bahnen aufteilt. Und wenn ihr dann diese zehn Stellen verstopft, sprudeln bald hundert Quellen!

Alles kommt von innen, nicht von außen.

Und je mehr man es verdrängt, desto hässlicher und pervertierter wird es. Dann sucht es sich immer neue Auswege und erzeugt immer neue Komplikationen. Und dann macht ihr umso mehr Gegendruck. Von frühester Kindheit an bestand eure ganze Erziehung nur darin, bestimmte verkehrte Gedanken sofort zu unterdrücken, wenn sie auftauchen. Diese unterdrückten Gedanken werden aber nicht zerstört, sondern verziehen sich tiefer ins Unterbewusste. Und je mehr ihr sie verdrängt, desto tiefer dringen sie ein und desto mehr Macht üben sie über euch aus.

Wut ist verkehrt. Also verdrängst du sie. Damit breitet sich überall in dir eine Unterströmung von Wut aus. Sex ist verkehrt, Habgier ist verkehrt, dieses ist verkehrt, jenes ist verkehrt… Alles Verkehrte verdrängst du und am Ende musst du erkennen, dass du aus gar nichts anderem mehr bestehst als all diesen Dingen, die du doch immer verdrängt hattest! Wie lange kann man diese unterdrückten Wasseradern blockieren, indem man ihre Quellen zustopft?

Und der Geist folgt seinen eigenen Gesetzen. Zum Beispiel zieht alles, was man zu unterdrücken oder wovor man zu fliehen versucht, das Hauptaugenmerk auf sich. Alles, wovor du davonlaufen möchtest, wirkt anziehend auf deinen Geist und dann setzt er sich genau in diese Richtung in Gang. Probiert es einmal aus! Wenn ihr einmal unbedingt etwas umgehen wollt oder etwas verdrängen wollt, könnt ihr schlagartig an nichts anderes mehr denken…

Zu Milarepa, einem Mystiker, der in Tibet lebte, kam einst ein junger Mann und sagte: „Ich möchte mir Zauberkräfte erwerben. Bitte gib mir ein Mantra dafür."

Milarepa sagte: „Hier bei uns sind keine Mantras zu haben. Wir sind Mystiker. Mantras sind etwas für Zauberer und Scharlatane – wende dich an die. Wir haben keine Mantras – was sollten wir mit Zauberkräften?"

Aber je nachdrücklicher Milarepa es ihm abschlug, desto mehr dachte sich der junge Mann: „Offenbar steckt was dahinter – warum sonst ziert er sich so?" Also ließ er Milarepa keine Ruhe…

Heilige, die das Volk mit Stöcken oder Steinen verjagen, ziehen die Leute immer in Scharen an. Die Masse denkt nämlich, offenbar hüte dieser Heilige ein besonders wichtiges Geheimnis, andernfalls würde er die Leute nicht verjagen. Was ihr jedoch nicht begreift, ist Folgendes: Es ist gehupft wie gesprungen, ob man die Aufmerksamkeit der Masse nun durch Zeitungsreklame auf sich lenkt oder dadurch, dass man sie mit Steinen oder Stöcken vertreibt. Beides läuft auf dasselbe hinaus – Propaganda. Nur ist letztere Methode etwas manipulativer und gerissener. Die Leute, die jemand mit Steinwürfen vertreibt, begreifen nicht, dass sie damit im Grunde nur angelockt werden sollen – er stellt es nur sehr trickreich an. Und tatsächlich kommen dann die Leute massenhaft angelaufen – ohne zu ahnen, dass sie genau dazu verführt werden sollten.

Der junge Mann dachte also, Milarepa wolle ihm nur etwas vorenthalten und so kam er jeden Tag wieder. Schließlich hatte Milarepa es satt und schrieb ihm kurzerhand ein Mantra auf einen Zettel und sagte: „Nimm das hier. Heute Nacht ist Neumond; du musst dir das hier heute Nacht fünf Mal durch-lesen. Wenn du es fünf Mal gelesen hast, bist du im Besitz der Kräfte, nach denen du suchst. Danach kannst du alles machen, was du willst. Und nun verschwinde und lass mich in Ruhe."

Der Junge riss ihm den Zettel aus der Hand, machte auf dem Absatz kehrt und rannte, was er konnte. Bei Milarepa bedankte er sich nicht einmal. Aber er war noch nicht am Ende der Tempeltreppe angekommen, da rief ihn Milarepa schon wieder zurück: „Mein Freund, eines vergaß ich dir noch zu sagen! An dieses Mantra ist eine Bedingung geknüpft. Während du es liest, darfst du auf keinen Fall an einen Affen denken."

Der junge Mann sagte: „Nichts leichter als das… An Affen habe ich in meinem ganzen Leben noch nie gedacht. Ich hab nie Grund gehabt an Affen zu denken. Ich brauch das hier ja nur fünf Mal zu lesen. Kein Problem also."

Aber er irrte. Er war noch nicht einmal am Fuße der Stufen angelangt, als die Affen schon antrabten. Er bekam Angst: Er brauchte nur die Augen zu schließen und überall in ihm lauerten Affen! Machte er sie wieder auf, sah er auch draußen überall Affen – obwohl gar keine da waren. Es war bereits dunkel und jede Bewegung in den Bäumen schien ein Affe zu sein. Es wimmelte offenbar überall von Affen! Endlich wieder zu Hause, war er schon ganz verzweifelt. Er hatte doch bisher noch nie an Affen denken müssen! Er hatte ja noch nie etwas mit ihnen zu tun gehabt…

Er nahm ein Bad, aber auch beim Baden gaben die Affen ihm keine Ruhe. Sein ganzes Denken kreiste nur noch um eines – Affen. Dann setzte er sich hin um das Mantra zu lesen. Er nahm den Zettel, schloss die Augen – und überall in ihm wimmelte es von hänselnden Affen. Er brach in

Angstschweiß aus, aber dennoch versuchte er es eisern weiter, die ganze Nacht hindurch. Er wechselte die Stellungen, saß mal so, mal so, machte die *Padmasana*, die Lotusstellung, machte die *Siddhasana*, den Kopfstand, machte alle möglichen Yoga-Verrenkungen. Er flehte, er verneigte sich, er winselte um Gnade. Er rief laut um Hilfe – wollte ihm denn keiner helfen diese Affen loszuwerden?! Umsonst, die Affen ließen nicht locker. Die ganze Nacht über wollten sie ihn einfach nicht in Ruhe lassen.

Am Morgen war der junge Mann fast außer sich vor Angst, denn er begriff nun, dass es nicht so leicht sein würde, an die Mantra-Zauberkräfte heranzukommen. Ihm ging auf, was für eine starke List Milarepa sich da ausgedacht hatte, was für eine schwierige Bedingung er ihm gestellt hatte. Oder war Milarepa vielleicht verrückt? Wenn tatsächlich etwas an diesen Affen dran sein sollte, dann hätte er ihm das zumindest verschweigen sollen! Dann hätte er jetzt längst seine Zauberkräfte…

Am Vormittag lief er weinend zu Milarepa zurück und sagte: „Hier hast du dein Mantra wieder. Du hast einen groben Schnitzer gemacht. Wenn Affen bei diesem Mantra wirklich so eine große Rolle spielen, dann hättest du mir das doch gar nicht zu sagen brauchen. Ich muss ja normalerweise auch nie an Affen denken. Aber die ganze letzte Nacht waren Affen hinter mir her. Jetzt muss ich wohl erst mein nächstes Leben abwarten, bevor ich zu diesen Mantra-Kräften gelange; denn für die Dauer meines jetzigen Lebens ist dieses Mantra nun ein für allemal mit Affen verquickt. Jetzt kann ich sie nie wieder loswerden."

Die Affen hatten sich mit dem Mantra verquickt. Wie

konnte es dazu kommen? Er hatte sich so sehr darauf verstiegen, dass ja keine Affen auftauchen dürften, dass die Affen natürlich auftauchten. Sobald sich sein Denken von den Affen freimachen wollte, tauchten die Affen auf. Jedes Mal, wenn sein Geist die Flucht vor den Affen ergriff, kamen die Affen angelaufen.

Verbieten heißt schmackhaft machen, vorenthalten heißt auffordern, abhalten heißt in Versuchung führen. Euer Geist ist nur deshalb so krank geworden, weil ihr diese simple Logik nicht verstehen könnt. Ihr wollt nicht wütend werden und schon ist die Wut da – wie ein Affe. Ihr wollt nicht sexuell werden und schon taucht der Sex auf wie ein Affe und ergreift Besitz von eurem Dasein. Ihr wollt keine Habgier, ihr wollt kein Ego haben – und schlagartig sind sie alle da. Und stattdessen scheint sich all das zu entziehen, was ihr gern hättet – Spiritualität, Religiosität, Erleuchtung. Was ihr nicht haben wollt, das kommt, und was ihr unbedingt haben wollt, das lässt sich nirgends blicken. Und all diese Frustration rührt nur daher, dass ihr diesen simplen Umstand nicht versteht, wie euer Geist funktioniert.

Das ist also das Zweite, was man sich vor Augen halten muss: Dass es nicht darauf ankommt festzulegen, womit sich der Geist beschäftigen darf und womit nicht. Wir sollten uns allein darauf beschränken, genau zu beobachten, was uns alles so durch den Kopf geht, und zwar ohne irgendwelche Vorlieben geltend zu machen oder Bedingungen zu stellen. Auf die Art und Weise dann können wir allmählich erkennen, was der Geist überhaupt ist – eigentlich ist.

Diesen simplen Umstand, dass unser Geist von Natur aus ein Widerspruchsgeist ist, haben die Werbefachleute in aller Welt längst begriffen; dagegen die religiösen Führer auf der ganzen Welt nicht im Entferntesten. Die Propagandisten der ganzen Welt berücksichtigen einfach, wie es sich verhält; doch ausgerechnet diejenigen, die sich als die Lehrer der Gesellschaft aufspielen, haben es noch nicht begriffen. Wenn ein Film das Prädikat: ‚Nicht jugendfrei!' hat, dann schleichen sich kleine Jungs herein, die sich für ein paar Groschen einen falschen Schnurrbart unter die Nase geklebt haben. Die Werbeleute wissen, dass das Prädikat: „Nicht jugendfrei!" unbedingt in der Reklame auftauchen muss, wenn sie die Kinder anlocken wollen. In Indien gibt es Frauenzeitschriften ‚Nur für Frauen!' Niemand liest sie außer den Männern; keine Frau liest sie. Ich habe mich persönlich erkundigt und herausgefunden, dass die meisten Käufer Männer sind. Und als ich die Kioskverkäufer fragte, wie es mit der Nachfrage aussieht, sagten sie: „Höchst selten kaufen Frauen Zeitschriften mit der Aufschrift ‚Nur für Frauen'; die interessieren sich mehr für die Zeitschriften mit dem Prädikat ‚Nur für Männer'!"

Die Werbeleute haben längst begriffen, womit man die Menschen anlocken kann, aber zu den religiösen Führern und Moralpredigern ist das bisher noch nicht durchgedrungen. Sie pochen nach wie vor auf solche Dummheiten wie: „Du darfst nicht wütend werden! Kämpfe gegen deine Wut an!" Wer gegen seine Wut ankämpft und ihr zu entrinnen versucht, wird sein ganzes Leben lang von seiner Wut besessen sein. So kann er einfach nicht von ihr freikommen. Nur wer bereit ist seiner Wut Auge in Auge gegenüber zu treten statt sie zu bekämpfen, wird von ihr freikommen.

Als Zweites also muss man sich merken: Schluss mit all diesem Dagegenankämpfen, mit all dieser Standhaftigkeit gegenüber egal welchen inneren ‚Anfechtungen'. Macht euch einfach nur stark dafür, es wissen zu wollen es zu verstehen: „Ich muss doch wissen, wie es in meinem Oberstübchen aussieht!" Man braucht nur mit dieser Art von aufrichtiger Haltung seinen Geist zu erforschen. Das also ist das Zweite.

Und das Dritte ist: Nicht urteilen – nichts zu beurteilen, was sich in euch zeigen mag. Urteilt auf keinen Fall, das eine sei ‚böse' und etwas anderes sei ‚gut'. Böse und Gut sind nur die beiden Seiten ein und derselben Medaille. Wo immer ‚das Schlechte' auftaucht, versteckt sich ‚das Gute' auf seiner Kehrseite; wo immer ‚das Gute' auftaucht, befindet sich ‚das Böse' gleich dahinter.

In jedem guten Menschen steckt ein schlechter Mensch und in jedem schlechten Menschen steckt ein guter Mensch. Ein guter Mensch kehrt lediglich die gute Seite seiner Medaille hervor und hält die schlechte verdeckt. Wird daher einmal ein ‚guter' Mensch ‚schlecht', dann entpuppt er sich als schlimmer als der schlechteste Mensch. Und wenn ein ‚schlechter' Mensch ‚gut' wird, dann stellt er damit jeden Guten in den Schatten. In einem schlechten Menschen ist das Gute völlig verdeckt worden, sodass sich nur das Schlechte zeigt. Wenn er sich dann aber ändert und ein guter Mensch wird, dann verblassen neben ihm einfach die anderen guten Menschen. Dafür sind etwa Valmiki und Angulimali gute Beispiele: Beide waren sie üble Verbrecher, doch eines Tages bekehrten sie sich zum Guten – und stellten mit ihrem Gutsein alle anderen Heiligen in den Schatten. Zwischen einem guten Menschen und einem schlechten Menschen besteht kein Unterschied; sie sind nur die zwei Seiten ein und derselben Medaille.

Ein Weiser dagegen gehört keiner dieser beiden Kategorien an – in seinem Innern ist weder das Gute noch das

Schlechte zu finden. Da ist die ganze Medaille einfach verschwunden! Ein Weiser ist weder ein guter Mensch noch ein Gentleman noch ein Heiliger. In jedem Gentleman verbirgt sich ein Schurke und in jedem Schurken verbirgt sich ein Gentleman. Ein Weiser dagegen gehört absolut einer dritten Kategorie von Phänomen an. Er ist jenseits von Gut und Böse, er ist über beides erhaben. Er hat eine vollkommen andere Dimension betreten, die Gut und Böse einfach hinter sich gelassen hat.

In einem japanischen Dorf lebte einmal ein junger Mönch. Er war sehr berühmt und genoss großes Ansehen. Das ganze Dorf betete ihn an und verehrte ihn. Ihm zu Ehren sang man im ganzen Dorf Lieder. Aber eines Tages änderte sich das Bild schlagartig. Ein junges Mädchen aus dem Dorf war erst schwanger und dann Mutter geworden. Als ihre Familie wissen wollte, von wem das Kind sei, nannte sie diesen jungen Mönch als Vater.

Wie viel Zeit ist nötig um aus Bewunderern Gegner zu machen? Wie lange dauert es? Es dauert nicht einmal eine Sekunde; denn hinter der Bewunderung verbirgt sich immer auch die Verurteilung. Eine bewundernde Einstellung lauert nur auf den richtigen Moment und kaum hört die Bewunderung auf, setzt schon die Verurteilung ein. Die ehrerbietigsten Leute können jederzeit in Verächter umschlagen. Diejenigen, die irgendwem die Füße küssen, können im Handumdrehen genau demselben Menschen den Kopf abschlagen. Zwischen Achtung und Ächtung besteht keinerlei Unterschied; das sind nur die zwei Seiten ein und derselben Medaille.

Jetzt also stürmte die ganze Dorfbevölkerung plötzlich die Hütte dieses Mönchs. Lange Zeit hatte sie ihm nur Hochachtung entgegengebracht, aber jetzt kam all die Wut zum Vorschein, die sie dabei einfach immer unter den Teppich gekehrt hatten. Jetzt bot sich die Gelegenheit zur Ächtung, also rannte der Mob zur Hütte des Mönchs und steckte sie in Brand und warf ihm das Baby vor die Füße. Der Mönch fragte: „Was ist denn los?" Die Leute brüllten: „Und das wagst du uns noch zu fragen? Das hier ist dein Kind! Und du fragst noch, was los ist? Sieh dir deine brennende Hütte an, sieh in dein schwarzes Herz, sieh auf dieses Kind und sieh auf dieses Mädchen. Musst du dir etwa erst von uns sagen lassen, dass das dein Kind ist?!"

Der Mönch antwortete: „Ach ja? Das ist also mein Kind?"

Das Kind fing zu weinen an, also sang er ihm ein Liedchen um es zu trösten und damit ließen ihn die Leute vor seiner ausgebrannten Hütte sitzen. Am Nachmittag machte er dann seine übliche Bettelrunde – aber wer wollte ihm heute noch etwas geben? Wo immer er heute anklopfte, schlug man ihm die Tür vor der Nase zu. Heute lief ihm eine Horde johlender Kinder und Spötter nach, die ihn mit Steinen bewarfen. Als er beim Hause des Mädchens ankam, das die Mutter des Kindes war, sagte er: „Darf ich etwas Speise haben – nicht für mich, aber gib mir wenigstens etwas Milch für das Kind. Denn was kann schon dieser arme Säugling dafür, wenn ich mich vergangen haben sollte?"

Das Kind schrie und das Volk stand im Kreise um sie herum – da ertrug es das Mädchen nicht länger. Es fiel ihrem Vater vor die Füße und sagte: „Verzeih mir! Ich habe gelogen, als ich sagte, dieser Mönch wäre der Vater. Ich wollte den wirklichen Vater des Kindes schonen und da ist mir der Name dieses Mönchs eingefallen. Ich bin ihm noch nie begegnet."

Dem Vater wurde mulmig zu Mute – was für ein Missverständnis! Er kam aus dem Haus gerannt, fiel vor dem Mönch zu Boden und versuchte ihm den Säugling zu entwinden.

Da fragte der Mönch: „Was ist denn los?"

Der Vater des Mädchens sagte: „Vergib mir, es war alles ein Missverständnis. Es ist doch nicht dein Kind!" Der Mönch antwortete: „Tatsächlich? Das Kind ist also gar nicht von mir?"

Da empörten sich die Dorfbewohner: „Bist du verrückt?! Warum hast du es dann heute Morgen nicht abgelehnt?"

Der Mönch sagte: „Was hätte das für einen Unterschied gemacht? Irgendwo muss das Kind ja hingehören. Und eine Hütte hattet ihr schon abgebrannt – sonst hättet ihr nur noch eine weitere verbrannt. An der ersten Person hattet ihr eure Wut schon ausgelassen, ihr hättet sie auch an der zweiten ausgelassen. Was hätte das genutzt? Irgendwem muss das Kind ja gehören, also kann es auch ruhig meines sein. Also was soll's? Was für einen Unterschied macht es?"

Die Leute sagten: „Kapierst du denn nicht? Wir alle haben dich verdammt, beleidigt, nach Strich und Faden gedemütigt!"

Der Mönch antwortete: „Wäre mir an eurer Ächtung gelegen, dann wäre mir auch an eurer Achtung gelegen. Ich tu nur, was ich selber für richtig halte; tut ihr, was ihr für richtig haltet. Bis gestern hattet ihr es für richtig gehalten mich zu ehren, also habt ihr's getan. Heute fandet ihr es nicht mehr richtig mich zu ehren, also habt ihr's nicht mehr getan. Aber welche Rolle spielt es für mich, ob ihr mich ehrt oder nicht ehrt?"

Da sagten die Leute: „Oh, du verehrenswürdiger Mönch! Hättest du nicht wenigstens bedenken sollen, dass dein guter Ruf auf dem Spiel stand?"

Er antwortete: „Ich bin weder gut noch böse. Ich bin einfach so wie ich bin. Ich habe all diese Vorstellungen von Gut und Böse hinter mir. Ich habe es längst aufgegeben, gut sein zu wollen, denn je mehr ich mich abgemüht habe gut zu werden, desto mehr hab ich gesehen, wie böse ich war. Je mehr ich vor dem Bösesein floh, in desto weitere Ferne rückte für mich das Gutsein; also hab ich dieses ganze Problem beiseite gelegt, mir ist das jetzt völlig einerlei. Und am selben Tage, da es mir einerlei wurde, erkannte ich, dass weder Gut noch Böse in mir vorhanden war. Stattdessen war plötzlich etwas Neues geboren – etwas, das besser ist als alles Gute und dem nicht einmal der Schatten des Bösen anhaftet."

Der Weise gehört einer dritten Kategorie von Mensch an. Die Reise des Suchers zielt nicht darauf ab, ein ‚guter Mensch' zu werden; die Reise des Suchers zielt darauf ab, ein Weiser zu werden. Mein dritter Punkt lautet daher: Versucht gar nicht erst zu beurteilen, ob ein in euch auftauchender Gedanke etwa gut oder schlecht sei. Verurteilt nichts und belobigt nichts. Sagt nicht: „Jenes ist schlecht und dieses ist gut!" Setzt euch einfach ans Ufer eurer ständig fließenden Gedanken und schaut der Strömung unbeteiligt zu. Wasser strömt vorbei, Steine rollen vorbei, Blätter treiben vorbei, Holz treibt vorbei... du aber sitzt nur am Ufer und schaust zu. Das waren die drei Dinge, über die ich mit euch sprechen wollte. Das Erste ist: Eine große Unerschrockenheit beim Konfrontieren eurer Gedankenwelt. Das Zweite ist: Keinerlei Gedankenzensur, keinerlei Auswahlkriterien. Das Dritte ist: Keinerlei Bewertung all der Gedanken und Sehnsüchte, die sich in eurem Geist einstellen; keine Werturteile, weder Gut noch Böse. Nehmt einfach nur eine unbeteiligte Haltung ein.

Diese drei Dinge sind notwendig um den Perversionen eures Geistes auf die Schliche zu kommen.

Noch ein paar Anmerkungen zur Morgenmeditation... Die Morgenmeditation ist ein ganz unkomplizierter und einfacher Vorgang – wie überhaupt alles Bedeutsame im Leben ganz einfach und unkompliziert ist. Je sinnloser etwas im Leben ist, desto komplizierter und umständlicher ist es. Je höher etwas im Leben steht, desto einfacher und unkomplizierter ist es. Ein ganz einfacher und direkter Vorgang also. Ihr braucht dabei nur eines zu tun: Ganz ruhig dasitzen und ganz ruhig den Geräuschen um euch her lauschen. Das Lauschen wirkt in vieler Hinsicht Wunder. Normalerweise lauschen wir nie. Mit ‚Lauschen wirkt Wunder' meine ich nur, dass das Denken, wenn man einfach nur ruhig lauscht, ganz von selber stillsteht. Denn es gehört zum Wesen des Geistes, dass er unfähig ist zwei Dinge gleichzeitig zu tun – absolut unfähig.

Ein Mann war einmal krank geworden: Ein ganzes Jahr lang waren seine Beine gelähmt. Den Ärzten zufolge handelte es sich nicht um eine körperliche Lähmung, sondern um eine fixe Idee. Aber was half ihm das schon? Was ihn betraf, war er gelähmt. Eines Tages dann stand sein Haus in Brand. Während die Flammen hoch schlugen, rannten alle Hausbewohner ins Freie – und mittendrin dieser Gelähmte! Ein Jahr lang hatte er nicht einmal aufstehen können.

Noch im Rennen dachte er: „Mein Gott! Ist das denn möglich? Ein Jahr lang hab ich nicht einmal aufstehen können! Wie kommt es, dass ich jetzt plötzlich rennen kann?"

Mit dieser Frage kam der Mann zu mir. Und ich sagte zu

ihm: „Im Geist ist nicht Platz für zwei Gedanken auf einmal. Die Lähmung war gedanklich, aber als das Haus zu brennen begann, waren deine Gedanken so vom Anblick der Flammen gebannt, dass der ältere Gedanke, also „Meine Beine sind gelähmt!", kurzerhand verschwand. Also konntest du plötzlich aus dem Haus rennen. Unser Geist kann sich immer nur einer Sache ganz widmen."

Ich betone das Lauschen deshalb so, weil das ständige Kommen und Gehen der Gedanken in euch zum Stillstand kommen wird, während ihr rückhaltlos lauscht. Denn diese beiden Dinge können einfach nicht koexistieren.

Legt euch also beim Lauschen voll ins Zeug. Es ist ein positives Tun. Wenn ihr euch nämlich bemüht alle Gedanken rauszuwerfen, dann macht ihr genau den Fehler, den ich eben beschrieb – das wäre ein negatives Tun. Seine Gedanken kann man nicht loswerden, indem man sich abmüht sie rauszuwerfen. Aber wenn die geistige Energie, die normalerweise ins Denken geht, in ein anderes Flussbett umgeleitet wird, dann versiegen die Gedanken nach und nach automatisch.

Die Ärzte jenes Gelähmten hatten ständig von ihm verlangt: „Lass einfach den Gedanken fallen, du wärest gelähmt. Du bist gar nicht wirklich gelähmt." Aber je mehr sich der Mann anstrengte den Gedanken an Lähmung zu vertreiben, desto deutlicher fühlte er sich erst recht gelähmt. „Wenn ich aber gar nicht gelähmt bin, wieso soll ich mir dann ständig einreden: ‚Ich bin nicht gelähmt!'?" Jedes Mal, wenn er sich vorhielt: „Ich bin nicht gelähmt!", vertiefte und verstärkte er nur noch das Gefühl gelähmt zu sein! Was dieser Mann gebraucht hatte, war eine Umleitung seines Geistes. Er hätte sich nicht anstrengen dürfen, seinen Gedanken, gelähmt zu sein, zu unterbinden. Was er brauchte, war nur ein Anlass von etwas anderem gebannt zu werden – und schon wäre die Lähmung verflogen. Denn es war tatsächlich nur eine Lähmung seines Geistes, nicht seines Körpers. Sein Geist brauchte lediglich nur selbst aus dem Weg zu gehen, auf dass die Lähmung sich auflösen konnte.

Zum Glück geriet sein Haus in Brand. Es kommt vor, dass sich etwas, das wie ein Unglück aussieht, hinterher als Segen entpuppt. In diesem Sinne war es ein Segen, dass das Haus des Mannes in Brand geriet – denn nun plötzlich starrte sein Geist wie gebannt auf das Feuer! Sein Geist ließ von seinem Gelähmtsein ab, an das er sich bisher geklammert hatte, und plötzlich war die Illusion weg. Es war nur eine Illusion gewesen, nichts weiter. In Wirklichkeit war er gar nicht gefesselt, sondern nur in ein Netz von Gedanken eingesponnen. Kaum wurde der Mann abgelenkt, verwelkten seine Gedanken und wurden leblos – denn eure Gedanken beziehen ihr Leben nur aus der Aufmerksamkeit, die ihr selbst ihnen schenkt.

Gedanken führen kein eigenes Leben. Je mehr Aufmerksamkeit man einem Gedanken schenkt, desto lebendiger wird er. Je mehr man ihm die Aufmerksamkeit entzieht, desto schneller stirbt er ab. Wenn ihnen die Aufmerksamkeit restlos entzogen wird, dann werden alle Gedanken leblos: Dann sterben, verwehen sie augenblicklich.

Das ist der Grund, warum ich euch hier dazu einlade, eure gesamte Aufmerksamkeit aufs Lauschen zu richten. Nehmt euch felsenfest vor, dass nicht einmal die feinste Vogelstimme ungehört bleiben darf, euch nicht entgehen darf. Hört einfach auf alles, was ringsum geschieht – nehmt euch vor einfach alles zu hören. Dann werdet ihr plötzlich sehen, dass eine tiefe geistige Stille über euch kommt, dass die Gedanken langsam verblassen. Nur eines ist hierzu erforderlich: Ihr müsst einfach nur euren Körper entspannen.

Zunächst hatte ich aufgefordert euch geistig anzuspannen; aber vielleicht habt ihr das missverstanden. Entspannt heute euren Geist, spannt ihn nicht an. Das ist nicht nötig – denn wenn ihr euch erst einmal darauf konzentriert, den Geist anzuspannen, dann macht ihr vielleicht nur wieder ein Problem daraus. Schlagt euch das also jetzt aus dem Kopf; das hatte nichts mit Meditieren zu tun. Dazu hatte ich euch nur aufgefordert um euch eine Vorstellung davon zu vermitteln wie sich ein verspannter Geist anfühlt – im Kontrast zu einem entspannten Geist nämlich. Weiter hatte es damit nichts auf sich. Fegt diesen Gedanken beiseite und entspannt euch jetzt.

Lasst den Geist sich entspannen. Entspannt all die verspannten Gewebe und Nerven in eurem Gehirn. Jetzt kommt es nur darauf an zu entspannen. Es geht jetzt nicht darum, die Kunst zu lernen, wie man den Geist anspannt. Ich hatte euch nur dazu aufgefordert, damit ihr den Kontrast zwischen einem verspannten und einem entspannten Geist zu spüren bekommt. Und solltet ihr da etwas nicht verstanden haben – auch gut. Lasst es einfach auf sich beruhen.

Lasst den Körper sich zunächst völlig entspannen und schließt dann langsam die Augen. Die Augen müssen so sanft geschlossen werden, dass die Augen überhaupt nichts davon merken. Ihr dürft die Augen nicht fest zukneifen, sonst verspannt ihr euch nur. Die Augenmuskeln sind sehr eng mit dem Geist verbunden, darum lasst sie restlos entspannen. Lasst eure Augenlider genau so zufallen, wie es kleine Kinder tun. Lasst die Augenlider langsam und sachte fallen. Danach entspannt ihr die Gesichts- und Kopf-Muskeln. Ihr habt sicher alle schon mal das Gesicht eines Säuglings gesehen –

absolut entspannt, nichts angespannt. Genauso lasst jetzt auch euer Gesicht werden – absolut locker und entspannt. Lasst nun auch den Körper entspannen. Sobald alles entspannt ist, wird sich auch das Atmen ganz von selber entspannen und ruhig werden.

Und nun tut Folgendes: Lauscht ganz still auf alles, was ringsum an Lauten zu euch dringt. Ihr werdet den Ruf einer Krähe vernehmen, irgendein Vogel wird einen Laut machen, eine Kinderstimme wird auf der Straße zu hören sein – lauscht ganz still hin. Lauscht und lauscht immer weiter und während ihr so lauscht, wird in euch langsam alles ruhiger.

Lauscht nur… lauscht zehn Minuten lang, ganz still. Richtet all eure Aufmerksamkeit aufs Lauschen. Lauscht nur und tut sonst gar nichts.

Hört ihr?… Die Vögel singen, der Wind rauscht durch die Bäume… und allem, was an Tönen zu euch dringt, lauscht ihr ganz still.

Lauscht… und nach und nach setzt jetzt in eurem Innern eine summende Stille ein.

Jetzt wird der Geist still. Lauscht weiter und einfach weiter. Euer Geist wird jetzt still, euer Geist wird immer stiller… euer Geist wird immer stiller… Euer Geist ist jetzt ganz still geworden. Euer Geist ist absolut still geworden. Eine tiefe Ruhe waltet in euch. Der lauscht, hört ganz einfach hin… und euer Geist wird dabei langsam ruhig werden.

Wenn ihr eure Gedanken und Vorstellungen für einen Batzen Gold haltet, werdet ihr argwöhnisch auf sie aufpassen und sie stets sehr hoch schätzen. Aber ich möchte euch sagen, dass sie keineswegs Goldbatzen sind, sondern lediglich schwere Steine. Alles, was ihr für Weisheit haltet, ist alles andere als Weisheit; keinesfalls Gold, sondern tatsächlich nur ein Stein.

5. WAHRE WEISHEIT

DER ZUSTAND DES MENSCHLICHEN GEISTES gleicht einem aufgestörten Bienenvolk: Gedanken über Gedanken über Gedanken schwirren da, alle durcheinander… Umhüllt in diese Gedanken, lebt der Mensch in Angst, Anspannung und Sorge. Um aber das Leben kennen und erkennen zu können, muss der Geist sein wie ein glatter See, den nicht die leiseste Welle kräuselt. Um mit dem Leben bekannt zu sein, muss der Geist klar sein wie ein Spiegel, auf dem kein Staub liegt.

Euer Kopf aber ist wie ein Bienenschwarm: Er ist weder ein Spiegel noch ein glatter See. Wenn ihr glaubt, mit so einem Geist etwas erkennen zu können oder etwas erreichen zu können, irrt ihr gewaltig. Dafür ist es absolut notwendig sich von diesem ständigen Gedankenstrom frei zu machen.

Nichts als Gedanken und Gedanken und Gedanken im Kopf herumschwirren zu haben, ist kein Zeichen von Gesundheit, sondern von einem kranken Geist. Wenn euer Geist vollkommen rein und sauber ist, wenn er gesund ist, dann verschwinden eure Gedanken. Wenn euer Geist krank und ungesund ist, dann verschwindet euer Bewusstsein und zurück bleibt nur eine Flut von Gedanken. Und in dieser Flut von Gedanken lebt ihr. Von morgens bis abends, von abends bis morgens, von der Geburt bis zum Tod lebt ihr in einer Flut von Gedanken.

Wie könnt ihr euch frei machen von dieser Gedankenflut? Das Erste ist… Von Gedanken frei zu werden ist der zweite Schritt. Der erste Schritt ist, es gar nicht erst zu dieser Gedankenflut kommen zu lassen. Wenn man auf der einen

Seite immer nur Gedanken sammelt und auf der anderen Seite diese Gedanken wieder loszuwerden sucht – wie soll das weiterhelfen? Wenn man die Blätter eines Baumes loswerden will, aber seinen Wurzeln weiterhin Wasser gibt – wie will man dann die Blätter des Baumes loswerden? Indem man die Wurzeln bewässert, ist einem offenbar nicht klar, dass da eine Verbindung zwischen den Wurzeln und den Blättern besteht – eine tiefe Verbindung. Die Wurzeln und die Blätter scheinen voneinander getrennt zu sein, aber die Blätter sind nicht von den Wurzeln getrennt, und das Wasser, das man den Wurzeln gibt, findet seinen Weg bis hin zu den Blättern.

Also sammelt ihr fleißig Gedanken und bewässert ihre Wurzeln und wenn ihr dann merkt, dass diese Gedanken eurem Kopf Unbehagen und Schmerzen bereiten, wollt ihr wissen, wie ihr sie mundtot machen könnt. Aber wenn der Baum keine Blätter mehr treiben soll, müsst ihr aufhören seinen Wurzeln Wasser zu geben, müsst ihr begreifen, dass ihr selbst es ja seid, der da den Wurzeln eurer Gedanken Wasser gibt. Erst wenn ihr das begriffen habt, könnt ihr damit aufhören. Dann dauert es nicht lange und die Blätter werden verwelken.

Aber wie bewässert ihr eure Gedanken? Seit Jahrtausenden schon erliegt der Mensch der Illusion, er könne zur Erkenntnis gelangen, indem er die Gedanken anderer Leute hortet. Das ist absolut falsch und verkehrt – kein Mensch ist je zur Erkenntnis gelangt, indem er die Gedanken anderer gehortet hat. Erkenntnis kommt von innen und Gedanken kommen von außen. Eine Erkenntnis gehört dir und Gedanken stammen immer von anderen, sind immer geborgt. Im Erkennen pulsiert dein eigenes Sein, in ihm taucht etwas auf, das in dir selbst verborgen liegt. Deine Gedanken sind aber nur ein Sammelsurium all der Dinge, die andere gesagt haben – du kannst sie dir aus der *Bhagavat Gita,,* aus dem Koran, aus der Bibel besorgen oder bei irgendwelchen Lehrern und religiösen Anführern.

Alles, was du von anderen hast, führt nicht zu eigener Erkenntnis, sondern ist nur das Feigenblatt, mit dem du die Blöße deiner eigenen Unwissenheit bedeckst. Und solange ein Mensch seine Unwissenheit zudeckt, kann er nie zur Erkenntnis gelangen. Denn dann bildest du dir ein, es sei deine eigene Erkenntnis und klammerst dich mit jeder Faser deines Wesens daran fest. Ihr klammert euch an eure Gedanken, ihr habt nicht den Mut sie fahren zu lassen. Ihr unterstützt sie, weil ihr sie für eure Erkenntnis haltet und Angst habt, als die Dummen dazustehen, falls ihr sie verliert. Aber vergesst nicht: Ihr könnt euch noch so sehr an eure Gedanken klammern, durch diese Gedanken werdet ihr nicht zu Erkennenden.

Wenn jemand einen Brunnen gräbt, entfernt er zunächst Erde und Steine und dann sickert von allen Seiten Wasser herein und füllt den Brunnen. Das Wasser war bereits da, es musste nicht erst von irgendwo hergeholt werden. Da brauchten nur ein paar Steine und Erdschichten beseitigt zu werden. Da waren zwar Hindernisse im Wege, aber sobald die ausgeräumt waren, kam das Wasser hervor. Es war nicht nötig erst Wasser zum Brunnen zu bringen. Es war bereits da; nur ein paar Hindernisse mussten ausgeräumt werden.

Die Erkenntnis ist bereits in dir drin, du brauchst sie dir nicht von irgendwoher zu holen. Ihre Quellen liegen in dir verborgen; nur die Hindernisse zwischen dir und ihnen – das Geröll und die Erde – müssen durch Ausheben beseitigt werden. Dann beginnen die Quellen der Erkenntnis zu fließen.

Man kann also auf der einen Seite einen Brunnen anlegen, aber man kann auch einen Teich anlegen. Einen Teich anzulegen ist etwas anderes. Wenn man einen Teich anlegt, braucht man nicht erst nach einer natürlichen Quelle zu suchen. Das Anlegen eines Teiches verläuft genau umgekehrt wie das Anlegen eines Brunnens. Um einen Teich anzulegen, braucht man nicht erst Steine und Erde zu entfernen, sondern muss sie im Gegenteil herbeischaffen um damit einen Wall zu errichten. Und wenn dann der Wall fertig ist, stellt sich auch das Wasser nicht von selber ein: Man muss Wasser aus den Brunnen anderer Leute holen und den Teich damit anfüllen. Oberflächlich gesehen erscheint ein Teich wie ein Brunnen, scheint auch er ein Brunnen zu sein: In einem Teich ist Wasser zu sehen und in einem Brunnen ist Wasser zu sehen. Aber Teich und Brunnen sind so unterschiedlich wie Erde und Himmel. Der springende Punkt ist: Ein Teich hat kein eigenes Wasser.

Kein Durst dieser Welt ist durch etwas zu stillen, das nicht aus einem selber kommt. Alles Wasser eines Teichs ist geborgt: Bald wird es schal und abgestanden sein; denn alles Geborgte ist nicht lebendig, sondern tot. Wasser, das in einem Teich steht, wird brackig und faul und beginnt sehr bald zu stinken.

Aber ein Brunnen hat seine eigene Wasserquelle, sein Wasser wird niemals abgestanden. Ein Brunnen hat seine eigene, sprudelnde Quelle. Auch ihrer Einstellung nach unterscheiden sich Teich und Brunnen. Ein Teich fürchtet immer, es könnte einer kommen und ihm sein Wasser stehlen; denn wenn sein Wasser weg ist, wird er leer. Ein Brunnen dagegen möchte immer, dass jemand kommt und Wasser aus ihm schöpft, damit frisches Wasser nachfließen kann – frisches und lebendigeres.

Ein Brunnen ruft laut: „Kommt und bedient euch, ich möchte mein Wasser mit euch teilen!" Und ein Teich ruft laut: „Bleibt ja fort! Rührt mein Wasser nicht an! Hände weg!" Ein Teich sieht es lieber, wenn jemand kommt und Wasser in ihn hineinschüttet, damit er noch reicher wird. Aber wenn jemand mit einem Eimer zum Brunnen kommt, sieht er es gern, wenn er etwas von seinem Wasser abschöpft, damit er sein Wasser, das jetzt alt geworden ist, endlich loswerden und neues Wasser bekommen kann. Ein Brunnen will lieber teilen, ein Teich will lieber horten. Ein Brunnen hat Quellen, die mit dem Meer in Verbindung stehen. Ein Brunnen scheint klein zu sein, aber tief drinnen ist er mit dem Unendlichen verbunden. Und ein Teich mag noch so groß wirken – er ist mit gar nichts verbunden, sondern ist in sich verriegelt und versiegelt. Er hat keine Quelle. Er hat keine Möglichkeit mit dem Unendlichen in Verbindung zu treten.

Wenn jemand an den Teich tritt und ihm etwas vom Meer erzählt, lacht der Teich ihn nur aus und sagt: „Meer? So etwas gibt es doch gar nicht! Alles ist Teich. Es gibt nirgends ein Meer." Ein Teich hat keine Ahnung vom Meer. Aber wenn jemand die Großmut des Brunnens preist, denkt der Brunnen bei sich: „Was gehört hier schon mir? Alles kommt aus dem Meer. Wer bin denn ich? Alles, was aus mir kommt, ist ganz weit weg mit etwas anderem verbunden." Ein Brunnen kann kein eigenes Ich, kein Gefühl von ‚Ich bin' hegen; aber ein Teich hat ein Ego und das Gefühl: ‚Ich bin!'. Und das Interessante ist, dass ein Brunnen etwas Bedeutsames ist, ein Teich dagegen etwas sehr Unbedeutsames ist; dass ein Brunnen seinen eigenen Reichtum hat, ein Teich dagegen bettelarm ist.

Des Menschen Geist kann entweder zu einem Brunnen oder zu einem Teich werden. Das sind die beiden einzigen Möglichkeiten, wie sich der Geist des Menschen entfalten kann. Und eine Person, deren Geist zu einem Teich wird, die wird nach und nach wahnsinnig werden. Ihr alle seid geistig zu Teichen geworden. Ihr habt keine Brunnen angelegt, sondern Teiche angelegt. Ihr klaubt euch aus aller Welt alles Mögliche zusammen – aus Büchern, aus Bibeln, aus Lehrsystemen... das alles tragt ihr zusammen und meint, ihr wärt weise geworden. Der Teich hat sich immer für einen Brunnen gehalten; und diese Illusion ist lediglich darauf zurückzuführen, dass in allen beiden Wasser zu sehen ist.

Wissen trifft man in einem Schriftgelehrten, einem Lehrer und in einem bewussten Menschen an, aber ein Schriftgelehrter ist ein Teich und ein bewusster Mensch ist ein Brunnen. Und der Unterschied zwischen beiden ist groß. Ihr habt keine Vorstellung, wie grundsätzlich und wie tief dieser Unterschied ist. Das Wissen eines Schriftgelehrten ist geborgt, abgestanden, faul. Alle Probleme, die der Welt heutzutage das Leben so schwer machen, sind auf die Schriftgelehrten zurückzuführen. Wer zettelt denn den Krieg zwischen Hindus und Muslimen an? – es ist ein Krieg der Schriftgelehrten. Die Gegnerschaft zwischen einem Jain und einem Hindu ist die Gegnerschaft der Schriftgelehrten. Da streiten sich nur Schriftgelehrte – da rennen sich Leute die Köpfe ein, deren Wissen faul, geborgt und abgestanden ist.

Alle Probleme, unter denen die Menschheit bisher gelitten hat, ganz gleich wo auf der Welt, rühren von Köpfen her, die zu Teichen geworden sind. Ansonsten gibt es einfach nur Leute auf der Welt – niemand ist ‚ein Christ', ist ‚ein Hindu', ist ‚ein Muslim', ist ‚ein Jain'. Das alles sind nur Namensschildchen für Teiche. Ein Teich steckt sich lediglich ein Namensschild an, je nachdem wie der Brunnen heißt, aus dem er sein Wasser geschöpft hat – der eine hat sein Wasser aus der *Bhagavat Gita,* geschöpft und ist somit ‚ein Hindu'; ein anderer hat sein Wasser aus dem Koran geschöpft und ist somit ‚ein Muslim'.

Ein bewusster Mensch holt sich sein Wasser nicht von anderen; sein Wasser kommt aus seinem Innern. Es kommt aus der Existenz, also kann er weder ein Hindu noch ein Muslim noch ein Christ sein. Ein bewusster Mensch kann keiner Sekte angehören, aber ein Schriftgelehrter kann gar nicht ohne Sekte sein. Wann immer ihr auf einen Schriftgelehrten stoßt, wird er einer Sekte angehören. Ihr habt aus eurem Geist etwas Abgestandenes, Geborgtes gemacht – und dann klammert ihr euch daran. Wie ich schon sagte, ruft ein Teich: „Raubt mir kein Wasser! Wenn das Wasser weg ist, werde ich leer sein, wird in mir nichts mehr übrig sein! Mein Reichtum ist geborgt; wehe, jemand nimmt ihn mir weg!"

Merkt es euch: Aller Reichtum, der dadurch schrumpft, dass er benutzt wird, ist immer geborgt und unecht. Und aller Reichtum, der dadurch zunimmt, dass er benutzt wird, ist echt. Reichtum, der durch Teilen abnimmt, ist überhaupt keiner, sondern ist nur gehortet. Nur Reichtum, der zunimmt, indem alle an ihm teilhaben, ist wirklich Reichtum. Daher liegt das Wesen des Reichtums darin, dass er durch Teilen zunimmt. Nimmt er durch Teilen ab, ist er kein Reichtum. Außerdem muss einer, der durch Teilen seinen Reichtum zu verlieren fürchtet, seinen Reichtum sehr absichern. Insofern stellt aller geborgter Reichtum ein Problem dar. Weil er gar nicht echt ist, kommt die Angst auf, er könnte zerrinnen – und umso fester klammert man sich an ihn.

Ihr haltet eure Gedanken fest umklammert. Sie bedeuten euch mehr als euer Leben. All dieser Müll, der sich in eurem Kopf angesammelt hat, ist nicht durch Zufall dorthin gelangt: Ihr habt dafür gesorgt; ihr habt ihn aufgelesen und jetzt beschützt ihr ihn.

Wenn ihr also meint, durch das Einsammeln von Gedanken entstehe Weisheit, dann werdet ihr niemals in der Lage sein von ihnen freizukommen. Wie sollte das gehen? Das ist, als würdet ihr erst den Wurzeln Wasser geben und danach die Blätter abschneiden – so geht es nicht.

Das erste Grundlegende, was man also verstehen muss, ist, dass euer Ansammeln von Gedanken nicht dasselbe ist wie Weisheit. Weisheit besteht nicht aus anderweitig erworbenen oder geborgten Gedanken. Aus fremden Quellen stammende Gedanken können einen Menschen nicht zur Wahrheit oder zu sich selber führen. Solches Wissen ist unecht, ist Pseudowissen; es gaukelt euch die Illusion vor zur Weisheit gelangt zu sein und in Wirklichkeit hat man nicht die geringste Ahnung und bleibt unwissend.

Dann wäre man ungefähr in der Lage von jemandem, der zwar viele Bücher über das Schwimmen gelesen und so viel darüber gelernt hat, dass er ohne Weiteres über das Schwimmen Vorträge halten oder ein Buch schreiben könnte; würde man ihn aber in einen Fluss stoßen, dann würde sich zeigen, dass er gar nicht schwimmen kann.

Ein muslimischer Fakir namens Nasrudin setzte einmal mit einer Fähre über einen Fluss und unterhielt sich dabei mit dem Fährmann. Nasrudin galt als ein sehr gelehrter Mann. Wenn gelehrte Leute eine Chance sehen, anderen zu beweisen wie dumm sie sind, dann lassen sie sich diese Gelegenheit nicht entgehen. Nasrudin fragte den Fährmann: „Kannst du lesen?"

Der Mann antwortete: „Nein, ich kann nur reden. Von Lesen und Schreiben verstehe ich nichts."

Nasrudin darauf: „Dann hast du ein Viertel deines Lebens umsonst verbracht. Denn wenn du nicht mal lesen kannst, wie willst du dann je im Leben zu Weisheit gelangen? Du Idiot! Wie kann einer, der nicht mal lesen kann, Weisheit erlangen?"

Aber der Fährmann kicherte nur in sich hinein…

Etwas später fragte Nasrudin dann: „Und kannst du rechnen?"

Der Mann antwortete: „Nein, ich hab keine Ahnung vom Rechnen. Ich zähle immer mit meinen Fingern."

Nasrudin sagte: „Ein weiteres Viertel deines Lebens umsonst! Denn wer nicht mal rechnen kann, wird nie viel verdienen – wovon will er denn leben? Um seinen Lebensunterhalt zu bestreiten, muss man das Einmaleins können. Und was kannst du schon verdienen? Dein halbes Leben kannst du vergessen." Da zog ein Unwetter auf. Ein heftiger Sturm brach los und das Boot kenterte und sank.

Der Fährmann fragte: „Kannst du schwimmen?"

Nasrudin schrie: „Nein, ich kann nicht schwimmen!"

Da rief der Fährmann: „Dann kannst du dein ganzes Leben vergessen! Ich bin jetzt weg. Ich kann zwar nicht rechnen und lesen, aber schwimmen kann ich. Tschüss denn. Jetzt hast du dein ganzes Leben umsonst gelebt."

Es gibt Wahrheiten im Leben, die man nur selber erfahren kann, die man sich aus keinen Büchern oder heiligen Schriften holen kann. Die Wahrheit der Seele oder die Wahrheit der Existenz kann man nur selber erfahren – es gibt keinen anderen Weg.

All die schönen Dinge, die in den heiligen Schriften stehen – wir können sie lesen, wir können sie verstehen, wir können sie auswendig lernen, wir können sie anderen nacherzählen – aber zu Weisheit gelangen wir durch sie nicht. Das Sammeln der Fakten und der Ansichten anderer Leute ist kein Zeichen von Wissen, sondern nur ein Zeichen von Unwissenheit. Wer wach und bewusst ist, kommt ohne solche ‚Erkenntnisse‘ aus. Was soll er noch mehr Fakten anhäufen – er hat sich selbst erkannt! Mit dieser Selbsterkenntnis hört der Geist auf, ein wild gewordener Bienenschwarm zu sein: Jetzt ist er ein Spiegel, ein spiegelglatter See.

Euer Geist ist ein schwirrender Schwarm von lauter Gedanken, die ihr hegt und pflegt, weil ihr sie für ‚Erkenntnisse‘ haltet. Ihr habt sie in eurem Hause untergebracht, ihr habt sie euch einverleibt. So habt ihr aus eurem Geist eine Karawanserei gemacht: Wer anklopft, darf herein – und so lange dort bleiben, wie er sich als ‚eine Erkenntnis‘ vermummt. Nur das berechtigt ihn zu bleiben. Und der Betrieb in dieser Karawanserei ist dermaßen gewachsen und angeschwollen, dass überhaupt nicht mehr klar ist, wer in dieser Menge eigentlich das Sagen hat. Alle, die hier zu Gast sind, machen einen solchen Lärm, dass jeweils immer der das Sagen hat, der gerade am lautesten brüllt. Aber wer der wirkliche Hausherr ist, wisst ihr nicht. Jeder Gedanke ruft mit lauter Stimme, er sei der Hausherr und so ist es in dieser überfüllten Karawanserei unmöglich geworden den wahren Hausherrn zu erkennen.

Und kein Gedanke denkt ans Abreisen. Wie wollt ihr auch jemanden wieder loswerden, wenn ihr ihn zum Bleiben ermuntert habt? Es ist leicht einen Gast einzuladen, aber es ist nicht so leicht, ihn wieder loszuwerden. Seit Jahrtausenden tummeln sich diese Gäste nun schon im Geiste des Menschen und wenn ihr heute auf die Idee kämt ihnen Adieu zu sagen, könntet ihr sie euch nicht so einfach vom Halse schaffen.

Nur indem ihr das Wesen eurer Illusionen versteht, ist es möglich sie euch vom Halse zu schaffen. Ihr hegt und pflegt diese Gedanken deshalb, weil ihr die Illusion habt, sie wären ‚Erkenntnisse'.

Das ist also das Erste, was es zu begreifen gilt: Dass alle Gedanken, die ihr von anderen habt, fruchtlos sind. Wenn euch das klar wird, habt ihr damit eurem Baum der Gedanken und Vorstellungen die Hauptwurzel durchgehauen, habt ihr aufgehört seinen Wurzeln Wasser zu geben.

Ein alter Weiser zog einmal mit einem seiner jungen Mönche durch einen Urwald. Die Nacht brach herein und es wurde dunkel. Der alte Weise fragte den jungen Mönch: „Mein Sohn, glaubst du, dass uns auf unserem Weg hier Gefahren drohen? Unser Pfad führt durch dichten Wald und es wird dunkel. Haben wir etwas zu befürchten?"

Der junge Mönch war höchst überrascht; denn Angst hätte er von einem Sannyasin nun wirklich nicht erwartet! Ob die Nacht finster oder hell ist, ob man sich auf dem Marktplatz oder im Urwald befindet – ein Sannyasin und Angst? –, das war einfach nicht zu glauben. Und noch nie hatte dieser Alte Angst gezeigt! Was war nur heute mit ihm los? Warum hatte er Angst? Irgendetwas musste schief gegangen sein…

Sie gingen ein wenig weiter und es wurde immer finsterer. Da fragte der Alte wieder: „Meinst du wirklich, hier gibt es nichts zu befürchten? Sind wir bald in der nächsten Ortschaft? Wie weit ist es noch?" Irgendwann machten sie Rast an einer Quelle um sich Hände und Gesicht zu waschen. Der Alte gab dem jungen Mönch seinen Rucksack mit den Worten: „Verwahre ihn gut!" Der junge Mann dachte: „Also muss da etwas in dem Sack drin sein – wozu sonst die Angst ihn gut verwahren zu müssen?"

Dass einem Sannyasin etwas daran lag, etwas gut zu verwahren, war merkwürdig – wieso ist er dann überhaupt Sannyasin geworden? Denn nur ein Haushälter macht sich Sorgen um Wertgegenstände. Worum musste ein Sannyasin sich noch bekümmern?!

Der alte Mann wusch sich gerade das Gesicht, also steckte der junge Mann seine Hand in den Sack und fand darin einen Batzen Gold! Nun begriff er die Angst. Er warf den Batzen ins Unterholz und ersetzte ihn mit einem Stein von gleichem Gewicht. Eilig kam der alte Mann zurück; nachdem er sich das Gesicht getrocknet hatte, griff sofort nach dem Sack, prüfte, wie schwer er war, warf den Sack über die Schulter und setzte sich wieder in Gang.

Dann sagte er nach einer Weile erneut: „Es ist ja stockfinster – ob wir wohl noch auf dem richtigen Weg sind? Lauern irgendwelche Gefahren?"

Der junge Mann sagte: „Keine Sorge, ich habe die Angst weggeworfen."

Da erschrak der alte Weise, schaute sofort in seinen Sack und erkannte, dass statt Gold ein Stein darin lag. Erst stand er wie vom Donner gerührt; dann aber musste er lachen und sagte: „Was für ein Narr ich doch gewesen bin! Ich habe einen Stein mitgeschleppt, dabei habe ich nur deswegen Angst gehabt, weil ich ihn für Gold hielt!" Kaum hatte er erkannt, dass es nur ein Stein gewesen war, warf er ihn weg und sagte zu dem jungen Mönch: „Lass uns heute Nacht besser hier schlafen. In dieser Dunkelheit könnten wir uns sonst verirren." Und so ruhten sie diese Nacht friedlich im Urwald.

Wenn ihr eure Gedanken und Vorstellungen für einen Batzen Gold haltet, werdet ihr argwöhnisch auf sie aufpassen und sie stets sehr hoch schätzen. Aber ich möchte euch sagen, dass sie keineswegs Goldbatzen sind, sondern lediglich schwere Steine. Alles, was ihr für Weisheit haltet, ist alles andere als Weisheit; keinesfalls Gold, sondern tatsächlich nur ein Stein.

Alles Wissen, das du von anderen hast, ist nur ein Stein. Nur das Wissen, das aus dir selber kommt, ist Gold. Am selben Tage, da du erkennst, dass du einen Stein im Sack mitschleppst, ist die ganze Sache für dich erledigt. Dann fällt es dir nicht mehr schwer den Stein wegzuwerfen.

Es fällt nicht schwer Müll wegzuwerfen, wohl aber, Gold wegzuwerfen. Solange du deine Gedanken für Erkenntnisse hältst, kannst du sie nicht wegwerfen – und wird dein Geist verworren bleiben. Du magst tausenderlei Dinge versuchen um ihn ruhig zu stellen, aber nichts wird anschlagen. Tief drinnen möchtest du, dass deine Gedanken da bleiben, weil du sie für Weisheit hältst. Die größten Schwierigkeiten im Leben stammen immer aus dem Missverständnis, Dinge für etwas zu halten, was sie nicht sind. Das bringt alle möglichen Probleme. Wenn jemand einen Stein für einen Goldbatzen hält, gehen sofort die Probleme los. Wenn jemand erkennt, dass ein Stein ein Stein ist, ist der Fall erledigt.

Somit ist der Schatz eurer Gedanken gar kein wirklicher Schatz. Diese Tatsache gilt es zu verstehen. Die Frage ist nur: WIE? Könnt ihr es einfach schon dadurch verstehen, dass ich es sage? Wenn ihr es mir aufs Wort glaubt, dann ist euer

Verständnis ein geborgtes – und wird nichts bringen. Es geht also nicht darum, dass ihr etwas nur deswegen versteht, weil ich sage, dass es so sei; DU musst es von dir aus prüfen, musst danach suchen und es erkennen.

Hätte der junge Mönch zu dem Alten gesagt: „Du kannst ruhig weitergehen, mach dir keine Gedanken. Was du da im Sack hast, ist sowieso nur ein Stein, kein Gold", hätte der alte Mann nichts damit anfangen können – und zwar solange, bis er sich mit eigenen Augen davon überzeugt hatte. Hätte der junge Mann ihm das einfach nur gesagt, hätte er es nicht geglaubt. Er hätte den jungen Mann ausgelacht und ihn nur für einen dummen Jungen gehalten, für unerfahren: „Was hat der schon für eine Ahnung!" Oder er hätte ihm aufs Wort glauben können; aber dieser Glaube wäre aufgesetzt gewesen – tief drinnen hätte er weiter an dem Gedanken fest gehalten seinen Goldbatzen in Sicherheit zu bringen.

Was zählte war einzig und allein: Es mit eigenen Augen zu sehen. Es ist also notwendig, dass ihr in den Sack eures Geistes hineinschaut um nachzuprüfen, ob das, was ihr für Weisheit haltet, auch wirklich Weisheit ist; oder ob ihr sie einfach nur mit Müll verwechselt. Was ihr in eurem Gepäck habt, sind die Sutras der Gita, die Sprüche der Veden, die Worte Mahavirs und Buddhas; aber ihr lernt alles immer nur auswendig, brütet darüber nach und deutet es aus. Ihr lest es wieder und wieder und schreibt Kommentare darüber und diskutiert darüber untereinander. Was dabei herauskommt, ist absoluter Wahnsinn.

Wahre Weisheit hat nichts mit diesem Wahnsinn zu tun. Ihr könnt nicht erwarten, dass daraus eine Flamme, ein Licht für euer Leben aufleuchten wird.

Und solange ihr diesen Abfall sammelt, werdet ihr euch die

Illusion machen, großen Erkenntnisreichtum erlangt zu haben, ein großer Meister zu sein. Ihr besitzt ja so viel, eure Kammern quillen schon über! Und darüber verstreicht euer Leben und wird zerstört.

Ein junger Mönch lebte einst in einem Kloster. Er war gekommen um zu Füßen eines alten Weisen zu sitzen, aber nach ein paar Tagen hatte er das Gefühl, der Alte wisse überhaupt nichts. Jeden Tag musste er sich die gleiche Leier anhören und bald hatte er es satt. Er dachte schon daran, diesem Kloster wieder den Rücken zu kehren und sich einen Meister woanders zu suchen – hier war offenbar nicht sein Platz. Aber am selben Tag, als er fortgehen wollte, traf ein anderer Mönch im Kloster ein. An jenem Abend kamen die Klosterinsassen zusammen und diskutierten über alles Mögliche.

Der neue Mönch war in vielen Dingen bewandert, war sehr feinsinnig und umsichtig, sehr tief und sehr intensiv und der junge Mönch dachte: „Genau so habe ich mir einen Meister vorgestellt."

Binnen zwei Stunden hatte der Neuling alle mesmerisiert. Der junge Mönche nahm an, es müsse den alten Meister wohl sehr verletzen und deprimieren, so alt geworden zu sein ohne das Geringste gelernt zu haben – angesichts all der Dinge, die der Neuankömmling wusste!

Nach zwei Stunden, als die Debatte beendet war, sah der Gast den alten Meister an und fragte: „Und was hältst du von all den Dingen, die ich gesagt habe?"

Der alte Mann sagte: „Die *ich* gesagt habe? Gut, du hast zwar geredet. Aber nichts davon kam aus dir. Ich war höchst gespannt, ob auch *du* mal etwas sagen würdest; aber *du* hast überhaupt nichts gesagt."

Der Gast erwiderte: „Wenn ich gar nichts gesagt habe, wer hat denn dann zwei Stunden lang hier geredet?"

Der Alte sagte: „Wenn du meine ehrliche und aufrichtige Meinung hören willst, dann haben die Bücher und heiligen Schriften aus dir geredet, aber du hast gar nichts gesagt. Du hast kein einziges Wort gesagt. Du hast nur alles wieder ausgespuckt, ausgekotzt, was du irgendwo aufgeschnappt hast. Und aus deiner Kotzerei ist zu schließen, befürchte ich, dass dich das zu einem sehr kranken Mann gemacht hat. Zwei Stunden lang hast du hier nur alles ausgekotzt, womit du dir den Magen voll gestopft hast und jetzt ist das ganze Zimmer voll von dieser Jauche und ihrem Gestank. Ich habe nicht den leisesten Duft von Erkenntnis verspürt. Denn alles, was man von draußen in sich reinstopft und hinterher wieder erbricht, muss zwangsläufig nach Kotze stinken. Du hast selber überhaupt nichts gesagt – kein einziges Wort kam von dir."

Nachdem er diese Worte des alten Weisen gehört hatte, entschloss sich der junge Mönch, der eben noch das Kloster verlassen wollte, zu bleiben. An jenem Tage erkannte er, zum allerersten Mal, dass es verschiedene Arten von Wissen gab.

Die eine Art von Wissen ist das, was wir uns draußen zusammenklauben; und die andere Art – Weisheit – ist das, was aus dem eigenen Innern auftaucht. Alles draußen Aufgelesene wird zur Fessel; es befreit uns nicht. Befreien kann uns nur etwas, das aus unserem Innern kommt.

Die erste Frage, mit der man nach innen schauen muss, lautet: Weißt du all die Dinge, die du weißt, wirklich? Man muss sich einfach bei jedem Gedanken und jedem Wort, das man kennt, die Frage stellen: „Weißt du das wirklich?" Und wenn die Antwort lautet: „Ich weiß es nicht", werden alle

Goldbatzen deines Lebens nach und nach zu Stein werden. Man kann zwar jeden anderen auf der Welt darüber hinwegtäuschen, aber sich selbst kann man nicht täuschen.

Kein Mensch kann sich selber täuschen: Was du nicht weißt, das weißt du eben nicht! Wenn ich dich frage: „Weißt du die Wahrheit?" und du darauf mit dem Kopf nickst und sagst: „Ja, ich weiß sie!", dann bist du nicht authentisch. Frag dich innerlich: „Weiß ich die Wahrheit oder habe ich nur alles Mögliche übernommen, was ich hier und da aufgeschnappt habe? Aber wenn ich sie nicht weiß, dann ist diese Wahrheit keinen Pfifferling wert. Wie sollte etwas, das ich nicht weiß, mein Leben verändern können? Nur eine Wahrheit, die ich auch weiß, kann eine Revolution in meinem Leben auslösen. Eine Wahrheit, die ich nicht weiß, ist keinen Pfifferling wert; sie ist unecht und somit überhaupt keine Wahrheit; das ist alles nur ausgeliehen und wird an meinem Leben keinen Deut ändern."

Es ist, als würde ich dich fragen: „Weißt du, ob du eine Seele hast?", und du antworten würdest: „Ja natürlich weiß ich, dass ich eine habe! Denn so steht es geschrieben. Und der Priester in unserer Kirche hält uns ständig Predigten über die Seele."

Der Mensch lernt alles auswendig, was ihm beigebracht wird, wie ein Papagei. Aber dieses Auswendiglernen hat nichts mit Erkennen zu tun. Wirst du in einer Hindufamilie geboren, bist du Mitglied der einen Papageienart; wirst du in einer Jain-Familie geboren, bist du Mitglied einer anderen Papageienart; und wirst du in einer Muslimfamilie geboren, dann gehörst du einer dritten Papageienart an. Aber egal, welches Umfeld du hast – du wirst zum Papagei.

Alles was man dir eintrichtert, plapperst du dein Leben lang nach. Und weil du von so vielen Papageien umringt bist, erhebt niemand Widerspruch, stellt niemand Fragen. Die anderen Papageien nicken alle mit dem Kopf: „Du hast völlig Recht!" – denn sie haben ja genau dasselbe auswendig gelernt wie du. In den frommen Versammlungen führen die religiösen Anführer das Wort und alle Übrigen nicken mit dem Kopf und sind alle der Meinung absolut Recht zu haben; schließlich haben sie ja alles, was die Anführer da vorne sagen, selber auch so gelernt. Und so sitzen die beiden Gruppen im besten Einvernehmen da, dasselbe gelernt zu haben, und alle nicken sie mit den Köpfen und sind sich einig: „Ja, das Gesagte stimmt aufs Wort! Genau so steht es auch in unseren Gebetbüchern. Genau so haben wir das auch gelesen."

Die gesamte Menschheit ist, was Weisheit betrifft, irregeleitet. Diese Irreführung ist eine Verschwörung gegen den Menschen. All dieses ‚Wissen' muss ausgemistet und weggeworfen werden – erst dann könnt ihr offen werden für die Art von Weisheit, in deren Licht die Existenz erfahrbar wird und die Flamme der Seele sichtbar wird. Mit eurer Pseudoweisheit ist das nicht möglich. Pseudoweisheit ist völlig ohne Licht. Das Haus ist finster, die Lampe bleibt unangezündet – aber die Leute reden einander ein und machen einander weis, ihre Lampe würde brennen. Und nachdem du es tausend Mal gehört hast, fängst auch du an zu sagen, die Lampe würde brennen.

Irgendwo in dir lauert nämlich folgende Angst: Die anderen sagen alle, dass du zur Hölle fahren wirst, wenn du das Licht nicht brennen sehen kannst. Behaupten sie selber doch das brennende Licht sehen zu können! Und so beginnst du es nach und nach auch zu sehen.

Es war einmal ein großer König. Eines Morgens kam ein geheimnisvoller Fremder zu ihm und sagte: „Du beherrschst jetzt die ganze Welt, also geziemt es sich nicht mehr für dich die Kleidung eines gewöhnlichen Sterblichen zu tragen. Ich werde dir die Kleider der Götter bringen." Da erwachte die Habgier des Königs. Seine Vernunft sagte ihm zwar: „Wie könnten die Götter Kleider anhaben?" Die Vernunft ist nicht mal davon zu überzeugen, dass es überhaupt Götter gibt...

Aber seine Gier war nun erwacht. Der bloße Gedanke, es könnte ja irgendwo doch Götter geben und er könnte, wenn ihm die Kleider dieser Götter gebracht würden, der erste Mensch auf Erden sein, ja in der gesamten Menschheitsgeschichte, der die göttlichen Kleider trägt... Und wieso sollte dieser Fremde ihn täuschen? Er selbst war schließlich ein großer Herrscher, bei dem die Goldstücke zu Millionen und Abermillionen herumlagen! Selbst wenn dieser Mann ein paar Tausend davon verlangen sollte – was tat es? Und so lud er den Mann ein: „In Ordnung. Und was verlangst du dafür?"

Der Mann sagte: „Das kostet mindestens zehn Millionen Rupien; denn um überhaupt zu den Göttern vorzudringen, brauche ich riesige Bestechungsgelder. Denn nicht nur die Menschen nehmen bakschisch – die Götter sind auch nicht dumm, sie erwarten ebenfalls bakschisch. Und ein Mensch mag sich schon mit Pfennigen zufrieden geben – arm wie er ist; bei den Göttern muss man da schon tiefer in die Tasche greifen. Da muss man schon einen ganzen Haufen Geld hinlegen, bevor sie überhaupt die Augen heben; sonst würdigen sie dich keines Blickes. Es ist also nicht ganz leicht; aber es werden mindestens zehn Millionen Rupien nötig sein."

Der König sagte: „In Ordnung, das ist kein Problem. Aber merke dir: Wenn du mich täuschst, dann wird es dich dein

Leben kosten. Von heute an wird dein Haus von bewaffneten Wachen umstellt."

Der Mann erhielt seine zehn Millionen Rupien und sein Haus wurde unter Aufsicht gestellt. Die gesamte Nachbarschaft kam nicht mehr aus dem Staunen heraus. Sie trauten ihren Augen nicht. Sie dachten: „Wo sollen denn diese Götter sein? Und wo soll ihr Himmel sein? Dieser Mann scheint ja nie aus dem Haus zu gehen!" Er blieb im Innern des Hauses und ließ alle wissen: „In sechs Monaten werde ich euch die Kleider der Götter vorführen." Alle zweifelten sie, nur der König war unbesorgt, denn der Mann wurde ja von blanken Schwertern bewacht. Wehe ihm, wenn er ihm zu entkommen oder ihn auch nur zu betrügen suchte!

Aber der Mann war etwas intelligenter als der König. Nach sechs Monaten erschien er mit einer prachtvollen Schachtel und sagte zu den Soldaten: „Auf, gehen wir zum Palast. Heute ist es so weit. Die Kleider sind eingetroffen."

Die ganze Hauptstadt lief zusammen. Könige und Kaiser kamen von weit her um sich das anzusehen. Ein großes Fest wurde veranstaltet. Der Mann erschien mit seiner Schachtel bei Hofe, also war kein Grund zur Unruhe. Er trat mit der Schachtel vor und setzte sie ab. Er nahm den Deckel ab, griff mit der Hand hinein und brachte eine leere Hand zum Vorschein und sagte zum König: „Nimm hier diesen Turban." Der König gaffte und sagte: „Ich sehe da keinen Turban, deine Hand ist leer!"

Sofort gab der Mann zurück: „Die Sache hat einen Haken. Die Götter haben gesagt: Nur wer wirklich von seinem eigenen Vater gezeugt wurde, kann den Turban und die Kleider erkennen. Siehst du jetzt den Turban?"

Der König sagte: „Natürlich! D-da ist er ja!"

Es war kein Turban da, die Hand des Mannes war leer – aber nun klatschten alle Höflinge in die Hände. Sie konnten ebenso wenig einen Turban sehen, aber alle sagten sie jetzt: „Wir haben noch nie einen so herrlichen Turban gesehen! Wie schön der Turban doch ist, ganz einmalig, hinreißend! Keines Menschen Auge hat je einen schöneren Turban gesehen."

Als jetzt der ganze Hofstaat den Turban bewunderte, saß der König in der Klemme. Aber schon sagte der Mann: „Nun nimm deinen Turban ab und setze diesen dafür auf."

Der König entfernte seinen eigenen Turban und setzte den nicht existierenden Turban auf. Hätte die ganze Geschichte doch nur mit diesem Turban ihr Bewenden gehabt! Der ging ja noch an … aber bald geriet der König wirklich ins Schwitzen. Erst musste er seinen Mantel ausziehen, dann sein Hemd und schon bald war er bei seinem allerletzten Kleidungsstück angelangt. Schon stand der König nackt da, aber der ganze Hofstaat jubelte nur: „Was für herrliche Kleider! Überwältigend! Solche Kleider haben wir ja noch nie gesehen!" Jede Hofschranze musste das nämlich ganz laut und deutlich sagen, damit nur niemand auf den Gedanken kam, er sei vielleicht nicht legitimes Kind seines Vaters.

Und als die ganze Menge über die Kleider in Verzückung geriet, dachte jedermann bei sich, dass entweder etwas mit seinen Augen nicht stimmte oder man ihn bislang über seine wahre Herkunft im Unklaren gelassen hatte. „Wenn alle anderen über die Kleider jubeln, muss es so sein. So viele Menschen können sich nicht täuschen. Eine so eindeutige Mehrheit … wenn alle das sagen, muss es wohl stimmen!" So funktioniert Demokratie: Alle sind sich einig: „So viele Menschen sind einer Meinung! Da können sie sich doch nicht alle irren!" Also meinte jeder Einzelne, nur mit ihm selbst stimme wohl etwas nicht, aber wenn er nur schön den Mund halte, würde kein Mensch auf die Idee kommen, er könne gar nichts erkennen.

Dem König brach der Angstschweiß aus: Sollte er nun etwa noch seine letzte Textilie entfernen? Einerseits wollte er nicht vor dem versammelten Hofstaat nackt dastehen; aber andererseits wollte er auch nicht den Verdacht erwecken, nicht der rechtmäßige Sohn seines Vaters zu sein – dann ginge es ihm erst recht an den Kragen. Es war wie die Wahl zwischen Regen und Traufe. Schließlich entschied er sich, lieber die Nacktheit in Kauf zu nehmen; so blieb zumindest die Ehre seines Vaters gerettet und seine Dynastie gesichert. Er dachte: „Sollen sie mich halt alle nackt sehen, was soll's? Und außerdem: Wenn alle die Kleider so bejubeln, haben sie ja vielleicht Recht! Die Kleider sind vielleicht wirklich da und nur ich kann sie nicht sehen."

Um also unnötige Komplikationen zu vermeiden, ließ er sein letztes Kleidungsstück fallen und stand da in seiner Nacktheit.

Da sagte der Mann: „Oh König! Nunmehr sind die Kleider der Götter zur Erde herabgestiegen – zum allerersten Male! Du solltest einen Umzug halten und dich auf einer Staatskarosse der ganzen Stadt zeigen." Der König erschrak noch mehr – aber nun gab es kein Zurück mehr.

Wenn jemand von Anfang an einen Fehler begeht, wird es sehr schwer zu einem späteren Zeitpunkt damit aufzuhören, kann man kaum wieder umkehren. Wenn man gleich zu Anfang nicht ehrlich ist, wird man im späteren Verlauf immer noch mehr zum Heuchler. Am Ende kann man kaum mehr den Punkt sehen, wo man umkehren kann, denn jedes Entwicklungsstadium ist inzwischen mit vielen anderen Stadien verfilzt.

Also saß der König in der Falle. Er konnte das Angebot nicht abschlagen; er hielt seinen Umzug ab, wurde auf einer Karosse herumgefahren... Vielleicht wart ihr ja auch dabei, denn es lebten viele Menschen dort in der Stadt. Jeder sah den Umzug, also wart ihr vielleicht auch da und habt die Kleider gepriesen. Niemand wollte sich die Gelegenheit entgehen lassen. Alles Volk pries lauthals die Kleider und sagte, wie schön sie wären. Nur ein kleiner Junge, der in der Menge auf den Schultern seines Vaters saß, sagte: „Vater, warum hat der König denn gar nichts an?"

Der Vater sagte: „Dummerchen, halt den Mund! Du bist noch zu klein, du hast keine Erfahrung. Wenn du genug Erfahrung hast, wirst auch du die Kleider sehen können. Ich kann die Kleider sehen."

Kinder sagen manchmal die Wahrheit, aber alte Leute wissen das nicht zu schätzen, denn alte Leute ‚haben mehr Erfahrung'. Und Erfahrung ist eine sehr gefährliche Sache. Nur auf Grund seiner ‚Erfahrung' sagte der Vater: „Halt den Mund! Wenn du genug Erfahrung hast, kannst du auch die Kleider sehen. Wir alle können sie sehen – denkst du etwa, wir wären alle verrückt geworden?"

Manchmal sagt ein Kind z.B.: „Ich kann in dieser Statue keinen Gott erkennen." Dann sagen die Alten: „Halt den Mund! Wir können Gott erkennen. Das da ist Ram. Dir fehlt nur die nötige Erfahrung ihn auch zu erkennen."

Der Mensch ist in einer kollektiven Täuschung befangen. Und wenn alle derselben Täuschung aufsitzen, ist sie kaum noch erkennbar.

Ihr müsst herausfinden, ob die Kleider eures Wissens – das, was ihr bisher für eure Kleider gehalten habt – wirklich Kleider sind oder ob ihr nackt dasteht, in unsichtbaren Kleidern. Ihr müsst jeden einzelnen eurer Gedanken prüfen, und zwar mit der Testfrage: „Weiß ich das wirklich?" Wenn ihr es nicht wisst, dann fahrt lieber zur Hölle, als weiter an diesem Scheinwissen fest zu halten.

Die erste Bedingung für Authentizität ist, dass man bei allem, was man nicht weiß, einfach zugibt, dass man es nicht weiß – andernfalls geht die Heuchelei los. Gewöhnlich können wir die großen Täuschungen nicht erkennen, können wir nur die kleinen Täuschungen erkennen. Wenn dich jemand um ein paar Rupien betrügt, dann merkst du das. Aber wenn sich jemand mit gefalteten Händen vor ein Standbild hinstellt und sagt: „Oh Herr, oh mein Gott...", wohl wissend, dass die Statue aus Stein ist und er keinen Herrn und keinen Gott vor sich hat – dann dürfte kaum ein größerer Betrüger oder Heuchler auf Erden zu finden sein als dieser Mann, mag er noch so authentisch und religiös wirken. Er ist absolut verlogen. Er sagt etwas absolut Unwahres. Und er fühlt auch gar nichts in seinem Innern. Er bringt einfach nur nicht den nötigen Mut auf voll zu begreifen, was er da sagt, was er da tut.

Ein religiöser Mensch ist jemand, der zwischen dem, was er weiß und was er nicht weiß, zu unterscheiden vermag. Diese Erkenntnis ist der erste Schritt in Richtung Religiosität. Ein religiöser Mensch ist nicht jemand, der behauptet, er kenne Gott und die Seele, er habe Himmel und Hölle mit eigenen Augen gesehen. Ein religiöser Mensch ist einer, der sagt, dass er überhaupt nichts weiß, dass er absolut unwissend ist: „Ich habe gar keine Erkenntnis. Ich kenne mich nicht einmal selbst, wie könnte ich da behaupten die Existenz zu kennen? Ich kenne noch nicht einmal den Stein, der genau vor meinem Hause liegt. Wie kann ich da sagen, ich würde das Göttliche kennen? Das Leben ist sehr geheimnisvoll, mir ganz unbekannt. Ich weiß überhaupt nichts. Ich bin absolut unwissend."

Wenn du den Mut aufbringst unwissend zu sein – und den Mut deine Unwissenheit auch zuzugeben –, dann kannst du dich auf den Weg machen, kannst du dich frei machen von den Fesseln deiner Gedanken. Ansonsten kannst du die Reise nicht einmal antreten. Eines also gilt es vor allem zu verstehen: Du bist völlig unwissend, du weißt überhaupt nichts und alles, was du zu wissen scheinst, stimmt überhaupt nicht, ist entliehener und abgestandener Kram. Es gleicht einem Teich, keinem Brunnen. Wenn du dein Leben zu einem Brunnen machen möchtest, dann ist es vor allem nötig die Illusionen abzustreifen, die sich ein Teich macht.

Und nun eine Frage:
Alles, was du lehrst, ähnelt sehr der Lehre J. Krishnamurtis. Was ist deine Meinung von ihm?

Ich habe keine Meinung. Das Allererste ist, dass ich Krishnamurti nicht kenne. Das Zweite ist, dass du alles, was ich gesagt habe, sofort mit einem anderen vergleichst – wem ich ähnlich bin, wem ich nicht ähnlich bin. Mit solchen Vergleichen vergeudest du nur deine Zeit.

Es ist völlig ausgeschlossen, dass es zwischen den Worten zweier Personen irgendwelche Ähnlichkeiten gibt. Denn zwei Personen ähneln sich nie. Keine zwei Blätter ähneln sich, keine zwei Steine ähneln sich. Es mag Ähnlichkeiten zwischen einzelnen Wörtern geben, irgendwo mögen sich oberflächliche Ähnlichkeiten ergeben, aber jeder einzelne Mensch auf der Welt ist so anders und so einmalig, dass ihm nichts genau gleichen kann. Wenn ihr anfangt, alles was ich sage, mit der Gita oder mit Krishnamurti oder mit Ramakrishna oder mit Mahavir zu vergleichen, werdet ihr mir gar nicht erst zuhören können, weil all diese Ramakrishnas und diese Krishnamurtis und diese Mahavirs euch so viele Probleme in den Weg stellen werden, dass meine Worte euch nicht erreichen können, keine unmittelbare Beziehung zwischen euch und mir stattfinden kann. Also weiß ich es nicht. Aber mein Rat ist, dass es auch gar nicht nötig ist zu vergleichen und nach Ähnlichkeiten zu suchen. Es ist fruchtlos, sinnlos, und niemandem ist damit geholfen.

Aber man hat euch in eurem Leben gewisse Gewohnheiten eingeimpft – eine davon ist die Gewohnheit zu vergleichen. Ihr könnt euch von nichts ein Bild machen ohne es zu vergleichen. Wenn ihr etwas einschätzen wollt, könnt ihr euch gar nicht vorstellen, wie das gehen soll ohne zu vergleichen – und sobald ihr vergleicht, fängt der Fehler an.

Wenn ihr eine Lilienblüte mit einer Rosenblüte vergleicht, fängt schon der Fehler an. Eine Lilie ist eine Lilie, eine Rose ist eine Rose und ein blühender Grashalm ist ein blühender Grashalm. Die blühende Rose steht weder über noch unter dem blühenden Gras. Die Grasblüte lebt ihre Einmaligkeit und eine Rosenblüte lebt ihre Einmaligkeit. Weder steht die eine über oder unter der anderen, noch gleicht die eine der anderen. Jeder gleicht nur sich selbst und sonst niemand. Erst wenn euch diese Individualität, diese Einmaligkeit von allem allmählich klar wird, werdet ihr das Vergleichen lassen.

Aber ihr habt die Gewohnheit zu vergleichen. Ihr vergleicht sogar kleine Kinder miteinander. Ihr sagt: „Sieh mal, das andere Kind ist weiter gekommen als du! Du hast dich abhängen lassen." Damit tut ihr dem Kind Unrecht, denn das andere Kind ist ein anderes Kind und dieses Kind ist eben dieses Kind. Es ist nicht möglich die beiden zu vergleichen. Ihrem ganzen Wesen nach sind sie völlig verschieden, sind sie durch und durch verschieden. In ihrer Einmaligkeit, in ihrer Authentizität haben sie nichts mit einander zu schaffen.

Ihr seid es gewohnt zu vergleichen. Eure Bildungssysteme bringen euch das Vergleichen bei, eure Denksysteme setzen Vergleiche voraus. Ohne Vergleiche vermögt ihr nichts einzuschätzen. Mit dem Ergebnis, dass ihr niemanden, auch keinen Gedanken, unmittelbar verstehen oder Zugang zu ihm finden könnt – es steht zu vieles zwischen euch. Also begnüge ich mich damit zu sagen: Ich weiß nicht, wie groß die Ähnlichkeit beziehungsweise Unähnlichkeit zwischen J. Krishnamurti und mir ist. Ich habe keinen Vergleich angestellt. Und ich bitte dich ebenfalls nicht zu vergleichen – weder mich mit irgendwem sonst, noch irgendwen anders mit irgendwem sonst. Dieses Vergleichen nimmt kein Ende: Wie viel Ähnlichkeit besteht zwischen Mahavir und Buddha? Wie viel Ähnlichkeit besteht zwischen Christus und Mohammed? Und wie viel Ähnlichkeit besteht zwischen Krishna und Rama? Alles dummes Zeug!

Es kommt überhaupt nicht auf Ähnlichkeit oder Unähnlichkeit an, denn jeder Mensch ist einfach nur er selbst. Keiner hat etwas mit dem anderen zu tun, keiner steht in irgendeiner Beziehung zum anderen. Es ist absurd überhaupt von Unähnlichkeit zu sprechen, denn wo keine Ähnlichkeit ist, kommt auch keine Unähnlichkeit in Frage.

Jeder ist unverwechselbar er selbst. Auf dieser Welt gleichen sich keine zwei Menschen, wiederholen sich keine zwei Ereignisse, wiederholen sich keine zwei Erfahrungen. Im Leben gibt es so etwas wie Wiederholung nicht. Das Leben bringt ununterbrochen Einmaliges hervor. Also braucht man auch nichts zu vergleichen oder einzuschätzen. Wenn du Krishnamurti zuhörst, dann ist es notwendig, dass du ihn unmittelbar begreifst. Wenn du mir zuhörst, dann ist es notwendig, dass du mich unmittelbar begreifst. Wenn du deiner Ehefrau zuhörst, musst du ihr unmittelbar zuhören. Sobald ein Dritter dazwischentritt, beginnen die Probleme und Streitigkeiten. Es braucht kein Dritter zwischen uns zu treten – unsere Berührung und Kommunikation sollte direkt und unmittelbar sein.

Wenn ich vor einer Rose stehe und mir die Rosen in Erinnerung rufe, die ich gestern gesehen habe, und wenn ich darüber nachzugrübeln anfange, wie sehr diese Rose und jene Rosen sich ähneln, dann hört mein Sehen dieser Rose auf. Eines steht fest: Der Schatten all jener Rosen, die zwischen uns treten, wird mir nicht gestatten diese Rose zu sehen. Wenn ich aber die Rose sehen möchte, die ich vor mir habe, dann muss ich alle Rosen vergessen, die ich je gesehen habe. Sie ins Spiel zu bringen, wäre dieser Rose gegenüber ungerecht. Und es ist auch nicht nötig jetzt die Erinnerung an diese Rose mitzuschleppen; sonst wird sich vielleicht morgen schon, wenn du dir eine andere Rose ansehen möchtest, diese Rose dazwischendrängen.

Komme also nicht mit Krishnamurti her. Und glaube auch nicht, dass du mich, nur weil du mir zuhörst, zwischen dich und einen anderen stellen kannst, während du ihm zuhörst; denn das wäre diesem anderen gegenüber ungerecht.

Schau unmittelbar ins Leben. Du brauchst niemanden dazwischentreten zu lassen. Niemand ist gleich oder ungleich; jeder ist einfach nur so, wie er ist. Und ich möchte, dass alle einfach nur sie selber werden. Jeder sollte er selbst sein: Das ist für mich die Grundregel des Lebens.

Aber bis auf den heutigen Tag habt ihr das noch nicht akzeptieren können. Bis heute war die Menschheit noch nie bereit jeden Einzelnen so zu akzeptieren, wie er ist. Alle wollt ihr, dass er wird wie irgendein anderer: Er sollte so werden wie Mahavir, wie Buddha, wie Gandhi. Das ist eine direkte Beleidigung der Individualität jedes Einzelnen.

Wenn ihr zu jemandem sagt: „Werde wie Gandhi!", habt ihr ihn damit enorm beleidigt; schließlich wurde er nicht dazu geboren, ein Gandhi zu werden. Einen Gandhi hat es doch schon gegeben, was soll denn noch einer? Diesem Menschen ins Gesicht zu sagen, er solle wie Gandhi werden, heißt ja mit anderen Worten, dass er nicht das Recht habe, so zu sein wie er ist, dass er nur das Recht habe die Kopie von jemand anderem zu werden, einen anderen nachzumachen. Er darf nur ein Durchschlag sein, er darf kein Original sein! Damit beleidigt ihr diesen Menschen.

Ich sage also nicht, dass jeder so werden soll wie alle anderen. Ich sage nur, dass jeder er selbst werden soll. Dann kann diese Welt zu einer wunderbaren und herrlichen Welt werden. Aber bisher haben wir immer alles nur möglichst so eingerichtet, dass jeder so wird wie alle anderen auch. Das ist der Grund, warum ihr vergleicht, warum ihr nachdenkt, warum ihr sucht.

All das braucht ihr nicht zu tun. Es ist völlig überflüssig so zu denken. Ich wiederhole noch einmal: Ich habe euch nur eines empfohlen, etwas ganz Grundlegendes – nämlich euch euer Wissen anzuschauen und zu prüfen, ob es von euch selber oder von einem anderen kommt. Wenn ihr seht, dass es von jemand anderem kommt, dann ist es wertlos. Aber noch am selben Tage, da ihr erkennt, dass ihr überhaupt kein eigenes Wissen habt, wird schlagartig die Sonne eurer eigenen Erkenntnis aus eurem Innern aufzugehen beginnen. Genau in diesem Augenblick wird die Revolution einsetzen.

Ein Mensch, der glaubt, ist nicht religiös –
so wenig wie einer, der nicht glaubt, unreligiös ist.
Religiös ist ein Mensch dann, wenn er wahrhaft ist. Wahrhaft in dem Sinne, dass er alles, was er nicht kennt, weder glaubt noch nicht glaubt. Er gibt einfach zu, mit äußerster Ehrlichkeit zu, dass er es eben nicht weiß, dass er unwissend ist – und dass sich somit für ihn die Frage eines Bestätigens oder Ablehnens nicht stellt. Hast du die Kraft und den Mut, dein Dasein auf diesen Punkt in der Mitte zu bringen?

6. KEIN GLAUBE, KEIN UNGLAUBE

DER MENSCH LIEGT IN GEDANKEN EINGEKERKERT wie ein Gefangener. Was für Gedanken haben als Grundmauern dieses Kerkers gedient? Was also ist dieser zweite Stein? Was ist der zweite Grundstein, auf dem der Kerker der Gedanken im Geist des Menschen errichtet wurde, in dem das Netz seiner Gedanken verankert ist? Vielleicht wisst ihr es nicht. Vielleicht habt ihr ja keine Ahnung, warum ihr so voll seid von allen möglichen widersprüchlichen Gedanken?

Eure Lage ist wie die eines Ochsenkarrens, der gleichzeitig von zwei Ochsengespannen gezogen wird – in entgegengesetzte Richtungen. Die Ochsen werden mit aller Macht auseinander getrieben, verschiedenen Bestimmungsorten entgegen. Der Ochsenkarren ist in Gefahr zu zerbrechen, sein ganzes Gerüst wackelt schon, denn an zwei Seiten ziehen ihn Ochsen in verschiedene Richtungen. Wie kann er da vom Fleck kommen, kann er irgendein Ziel erreichen? Er kann nur eine Bestimmung, nur ein Schicksal haben: Er wird entzwei gerissen, zerstört werden. Wenn die Ochsen ihn auseinander reißen und mit seinen Einzelteilen in entgegengesetzte Richtungen davontraben, kann das nur seine Zerstörung bedeuten. Jedenfalls kommt der Ochsenkarren auf die Art nirgendwo an.

Der innere Konflikt zwischen den verschiedenen Gedanken in eurem Kopf bringt euch um. All eure Gedanken sind irrelevant und widersprüchlich, sie streiten untereinander. All die Ochsen eurer Gedanken zerren euren Geist in verschiedene Richtungen und mittendrin sitzt ihr und es geht euch dreckig und ihr leidet. Ihr habt keine Ahnung, wie dieses Gestreite, dieser Konflikt überhaupt in euch reingekommen ist.

Ich war einmal Gast im Haus von einem sehr bedeutenden Arzt. Als der Arzt und ich am Morgen zu einem Spaziergang ausgehen wollten, musste sein Kind plötzlich niesen. Der Arzt sagte: „Das ist ein schlechtes Omen! Lass uns eine Weile warten, in ein paar Minuten können wir dann ja losgehen."

Ich sagte: „Du bist mir ja ein seltsamer Arzt! Zumindest als Arzt solltest du wissen, was es mit so einem Niesen auf sich hat und dass so ein Niesen nichts damit zu tun haben kann, ob man aus dem Hause gehen darf oder nicht. Das ist reiner Aberglaube. Und ich muss mich sehr wundern, dass selbst ein Arzt das nicht klar erkennt."

Ich sagte diesem Arzt klipp und klar, dass ich mich nie von ihm behandeln lassen würde, selbst wenn ich todkrank würde. Und dass ich fände, man sollte ihm seine Zulassung als Arzt wegnehmen, dass es ein Fehler gewesen sei ihm überhaupt erst eine zu geben. Ich könne einfach nicht glauben, dass er es nur wegen eines solchen Ammenmärchens nicht fertig brächte aus dem Haus zu gehen, nur weil jemand niesen musste. Die Vorstellungen aus seiner Kindheit wirkten noch in ihm fort, obwohl der Mann inzwischen die höchsten medizinischen Ehren Englands besaß. Zwei Gedankenwelten stießen in ihm zusammen: Wenn jemand niesen musste, konnte er keinen Schritt weitergehen, obwohl er er im gleichen Moment wusste, wie absolut töricht das war und dass das eine nichts mit dem anderen zu tun hatte. Und diese beiden Gedanken konnten gleichzeitig in seinem Kopf aktiv werden! Und von dieser Art Gedanken wimmelt es nur so in euch und sie alle zerren euch gleichzeitig in verschiedene

Richtungen. Das hat euch sehr verwirrt gemacht, wer wollte das abstreiten. Genau deswegen erweckt der Mensch den Eindruck vollkommen wahnsinnig zu sein. Wie könnte er es nicht sein? Wahnsinn ist die einzig logische Konsequenz. Eine grenzenlose Anzahl widersprüchlicher Gedanken hat sich über die Jahrtausende hin im Kopf jedes einzelnen Menschen fest gesetzt. Tausende von Generationen, Tausende von Jahrhunderten führen ihr Eigenleben zur gleichen Zeit in ein und derselben Person. Ein fünftausend Jahre alter Gedanke und ein ultramoderner Gedanke können in ihm Seite an Seite leben und zwischen diesen beiden Gedanken kann es keinerlei Berührungspunkt oder keinerlei Übereinstimmung geben.

Gedanken aus tausend verschiedenen Richtungen haben sich im Innern ein und desselben Menschen angesiedelt. Die Vorstellungen von tausenden von *Tirthankaras* und *Digambaras*, *Avataren* und Gurus leben unter seinem Dach. Und sie alle haben nur eines getan; mögen sie sich auch wegen aller anderen Punkte in den Haaren gelegen haben – alle Religionen, alle Lehrer und Moralapostel dieser Welt sind in einem Punkt gleich gewesen, nämlich in der Strategie, von den Menschen zu verlangen, sie sollten ihnen aufs Wort glauben. Alle sagen sie: „Glaubt nur, was wir sagen!" – aber ansonsten gehen ihre Meinungen allesamt weit auseinander. Ein Hindu behauptet das eine, ein Muslim etwas anderes, ein Jaina wieder etwas anderes und ein Christ genauso, aber in diesem einen Punkt halten sie es alle gleich: „Glaubt nur, was wir sagen!" Alles Übrige bestreiten sie alle miteinander und all diese widersprüchlichen Aussagen sammeln sich im Innern des Menschen. Und alle brüllen ihn an, an das zu glauben, was sie sagen. Der Mensch ist schwach: Er nimmt diesen Leuten alles ab, was sie sagen. Sie alle lachen über einander, aber keiner von ihnen lacht über seine eigenen Dummheiten. Die Christen behaupten, Jesus sei von einem jungfräulichen Mädchen geboren worden – und wer's nicht glaube, der fahre zur Hölle. Da packt den armen Kirchgänger die Angst: Wenn er dieses Detail nicht akzeptiert, dann kommt er in die Hölle! Also übernimmt er das, was diese Leute sagen, als richtig. Was ficht es ihn an, ob Jesus wirklich von einem jungfräulichen Mädchen geboren wurde oder nicht? Jedenfalls lohnt es sich nicht, wegen so einer Frage zur Hölle zu fahren.

Überall auf der Welt lachen alle anderen Menschen über diese christliche Vorstellung; die Muslime, die Jainas, die Hindus lachen über so eine Dummheit. Wie soll ein Kind von einer jungfräulichen Mutter geboren werden? Wie absurd!

Aber dann sagen die Muslime, Mohammed sei im Vollbesitz seines irdischen Körpers zum Himmel aufgestiegen – auf seiner Stute sitzend. Die Christen, Hindus, Jainas können darüber nur lachen: „Was für eine dumme Vorstellung! Erstens kommt eine Stute, also ein weibliches Wesen, schon mal gar nicht in den Himmel. Wenn es wenigstens ein Hengst gewesen wäre! – dann vielleicht. Ein Mann kann in den Himmel kommen, aber für Frauen ist dort kein Platz, also kann auch nicht ein weibliches Pferd in den Himmel kommen. Ja, wäre es ein männliches Pferd gewesen – das ginge noch an, dann wäre es in Ordnung gewesen."

Und zweitens: Wie kann jemand bei lebendigem Leibe in den Himmel kommen? Der Körper muss hier bleiben, der Körper ist etwas Irdisches. Mohammed kann nicht leiblich in den Himmel kommen. Alle können darüber nur lachen. Die Christen, die Jainas und Hindus, sie alle lachen, aber die

Muslime sagen: „Das muss man glauben! Wer es nicht glaubt, wird in die Hölle kommen, wird in der Hölle schmoren, muss in der Hölle leiden. Ihr müsst es einfach glauben. Wenn ihr es nicht glaubt, wenn ihr Mohammed nicht aufs Wort glaubt, dann wundert euch später nicht, wenn es euch schlecht bekommt. Denn es gibt nur einen Gott auf der Welt und Mohammed ist sein Prophet!"

Der Mensch wird unter Druck gesetzt zu glauben; also sagt er sich, dass das, was man ihm da erzählt, ja vielleicht stimmt. Die Jainas lachen über Mohammed und die Christen, aber sie selber sagen, Mahavir sei von einer brahmanischen Mutter empfangen worden. Aber wie soll ein *Tirthanker* der Jainas aus einer brahmanischen Familie stammen können? Für einen wie ihn kommt nur die höchste Kaste, die der *Kshatriya*, der Krieger in Frage. Denn jeder *Tirthanker* entstammt immer nur einer *Kshatriya*-Familie; ein brahmanisches Haus käme für ihn nie und nimmer in Frage. Brahmanen sind Bettler – wie könnte ein *Tirthanker* in so einem Haus zur Welt kommen? Mahavira wurde also nur vorläufig von einer Brahmanin empfangen; aber sobald die Götter den Fehltritt erkannt hatten – „Undenkbar! Ein *Tirthanker*, der in einer Brahmanenfamilie zur Welt kommen soll?" – entführten sie den Embryo aus dem Mutterleib und verpflanzten ihn in den Schoß einer *Kshatriya*-Frau und den weiblichen Embryo der *Kshatriya*-Frau betteten sie in die Brahmanin um.

Auf der ganzen Welt lachen sich die Leute über derlei Dinge kaputt – sie sind ja auch urkomisch! Erstens einmal: Haben die Götter wirklich nichts Besseres zu tun, als irgendwelche Embryos zu vertauschen? Und wie sollte das vonstatten gehen? Die ganze Welt lacht, aber das erzürnt die Jainas und sie sagen: „Ihr mögt lachen, aber ihr wisst nicht, was unser *Tirthanker* gesagt hat. Und dass alles, was unser *Tirthanker* gesagt hat, die reine Wahrheit ist! Und wer das nicht glaubt, wird dafür in der Hölle büßen. Wenn ihr es nicht glaubt... uns ist es ja egal – aber dann bitteschön könnt ihr leiden!"

Viele Leute verlangen dem Menschen ab, dass er ihnen alles glaubt. In früheren Zeiten wusste er nichts von den Dingen, die andere glaubten. Damals kamen die Menschen über ihre eigenen Kreise nicht hinaus: Sie kannten sich nur in ihrem eigenen Umfeld aus, aber so herrschte weniger Verwirrung. Jetzt ist die Welt sehr klein geworden und alle wissen, woran die anderen glauben. Und so grenzt die Verwirrung des Menschen heute an absoluten Wahnsinn! Heute weiß der Mensch einfach nicht mehr, was er von all diesem Lärm halten soll, was diese Leute überhaupt von ihm wollen.

Aber selbst in der Vergangenheit war die Lage nicht viel besser. Dass ein Hindu nichts vom Glauben der Muslime wusste oder ein Jaina nichts vom Christenglauben wusste, machte die Situation nicht viel übersichtlicher. Selbst unter Jainas glauben im Grunde nicht alle dasselbe: Die *Digambaras* behaupten das eine, die *Svetambaras* behaupten etwas anderes. Und ihr werdet staunen, über was für Dinge sie sich streiten! Es ist nicht zu fassen, wie man sich darüber ernsthaft streiten kann... Einer ihrer vierundzwanzig *Tirthankaras* hieß Mallinath. Die *Digambaras* sagen, dass er ein Mann war und die *Svetambaras* sagen, dass er eine Frau war. Daher sagen die *Svetambaras* ‚die Mallibai' und die *Digambaras* ‚der Mallinath' – und beide behaupten: „Wer nicht uns glaubt, der wird in die Hölle kommen!" Den *Digambaras* zufolge kann eine Frau nie und nimmer ein *Tirthankara* gewesen sein; das sei faktisch unmöglich. Also müsse er ein Mann gewesen sein. Also heiße er Mallinath und nicht Mallibai. Nun, wenn man schon darüber anfängt zu streiten, ob jemand ein Mann oder eine Frau sei, geht das einfach zu weit. Aber wenn einem mit Höllenstrafen gedroht wird – dass man, falls man's nicht glaube, ganz furchtbar wird leiden müssen –, dann glaubt man besser daran.

Überall auf der Welt haben die Lehren derer, die euch zu ihrem Glauben bekehren wollen, nur Chaos gestiftet und Verwirrung in eurem Geist angerichtet. Ihr hört auf sie alle und der Eindruck all ihrer Lehren bleibt in euch haften und so wird euer Dasein in lauter verschiedene Richtungen gezerrt. Und dann kam nach all diesen Religionen der Kommunismus. Dem Kommunismus zufolge war alle Religion nichts weiter als Opium: Sie hat keinen tieferen Sinn, die Vorstellung von Gott ist vollkommen falsch, alles ist sinnlos. Marx sagt, der Kommunismus ist die einzig wahre Religion. An den muss man glauben und an sonst nichts. Die Bibel, die Gita, der Koran irren allesamt – ‚Das Kapital' ist die wahre Heilige Schrift und nur an sie darf man glauben. Somit begann ein neuer Glaube…

Dann kam nach dem Kommunismus die Naturwissenschaft. Der Wissenschaft zufolge ist das alles Quatsch. Alles, was in den heiligen Schriften der Religionen steht, ist verkehrt; richtig ist nur, was die Wissenschaft sagt. Und noch während der erste Wissenschaftler lebt, kommt schon der nächste Wissenschaftler mit einer neuen Idee und behauptet, dass er Recht habe und der erstere Unrecht. Danach kommt ein dritter Wissenschaftler und behauptet, er habe Recht und seine beiden Vorgänger Unrecht. Und danach womöglich ein vierter Wissenschaftler…

Diese Wahrheitsapostel haben in Geist und Psyche des

Menschen ein konfuses Gedankenknäuel hinterlassen – aus lauter grundverschiedenen Vorstellungen, die den Menschen in alle Richtungen zerren. Mithilfe von Angst und Einschüchterung wurde diese Verwirrung gestiftet. Um dem Menschen eine bestimmte Ideologie einzuimpfen, setzte man subtile Methoden der Angstmache und Manipulation ein: „Wenn du glaubst, kommst du in den Himmel, wenn du nicht glaubst, kommst du in die Hölle."

Diese religiösen Anführer haben genau dasselbe gemacht, was heutzutage die Werbung macht, nur dass die Werbung nicht ganz so frech und risikofreudig ist. Die Werbefachleute von ‚Lux Toilettenseife' lassen irgendeine Schönheitskönigin sagen: „Ich bin erst schön geworden, seit ich Lux Toilettenseife benutze." Also wird jeder, der sie auch benutzt, ebenfalls schön; und niemand, der sie nicht benutzt, kann ebenfalls schön werden. So beschleicht einen die Furcht, man könnte vielleicht hässlich werden, also geht man hin und kauft sich Lux Toilettenseife. Als hätte es vor der Lux Toilettenseife noch nie schöne Frauen gegeben, als wären Kleopatra, Mumtaj und Nurjehan gar nicht schön gewesen – mangels Lux Toilettenseife. Aber die Werbeleute gehen noch nicht so aufs Ganze; vielleicht bringen sie es in Zukunft mal fertig zu sagen: „Der und der *Tirthankara* sagt, der und der Prophet sagt, der und der Mahatma sagt, dass alle, die nicht Lux Toilettenseife benutzen, zur Hölle fahren müssen und nicht in den Himmel dürfen. In den Himmel kommt nur, wer Lux Toilettenseife benutzt!"

Man könnte den Leuten androhen, sie könnten nur dann in den Himmel kommen, wenn sie Havanna-Zigarren rauchen. Denn was gäbe es Besseres, als Havannas zu rauchen und andere dazu zu bringen, ebenfalls welche zu rauchen.

Und dass jeder, der keine Havannas raucht, zur Hölle fahren wird. Und wer gar indische Bidis qualmt, der muss dafür ewig in der Hölle braten! Wer das alles nicht glaubt, der muss eben auch die Konsequenzen hinnehmen. Jeder, der dran glaubt, bekommt die guten Konsequenzen zu spüren und jeder, der nicht dran glaubt, bekommt die schlechten Konsequenzen zu spüren.

Die moderne Werbung ist noch nicht so frech geworden, wie es die alte Werbung war. Die alte Werbung hat dem Menschen gedroht, indem sie ihm absolute Märchen auftischte und er hat immer brav zugehört und alles ohne Murren geschluckt. Tatsächlich kann jede beliebige Unwahrheit am Ende wie Wahrheit klingen – man muss sie nur Jahrtausende lang wiederholen. Wenn man eine noch so groteske Unwahrheit immerzu nachplappert, einfach nur immer wiederholt, kommt man allmählich darauf zu denken: Da ist ja vielleicht doch was dran; wie könnte sie sonst so oft wiederholt worden sein – und das schon seit Urzeiten?

Ein armer Bauer aus einem Dorf kaufte sich einmal in der Stadt ein kleines Zicklein. Während er so mit seinem Zicklein nach Hause lief, bekamen ein paar Großstadtbengel Appetit auf einen leckeren Braten – sie brauchten nur diese Ziege einzufangen. Das würde ein Fest geben! Sie würden ein paar Freunde einladen und eine Party feiern. Aber wie sollten sie an die Ziege herankommen?

Jener dumme Dörfler wirkte wie ein sehr kräftiger und gesunder Mann und die Straßenjungen waren schwach und kränklich. Wenn sie ihm die Ziege direkt wegnähmen, könnte ein Handgemenge entstehen und das konnte übel für sie ausgehen. Also mussten sie die Sache sehr geschickt einfädeln und ihm irgendeine Falle stellen. Sie heckten eine List aus.

Als der Bauer eben die Stadt verlassen wollte, kam ihm einer der vier oder fünf Jungen entgegen und sagte: „Gott zum Gruß! Einen wunderschönen guten Morgen!" Er antwortete: „Guten Morgen!"

Dann sah der Junge zu ihm hoch und fragte: „Was ist das für ein Hund, den ihr da auf der Schulter tragt?" – dabei saß da doch nur eine kleine Ziege auf seiner Schulter – „Wo habt ihr diesen Hund her? Das ist ja ein richtig guter Hund!"

Der Bauer lachte und sagte: „Spinnst du? Das ist doch kein Hund! Ich habe eine Ziege gekauft, ein Ziegenjunges."

Der Junge erwiderte: „Wollt ihr wirklich mit diesem Hund auf der Schulter in euer Dorf zurückkehren? Ich rate euch davon ab, sonst erklären euch die Leute dort für verrückt. Ihr haltet ihn doch nicht etwa für eine Ziege?" Danach trollte sich der Junge. Der Bauer lachte in sich hinein; aber ihm kam das Ganze doch ziemlich merkwürdig vor und so befühlte er die Beine der Ziege um zu prüfen, ob es Ziegen- oder Hundebeine wären... genau das hatte der Straßenjunge beabsichtigt. Der Bauer befand, dass es tatsächlich eine Ziege wäre und ging beruhigt weiter. In der nächsten Straße begegnete ihm der zweite Straßenjunge; der sagte: „Guten Tag. Das ist aber ein feiner Hund. So einen will ich auch kaufen – wo habt ihr ihn erstanden?" Jetzt war sich der Dörfler nicht mehr so sicher, dass es kein Hund war, denn jetzt sagte jemand anders genau das Gleiche und zwei Leute können sich doch nicht täuschen! Trotzdem lachte er und sagte: „Das ist kein Hund, Herr, sondern eine Ziege."

Der andere sagte: „Wer hat Ihnen denn erzählt, dass das eine Ziege sei? Offenbar hat man Sie reingelegt. So eine Ziege hab ich ja mein Lebtag noch nie gesehen!" Und er ging davon.

Der Dörfler nahm die Ziege von der Schulter um nachzuschauen, aber es war zweifelsohne eine Ziege – alle beide hatten sich geirrt. Aber ihn beschlich doch der Verdacht, dass er vielleicht halluzinierte. Deshalb sah er mit Unbehagen einen Dritten auf sich zu kommen, der sagte: „Hallo! Wo habt ihr diesen Hund gekauft?" Diesmal wagte er schon nicht mehr zu sagen, dass es kein Hund wäre. Er antwortete: „Ich habe ihn in der Stadt gekauft." Er brachte es nicht mehr über die Lippen zu sagen, dass es eine Ziege sei und bekam ernste Zweifel, ob er das Tier mit nach Hause nehmen solle. Er hatte sein Geld verschwendet und im Dorf würden ihn alle auslachen. Die Leute würden ihn für verrückt erklären.

Während er noch so nachsann, kam schon der vierte Junge und sagte zu ihm: „Wie seltsam! Noch nie habe ich gesehen, dass jemand einen Hund auf der Schulter trägt. Haltet ihr ihn etwa für eine Ziege?"

Der Dörfler sah sich um und fand sich mutterseelenallein; niemand konnte ihn sehen. Also setzte er sein Zicklein ab und lief nach Hause, so schnell er konnte. Er war zwar um fünf Rupien ärmer, aber wenigstens würde ihn jetzt niemand mehr für verrückt erklären!

Und die vier Straßenjungen hatten ihre Ziege…

Nur weil vier Personen immer wieder dasselbe gesagt hatten, konnte der Bauer sich nicht mehr vorstellen, dass sie damit vielleicht Unrecht haben könnten. Und wenn die Leute, die euch Märchen erzählen, auch noch fromme Kleider tragen, wird die Sache erst recht vertrackt. Und wenn diese Leute dann auch noch als so genannte Leuchten der Wahrheit und Aufrichtigkeit gelten, wird es noch viel schwerer. Und wenn sie gar echte Heilande sind, wird es vollends unmöglich; denn dann bestünde kein Anlass ihnen nicht abzunehmen, was sie euch erzählen. Nicht, dass sie euch unbedingt täuschen wollten – zu neunundneunzig Prozent sind das Leute, die einfach selber nur falsche Vorstellungen haben und selber getäuscht worden sind. Es sind also nicht unbedingt Scharlatane, sondern sie haben sich genauso festgefahren wie ihr selbst.

Eines steht fest: Solange der Mensch zu glauben fortfährt, wird er fortfahren ausgebeutet zu werden. Solange vom Menschen verlangt wird zu glauben, wird er seine Ausbeutung nicht loswerden können. Dann mag es der Glaube eines Hindus oder eines Jainas oder eines Muslimen oder wessen auch immer sein – ob Kommunist oder Antikommunist, egal was: Aber solange vom Menschen verlangt wird Dinge zu glauben, die andere sagen und solange man ihm vorerzählt: „Wenn du's nicht glaubst, wirst du büßen und wenn du's glaubst, wirst du selig!", solange also dieser Trick am Werke ist, wird es der Mensch schwer haben, sich den nötigen Ruck zu geben, um das Gedankenknäuel in seinem Innern loszuwerden.

Was will ich euch damit sagen? Ich will euch damit sagen, dass ihr, wenn ihr den Gedankenknoten durchhauen wollt, der euch eingepflanzt worden ist – und Jahrhunderte haben ihn geschnürt, die Prägungen ganzer Jahrhunderte haben sich in ihm vereint... dass ihr dann zunächst eines gründlich verstehen müsst: Es gibt nichts Selbstmörderisches als Glauben. Dies eine müsst ihr euch unweigerlich klar machen, nämlich dass die Grundursache, warum euer Leben bis heute so verkrüppelt worden ist, der blinde Glaube ist – das stillschweigende Hinnehmen mit geschlossenen Augen. Aber alle verlangen sie von euch ihnen zu glauben! Sie verlangen von euch, nur ihnen zu glauben und niemand sonst. Sie sagen:

„Glaub anderen Leuten nicht, denn sie sind im Irrtum. Ich habe Recht – glaub mir!"

Ich will euch damit sagen, dass es destruktiv ist, überhaupt irgendwem zu glauben und dass euer Leben dadurch Schaden nehmen wird. Kein Glaube! Absolut kein Glaube! Wer immer irgendeinen Glauben zur Grundlage seines Lebens macht, gerät auf den Holzweg – und auf die Art kann niemals Licht in sein Leben dringen. Er kann nie im Leben zu Licht gelangen. Wer an andere glaubt, wird nie in der Lage sein sich selbst zu erkennen.

Fordere ich euch also auf ungläubig zu sein? Nein. Es ist auch kein Unglaube nötig. Aber ihr meint immer, dass ihr, wenn ihr an etwas Bestimmtes nicht glaubt, ihr damit schon zwangsläufig nicht daran glauben würdet. Weit gefehlt. Es gibt eine geistige Haltung, die weder gläubig noch ungläubig ist. Unglaube ist ebenfalls eine Art Glaube. Wenn einer sagt, er glaube nicht an Gott, was sagt er damit? Er sagt damit, dass er an die Nichtexistenz Gottes glaubt. Wer sagt: „Ich glaube nicht an die Seele", sagt mit anderen Worten, dass er glaube, es gebe keine Seele. Glaube und Unglaube ähneln sich, unterscheiden sich nicht. ‚Glaube' sagt es positiv und ‚Unglaube' negativ. Glaube ist eine positive Gewissheit und Unglaube ist eine negative Gewissheit. Aber beide sind Gewissheiten.

Ein Mensch kann sich von seinem inneren Gedankenwirrwarr nur dann befreien, wenn er sich von diesem Sichgewiss-sein und Glauben befreit, wenn er sich von diesem Ständig-darauf-schielen befreit, was wohl die anderen denken könnten, wenn er bereits den Gedanken aufgibt, irgendein anderer könnte ihm die Wahrheit geben. Solange jemand noch an der Vorstellung fest hält, dass ihm irgendwer sonst die Wahrheit geben könne, wird er in irgendeiner Form versklavt bleiben. Dann wird er sich, sobald er von dem einen freikommt, an wen anderes binden und wenn er sich dann wieder von dem freimacht, wird er sich an einen Dritten binden – aber ohne Bindung kommt er einfach nicht aus. Aber die Befreiung vom einen und die Anbindung an den anderen bringt immer nur für kurze Zeit Trost.

Wenn einer stirbt, tragen vier Personen die Bahre mit seiner Leiche auf ihren Schultern zur Verbrennungsstätte; wenn die eine Schulter zu schmerzen beginnt, wechseln sie die Schultern; das verschafft der ermüdeten Schulter eine Weile Erleichterung, bis die zweite Schulter müde wird und man wieder zur ersten übergeht. Jemand, der seinen Glauben wechselt, geht nur von einer Schulter zur anderen über; das Gewicht jedoch bleibt weiter vorhanden, daran ändert sich nichts. Man bekommt nur eine kurze Verschnaufpause.

Wenn ein Hindu Muslim wird, wenn ein Muslim Jaina wird, wenn ein Jaina Christ wird, wenn einer jegliche Religion aufgibt und Kommunist oder sonst etwas wird, wenn er lediglich das eine Glaubenssystem aufgibt und schon nach dem nächsten greift, verschafft er damit seinem Geist keinerlei Erleichterung. Er mag eine kurze Verschnaufpause bekommen, aber es wird nur wie ein Hin- und Herschieben der Last zwischen den beiden Schultern sein. Solcherart Erleichterungen haben nichts zu bedeuten.

Ich habe von einem Dorf gehört, in dem zwei Männer wohnten. Der eine war Theist, ein fanatischer Gottgläubiger und der andere war Atheist, ein fanatischer Ungläubiger. Das ganze Dorf hatte unter diesen beiden Männern zu leiden. Dörfer geraten immer nur solcher Leute wegen in Unruhe. Tag und Nacht demonstrierte ihnen der Theist die Existenz Gottes und Tag und Nacht widerlegte der Atheist alles, was er sagte. Die Dorfbewohner wussten vor lauter Verwirrung nicht mehr, wo ihnen der Kopf stand. Schließlich, als sie nicht mehr ein noch aus wussten, beschlossen sie, beide Männer zu einer öffentlichen Debatte vor dem ganzen Dorf aufzufordern. Und die Dörfler versprachen: „Wir werden uns demjenigen anschließen, der gewinnt. Lasst uns endlich in Ruhe. Tragt es ein für allemal untereinander aus und dann folgen wir dem, der gewinnt."

Eines Nachts, es war Vollmond, sollte die Debatte im Dorf stattfinden. Das ganze Dorf versammelte sich. Der Theist setzte ihnen die Theorien des Theismus auseinander und untermauerte sie mit Argumenten und widerlegte den Atheismus. Dann widerlegte der Atheist den Theismus und brachte alle Argumente für den Atheismus vor. Die ganze Nacht lang wurde hin und her debattiert – mit dem Ergebnis, dass am Morgen der Theist zum Atheismus und der Atheist zum Theismus bekehrt worden war. Beide hatten sich von den Argumenten des anderen überzeugen lassen.

Aber damit waren die Dörfler ihr Problem nicht los. Nichts war gelöst. Die beiden Männer hatten einander so gründlich überzeugt, dass beide einander bekehrten. Also gab es nach wie vor einen Atheisten und einen Theisten im Dorf – unterm Strich das Gleiche. Und so kamen auch die Dörfler nicht zur Ruhe.

Wenn du von dem einen zum andern Glauben wechselst, wird das für dein Leben keinerlei Unterschied machen. Dein Seinsproblem wird dasselbe bleiben, ohne jeden Unterschied. Das Problem deines Seins hat nichts damit zu tun, ob du nun ein Hindu oder Muslim oder Jaina oder Christ oder Kommunist oder Faschist bist – das Problem deines Seins besteht darin, dass du glaubst. Solange du glaubst, lässt du dich in Fesseln schlagen, steckst du dich selbst ins Gefängnis und bist du gebunden, so oder so, hier oder da. Wie soll ein Gefangener, ein gefangener Geist, frei von Gedanken werden? Wie soll er sich von genau den Gedanken frei machen können, an die er sich mit Haut und Haar fest krallt und an die er glaubt? Wie soll er sie loswerden? Daraus wird nichts werden. Man kann sie nur dann loswerden, wenn man den Grundstein entfernt.

Glaube ist der Grundstein unter diesem ganzen Gedankenhaufen. Der Mensch hat auf Grund von Glauben überhaupt erst denken gelernt, aber sobald seine Gedanken dann seinen Geist fest im Griff haben, packt ihn auch die Angst: „Was soll denn werden, wenn ich sie aufgebe?" Also sagt sich der Mensch, dass er seine gegenwärtigen Gedanken nur dann aufzugeben bereit ist, wenn er dafür etwas Besseres bekommt, an das er sich halten kann. Aber nie kommt er auch nur entfernt darauf, dass es darum geht, dies Geklammere überhaupt aufzugeben.

Die Freiheit, die Befreiung des Geistes tritt nicht ein, indem man seinen Glauben wechselt, sondern indem man sich von allem Glauben selber frei macht.

Buddha kam einmal durch ein kleines Dorf. Die Leute brachten einen Blinden zu ihm und sagten: „Dieser Mann ist blind und wir sind seine engsten Freunde. Wir haben alles versucht ihm klar zu machen, dass es so etwas wie Licht gibt, aber er weigert sich stur diese Tatsache anzuerkennen. Und gegen seine Argumente sind wir einfach machtlos. Obwohl wir genau wissen, dass es Licht gibt, müssen wir uns geschlagen geben. Der Mann verlangt das Licht zu betasten. Aber wie sollen wir es ihm ermöglichen Licht zu betasten? Dann sagt der Mann: „Schön, wenn man's nicht anfassen kann, dann will ich es hören. Ich habe Ohren – bringt das Licht zum Klingen, damit ich es höre. Wenn das auch nicht geht, will ich es wenigstens schmecken. Oder wenn das Licht Geruch hat, dann lasst mich dran riechen!"

Es war unmöglich den Mann zu überzeugen. Licht lässt sich nur mit den Augen wahrnehmen – und die hatte er nicht. Er beschuldigte seine Dorfbewohner, sie würden ihm nur deshalb etwas von Licht erzählen um ihn spüren zu lassen, dass er blind ist. Er habe das Gefühl, sie hätten das Licht nur erfunden, um ihm sein Blindsein unter die Nase zu reiben. Also fragten sie Buddha, ob er, falls er etwas länger im Dorf bleibe, dem Blinden die Sache begreiflich machen könne. Buddha antwortete: „So verrückt bin ich nicht, ihn überzeugen zu wollen. Alle Probleme der Menschheit gehen nur auf Leute zurück, die Leuten, die nicht sehen können, alles erklären wollen. Die Prediger sind die Pest der Menschheit. Sie erzählen den Leuten Dinge, die sie nicht nachvollziehen können."

Also sagte er: „Ich will nicht denselben Fehler machen. Ich werde diesem Blinden nicht erklären, dass es Licht gibt. Da seid ihr bei mir an den Falschen geraten. Die Mühe hättet ihr euch sparen können ihn zu mir zu bringen. Bringt ihn lieber zu einem Arzt, der seine Augen behandeln kann. Er braucht keine Predigten, er braucht Behandlung. Hier kommt es doch nicht auf Erklärungen an oder darauf, dass er euch alles abnimmt, was ihr ihm erzählt. Hier kommt es auf gesunde Augen an. Wenn seine Augen geheilt sind, braucht ihr ihm nichts mehr zu erklären, dann wird er selbst sehen können, wird er es selber erkennen können."

Buddha wollte damit sagen, dass Religion für ihn nicht nur

eine philosophische Lehre ist. Sie soll eine praktische Heilung sein. Also empfahl er den Blinden zu einem Arzt zu bringen.

Den Dorfleuten gefiel, was Buddha sagte und so fanden sie für den Blinden einen Arzt zur Behandlung. Und zum Glück war er nach ein paar Monaten geheilt. Inzwischen war Buddha in ein anderes Dorf weitergezogen, also kam ihm der Blinde nach. Er verneigte sich vor Buddha, berührte ihm die Füße und sagte: „Verzeih, ich hatte Unrecht. Es gibt so etwas wie Licht! Ich konnte es nur nicht sehen."

Buddha antwortete: „Natürlich hattest du Unrecht. Aber deine Augen konnten nur deshalb geheilt werden, weil du dich weigertest Dinge zu glauben, die andere dir zwar erzählten, die du aber nicht selbst in Erfahrung gebracht hattest. Hättest du akzeptiert, was deine Freunde behaupteten, dann wäre die Sache damit erledigt gewesen. Und dann wäre die Frage einer Augenbehandlung gar nicht erst aufgetaucht."

Gläubige Leute sind unfähig zu irgendeiner Erkenntnis zu kommen. Leute, die alles fraglos hinnehmen, sind unfähig selber eigene Erfahrungen zu machen. Die Reise derer, die blind sind und dennoch verkünden, dass es selbstverständlich Licht geben müsse – schließlich beteuern andere das! –, ist damit zu Ende. Die Reise kann nur dann weitergehen, wenn deine Rastlosigkeit fortwährt und fortwährt und fortwährt und sich nie legt. Deine Rastlosigkeit rührt ja nur daher, dass du das Gefühl hast: „Offenbar gibt es da irgendetwas, wovon andere reden, was ich aber selber nicht sehen kann und somit auch nicht akzeptieren kann." Du kannst es erst akzeptieren, wenn du es auch siehst. Diese Art von Rastlosigkeit, die sagt: „Ich bin gern bereit es zu akzeptieren, wenn ich es mit eigenen Augen gesehen habe!", muss in dir vorhanden sein.

Die Leute, die euch etwas glauben machen wollen, sind

dieselben, die sagen, dass ihr keine eigenen Augen bräuchtet: „Mahavir hatte doch Augen, das genügt! Buddha hatte Augen, das genügt. Was braucht ihr alle Augen? Krishna hatte Augen und schrieb die *Bhagavat Gita*; wozu braucht ihr da noch Augen? Lest die Gita und erfreut euch daran. Krishna, ja der konnte sehen und hat alles beschrieben, was er sehen konnte – wozu sollen dann noch alle Übrigen sehen? Ihr braucht nur zu glauben. Die Sehenden haben bereits gesprochen, eure Aufgabe ist es zu glauben. Die Erkenntnis wurde bereits gemacht, wozu braucht ihr es da noch selber zu erkennen?"

Solche Lehren haben den Menschen blind gehalten. Die meisten Menschen auf Erden sind blind geblieben und bis auf den heutigen Tag ist die Mehrheit von ihnen blind. Und so wie es aussieht, werden die meisten wohl auch in Zukunft blind bleiben; denn man hat die alchemistische Grundformel vernichtet, mit der die Blindheit geheilt werden kann – nämlich durch den Durst die Blindheit zu überwinden. Den hat man zerstört, indem man starke Glaubenssysteme an seine Stelle gesetzt hat.

Stattdessen hätte man ihnen sagen müssen: „Mag Krishna auch noch so gute Augen gehabt haben und noch so weit zu schauen vermocht haben – es sind nicht deine Augen. Und so schön Mahaviras Augen auch gewesen sein mögen – ‚Schön wie Lotusblüten!' – es sind nicht deine Augen. An deinen Augen mag nicht viel dran sein, sie mögen wie Feldblumen, nicht wie Lotusblüten sein, aber es sind deine eigenen Augen. Und sehen kannst du nur mit deinen eigenen Augen."

Also muss auch jeder nach seiner eigenen Erkenntnis suchen. Denn durch einfaches Nach- und Anbeten der Erkenntnisse anderer kommt niemand voran. Tatsächlich kann die Suche nach deiner eigenen Erkenntnis erst dann beginnen, wenn du die Vorstellungen anderer aufgegeben hast. Solange noch irgendein Ersatz von außen übrig ist, solange du noch irgendetwas von außen hast, kann deine Suche nicht beginnen.

Wenn es dir an jeglicher Unterstützung oder Glücksverheißung von anderswoher mangelt, wenn bei niemandem sonst etwas zu holen ist, dann bist du plötzlich vor dir selbst herausgefordert, nach deinem eigenen Weg, deiner eigenen Erkenntnis zu suchen.

Der Mensch ist sehr faul. Wenn er ohne einen Finger zu rühren zur Erkenntnis kommen kann, warum soll er sich dann erst abmühen, warum sollte er dann dafür arbeiten? Wenn man einfach durch Glauben zur Erleuchtung gelangen kann – ohne selber zu suchen! –, warum soll man dann noch die Reise zur Erleuchtung antreten? Und warum sollte er sich, wenn einer sagt: „Glaube an mich! Ich werde dich zur Erleuchtung führen!", erst noch ein Bein ausreißen?

Wenn einer sagt: „Nimm nur Platz in meinem Boot, ich fahre dich rüber zum andern Ufer und dann hast du's hinter dir!", dann zieht er es vor, sich schweigend ins Boot zu setzen und einzuschlafen. Aber niemand kann im Boot eines andern irgendwo ankommen. Und niemand kann mit den Augen eines andern sehen – das hat noch nie einer gekonnt und wird keiner können. Du musst auf deinen eigenen Füßen gehen, du musst mit deinen eigenen Augen sehen, du musst durch deinen eigenen Herzschlag leben. Du musst allein leben und du musst allein sterben. Niemand kann statt eines andern leben und niemand kann statt eines andern sterben. Du kannst nicht an die Stelle eines andern treten und kein anderer kann an deine Stelle treten. Wenn es auf dieser Welt etwas gibt, das absolut unmöglich ist, dann diese Vorstellung, irgendwer könne an die Stelle eines andern treten.

Zwei Soldaten lagen während des Zweiten Weltkriegs auf dem Schlachtfeld Seite an Seite. Der eine lag im Sterben; er war so schwer verwundet, dass wohl keine Hoffnung mehr für ihn war. Der andere Soldat war ebenfalls verwundet, aber nicht tödlich – er würde überleben. Sie waren Freunde.

Der Sterbende umarmte seinen Freund und sagte: „Jetzt muss ich dir Adieu sagen, denn ich habe keine Überlebenschance. Mein Vorschlag ist: Lass uns unsere Wehrpässe vertauschen. Deine Beurteilungen sind nicht gut, man hat dir ständig demütigende Kommentare reingeschrieben. Dann werden die Offiziere denken, du wärst gestorben und nicht ich. Meine Beurteilungen sind positiv, also werden sie dich befördern und dich mit Achtung behandeln. Mach schon, lass uns unsere Pässe und unsere Feldnummern tauschen."

Der Sterbende hatte keineswegs fantasiert; denn Soldaten haben keine Namen, nur Nummern – und statt der Seele einen Wehrpass! Also war das gar keine so dumme Idee, einfach die Pässe zu tauschen: Dann war ein schlechter Mann tot und ein guter lebte weiter. Aber sein weniger schwer verletzter Freund antwortete: „Tut mir leid. Ich kann zwar deinen Pass und deine Nummer annehmen, aber ich werde trotzdem derselbe bleiben. Ich bin ein schlechter Soldat und werde ein schlechter bleiben. Ich trinke gern – und würde weitertrinken. Ich gehe ins Bordell und würde das weiterhin tun. Wie lange würde mein Ruf unangeschlagen bleiben? Wie lange würde so ein Pass ihnen was vormachen können? Dann wird es im Gegenteil zwei schlechte Soldaten geben – du wärst als Versager gestorben und ein Versager hätte überlebt. Jetzt wird es wenigstens heißen, dass ein guter Mann gestorben sei. Sie werden dir Blumen auf Grab legen – wenn du ich wärst, würdest du keine Blumen kriegen. Du kannst nicht an meine Stelle treten und ich kann nicht an deine Stelle treten. Ich versteh schon, aus deinem Angebot spricht deine Liebe zu mir und das ist großmütig. Aber es verstieße einfach gegen die Gesetze des Lebens."

Niemand kann mit einem andern die Plätze tauschen. Niemand kann an Stelle eines andern leben oder sterben. Du kannst nicht an Stelle eines andern erkennen und du bist auch nicht in der Lage statt eines andern zu sehen. Die Leute, die euch etwas weismachen wollen, verlangen von euch alles durch die Augen eines anderen zu sehen: „Seht die Welt durch die Augen der *Tirthankaras*! Seht durch die Augen der *Avatare*!" Und so habt ihr fortwährend nur geglaubt, weshalb ihr euch in einem Netz verheddert habt. Tausende von Moralpredigern haben groß getönt und dann haben die Anhänger dieser Prediger so sehr weiter gelärmt, dass sich eine große Angst vor der Hölle und eine große Gier nach dem Himmel verbreitet hat... Nach und nach habt ihr ihnen alles aufs Wort geglaubt. Und dieses ganze Durcheinandergeschnatter hat ein solches Chaos in euch angerichtet, dass eure Lebensreise zur Bruchlandung wird, bevor sie irgendwo hinführen kann.

Das Allererste also, was ein intelligenter Mensch zu tun hat, ist: von all seinen widersprüchlichen Gedanken Abschied zu nehmen und den Entschluss zu fassen: „Von jetzt an glaube ich nichts mehr. Ich will erkennen. Das bloße Wort ‚Glaube' werde ich erst an dem Tag wieder in den Mund nehmen, da ich selber verstanden habe. Bis dahin existiert für mich das Wort ‚Glaube' einfach nicht. Es ist reiner Betrug, reiner

Selbstbetrug. Ich kann mich nicht selbst hinters Licht führen und mir einreden, dass ich den Durchblick habe, wenn ich ihn gar nicht habe, dass ich erkenne ohne zu erkennen. Ich kann niemandem etwas blind abnehmen."

Was nicht heißt, dass du damit etwas ablehnst; was lediglich heißt, dass du auf Abstand gehst – sowohl von der Zustimmung wie von der Ablehnung. Du sagst damit: „Ich sage weder Ja noch Nein. Ich sage weder, dass Mahavira sich irrt, noch sage ich, dass er Recht hat. Ich sage einfach nur, dass ich selber nicht weiß, wovon Mahavira redet; also kann ich ihm auch nicht Recht oder Unrecht geben. Sollte ich einmal selbst erkannt haben, dass er Recht hat, werde ich ihm zustimmen. Und sollte ich erkannt haben, dass das, was er sagt, nicht stimmt, dann werde ich widersprechen. Aber vorerst weiß ich es nicht, wie also kann ich Ja oder Nein sagen?"

Wenn ihr euch geistig sowohl jeder Zustimmung wie Ablehnung enthalten könnt, können eure Stricke hier und jetzt durchreißen. Wenn der eigentliche Stoff, aus dem dieses Netz geknüpft ist, durchrissen wird, dann wird es so anfällig sein wie ein Kartenhaus, das beim leisesten Stoß zusammenklappt. Im Moment ist es noch wie eine Granitfestung, auf solide Grundmauern gebaut, so tief in der Erde versenkt, dass man sie nicht einmal richtig sehen kann. Folglich bist du dazu erzogen worden, Leute, die zu allem Ja und Amen sagen, für religiös zu halten und Leute die sich weigern zu glauben, für unreligiös zu halten.

Ich aber sage euch: Ein Mensch, der glaubt, ist nicht religiös – so wenig wie einer, der nicht glaubt, unreligiös ist. Religiös ist ein Mensch dann, wenn er wahrhaft ist. Wahrhaft in dem Sinne, dass er alles, was er nicht kennt, weder glaubt noch nicht glaubt. Er gibt einfach zu, mit äußerster

Ehrlichkeit zu, dass er es eben nicht weiß, dass er unwissend ist – und dass sich somit für ihn die Frage eines Bestätigens oder Ablehnens nicht stellt.

Hast du die Kraft und den Mut dein Dasein auf diesen Punkt in der Mitte zu bringen? Wenn du das kannst, dann fällt diese Gedanken-Festung augenblicklich in sich zusammen – es gehört überhaupt nicht viel dazu.

Überlegt, forscht nach und prüft und wenn ihr dann auf Grund eigener Erfahrung das Gefühl habt, dass an dem, was ich sage, etwas dran ist, also wenn ihr auf Grund eurer Nachforschungen und weil euer Geist selber durchs Fenster geschaut hat, das Gefühl bekommt, dass da etwas Wahres dran ist, dann verwandelt sich dies Wahre in euer eigenes Wahres. Ab dann ist es nicht mehr nur meine Wahrheit. Dann ist es nicht mehr meine Erkenntnis, sondern ist zu eurer eigenen Erkenntnis geworden. Dann eröffnet alles, was ihr von nun an tut, eurem Leben die Möglichkeit sich in Richtung Weisheit und Erwachen zu bewegen. Dagegen wird alles, was ihr auf Grund von Glauben tun werdet, euch nur noch tiefer ins Dunkel und Unbewusste hineinführen. Es ist ratsam auch hierüber sorgfältig nachzudenken.

Ein Freund hat gefragt, ob so genanntes *Chanting*, also der rituelle Gesang eines heiligen Mantras, beim Meditieren helfen kann.

Es kann kein bisschen helfen. Im Gegenteil, das kann zu einem Hindernis werden, denn wenn du ein Mantra singst, wiederholst du damit immer nur den gleichen Gedanken, wieder und wieder. Ein Mantra ist ein Gedanke. Wenn du einen Namen litaneimäßig wiederholst, sprichst du damit immer wieder das gleiche Wort aus. Ein Wort ist Teil eines Gedankens, ein Stück Gedanke. Wenn du also glaubst dadurch frei von Gedanken zu werden, dass du einen Gedanken ständig wiederholst, machst du einen Fehler. Dir mag es zwar so vorkommen, dass das Mantra alle anderen Gedanken aus deinem Kopf vertreibt; denn wie gesagt, besteht das Wesen eines Mantras darin, sich ganz auf einen einzigen Gedanken zu fixieren. Aber der Gedanke, den du dazu benutzt, ist genauso gut ein Gedanke wie alle anderen Gedanken auch; ihn herunterzuleiern bringt überhaupt nichts. Im Gegenteil, es schadet nur: Denn durch das ständige Wiederholen ein und desselben Wortes breitet sich in dir Unbewusstheit aus, es schläfert deinen Geist ein.

Man kann jedes beliebige Wort nehmen und Ewigkeiten herleiern – bald wird sich im Innern der Schlaf, nicht die Wachheit einstellen. Die Wiederholung egal welchen Wortes ist ein einschläferndes Mittel. Wenn ihr also nicht einschlafen könnt, wird es euch helfen, euch in der Nacht ständig ‚Rama, Rama' oder ‚Aum, Aum' vorzumurmeln. Aber auf eurer Suche nach Selbsterkenntnis, nach der Wahrheit, nach tieferer Einsicht in die Existenz bringt euch das kein bisschen weiter.

Diese Methode kennt hier jeder in jedem Dorf, aber das ist dir offenbar noch nicht aufgefallen. Wenn eine Mutter ihr Kind in den Schlaf wiegen will, sagt sie: „Schlafe, mein Liebling... Schlafe, mein Liebling... Schlafe, mein Liebling..." Das ist nichts weiter als ein Mantra: Sie wiederholt ständig dieselben beiden Wörter: „mein Liebling; mein Liebling – Schlafe, mein Liebling; Schlafe, mein Liebling." Wenn das eine Zeit lang so weitergeht, muss mein Liebling ganz einfach einschlafen. Wenn die Mutter glaubt, ihr Kind sei auf Grund ihrer so musikalischen Stimme eingeschlafen, dann irrt sie gewaltig. Das Kind schläft aus Langeweile ein.

Wenn jemand dir seinen Kopf in den Schoß legt und du murmelst: „Schlaf jetzt ein, mein Liebling, schlaf ein, mein Liebling!", wird ihm schnell langweilig werden. Der Säugling hat keinerlei Fluchtmöglichkeiten, also ist Einschlafen sein einziges Schlupfloch – dann braucht er sich diesen Quatsch nicht länger anzuhören. Die einzige Möglichkeit sich diesem Quatsch zu entziehen, sein einziger Fluchtweg ist Einschlafen. Andernfalls muss er sich dieses „Schlafe, mein Liebling" immerzu weiter anhören! Wie lange kann so ein kleiner Liebling das aushalten? Der Kleine mag noch so lieb sein, irgendwann hat er die Nase voll und in seinem Widerwillen, seiner Langeweile hat er gar keine andere Wahl, als möglichst bald einzuschlafen. Sonst hört dieser Quatsch ja nie auf!

Es ist also egal, ob du ständig „Mein Liebling, mein Liebling" oder „Ram, Ram" vor dich hinsummst; denn auf das Wort kommt es nicht an, jedes Wort ist recht – Hauptsache, du machst mit deinem Verstand das, was die Mutter mit ihrem Kleinen macht. Auf die Art ermüdet der Verstand langsam, wird gelangweilt und wenn er es endlich satt hat, dann hat er keinen anderen Ausweg mehr als einzuschlafen um dem Quatsch zu entrinnen.

Dieses Einschlafen aber nun für Meditieren zu halten ist ein großer Fehler. Diese Schläfrigkeit ist ein Zustand der Unbewusstheit. Zwar wirst du dich hinterher wohl fühlen; nach so einem Nickerchen wirst du dich so wohl fühlen wie nach jedem Schlaf. Du wirst eine gewisse Erleichterung verspüren, denn für ein Weilchen bist du alle Sorgen los gewesen – alle Schmerzen, ja sogar das Leben selbst!

Es ist genau das gleiche Gefühl, das ein Alkoholiker, ein Drogensüchtiger oder Opiumesser für die Dauer seines Rausches hat. Er vergisst all seine Sorgen – bis er wieder zu

Bewusstsein kommt und entdeckt, dass seine Lebensqual nach wie vor da ist – nun braucht er noch mehr Opium. Anfangs hatte eine kleine Dosis Opium genügt, aber schon nach wenigen Tagen braucht er die doppelte Menge und wieder ein paar Tage später braucht er sogar noch mehr.

Es gibt Sadhus, indische Wandermönche, die so viel Opium geschluckt haben, dass das Opium keine Wirkung mehr tut. Also ziehen sie Schlangen groß und dann können sie sich nur noch damit berauschen, dass sie sich von diesen Schlangen in die Zunge beißen lassen – alles andere ist ausgereizt.

Alle Rauschmittel führen dazu, dass man ständig mehr und mehr ‚Stoff braucht'. Wer heute also fünfzehn Minuten lang ‚Ram, Ram' murmelt, der braucht morgen schon dreißig Minuten. In einem Monat braucht er eine Stunde, später dann zwei Stunden, danach zehn Stunden... Bald kann er morgens schon nicht mehr seinen Laden pünktlich aufschließen, weil er unbedingt vor der Arbeit seinen „Ram-Ram-Ram"-Singsang braucht. Schließlich muss er dann in die Wildnis ziehen und alles aufgeben, weil sein Ram-Singen zu einer Sucht geworden ist. Und jetzt wird er, je öfter er es macht, es für umso unentbehrlicher halten, denn ist es dann vorbei, ist sofort wieder der Schmerz da. Dann schwört er sich es rund um die Uhr zu machen; aber nun steht er schon an der Schwelle zum Wahnsinn.

Auf die Art kann keine Erkenntnis, keine Einsicht ins menschliche Leben entstehen. Und alle Länder und Nationen, die sich dieser Art von Wahnsinn verschreiben, büßen alles ein und stumpfen ab. Indien ist dafür ein klares und anschauliches Beispiel: Es hat all seine Lebendigkeit, seine Herrlichkeit, seine Geistigkeit verloren. Es ist geistlos geworden – auf Grund solcher Torheiten. *Chanting* ist kein Weg zur

Herrlichkeit. Litaneien zu leiern führt zu nichts als Stumpfsinn. Kein Wunder also, dass die Kulturen, die sich auf die Methoden der Wiederholung versteift haben, die begriffen haben, dass man sich durch Wiederholung in den Schlaf singen kann…

Wenn dein Kind krank zu Hause liegt, kannst du die Situation einfach leugnen, indem du „Ram-Ram-Ram" leierst. Je unbewusster du wirst, desto mehr verschwindet das Kind, verschwindet die Welt, vergisst du schier alles. Wenn du keine Arbeit finden kannst, leierst du einfach nur „Ram-Ram" vor dich hin und weichst so der Situation aus. Jetzt brauchst du dir keine Gedanken mehr über Arbeit oder Mahlzeiten zu machen.

Kein Wunder also, dass arme und bedürftige Länder auf solche Methoden verfallen – sie tun's um sich nicht um konstruktive Auswege kümmern zu müssen. Und auf diese Art und Weise werden sie dann immer noch ärmer und hilfloser.

Das Leben ändert sich nur durch Kampf und Anstrengung. Das Leben ändert sich, indem man sich die Mühe macht, sich seinen Herausforderungen zu stellen und es verändert. Das Leben ändert sich nicht, indem man die Augen zumacht und Mantras singt. All diese Dinge sind einfach nur Opium.

Vergiss also bitte das Leiern von Worten, Namen, Mantras. Der Weg zur Meditation besteht darin, tief in deinem Innern das Bewusstsein zu wecken – und nicht es einzuschläfern. Das, was tief in dir verborgen liegt, muss aufgeweckt und so bewusst werden, dass kein Winkel in deinem Innern mehr schläft. Dein ganzes Dasein muss aufwachen. Und ‚Meditation' ist nur die Bezeichnung für diesen Zustand der Bewusstheit.

Aber in Indien kannst du bewusstlos auf der Straße liegen,

doch die Leute werden um dich her einen Kreis bilden und sagen, du hättest das *Samadhi* erlangt. Der Speichel mag dir aus dem Mundwinkel fließen und du magst ohnmächtig daliegen, dich in einem Anfall winden, aber die Leute werden sagen, dass du das *Samadhi* erlangt hättest. Nur ein hysterischer Anfall, aber die Leute werden glauben, du wärst erleuchtet. Dabei hat es weder etwas mit Meditation noch mit Erleuchtung zu tun, sondern ist nur ein hysterischer Anfall. Eine Ohnmacht hat etwas mit Krankheit zu tun. Wenn jemand in Amerika oder Europa einen Anfall hat oder schwer krank ist, dann wird er behandelt, aber in Indien sind die Menschen so wahnsinnig und unwissend, dass sie sich im Kreise um so jemanden herum stellen und ihm Andachtslieder widmen und ihn einen Großen nennen, der zur Erleuchtung gelangt sei. Wären sie intelligent, würden sie dafür sorgen, dass all diese ‚Großen' schleunigst ins Krankenhaus kommen. Sie sind durch die Bank krank, nicht gesund. Sie sind geisteskrank, unter ihrem inneren Stress zusammengebrochen. Was hat es mit Erleuchtung zu tun, wenn jemand bewusstlos am Boden liegt und ihm der Speichel aus dem Munde läuft! Es ist pure Dummheit, wenn die gläubige Menge Lieder singt und verkündet, der arme Kerl sei zur Erleuchtung gelangt. *Samadhi* bedeutet restlose Bewusstheit und nicht Schlaf oder Ohnmacht.

Samadhi heißt: Das Wesen ist jetzt so von gleißender Wachheit erfüllt, dass kein Rest von Dunkelheit mehr in ihm ist, dass alles illuminiert ist. Dass tief im Innern eine Lampe der Bewusstheit entzündet worden ist. *Samadhi* heißt nicht Schlaf und Bewusstlosigkeit, sondern Bewusstheit und Aufmerksamkeit. Ein Mensch im *Samadhi* bleibt für den Rest seines Lebens hellwach und aufmerksam, in jedem

Augenblick, mit jedem Atemzug. All dieser Wahnsinn, diese Hysterie hat nichts mit *Samadhi* zu tun. Aber wieso sollte einer, der es geschafft hat Anbeter um sich zu scharen, verraten, dass da was nicht stimmt? Nein: „Hier hat alles seine Richtigkeit, ist alles in Ordnung!" Diese Dummheit währt nun schon Jahrtausende. Und leider ist nicht abzusehen, wie lange es noch so weitergehen soll. Jemand wie du unterstützt das noch. Für mich ist *Chanting* nicht Meditation.

Meditieren heißt zweierlei: Sich die nötige Mühe machen und Bewusstheit in sich entfalten.

Und in der Meditation, die wir heute Abend noch abschließend machen werden, schlaf jetzt bitte auch nicht ein!

ABENDMEDITATION

Entspannt den Körper, entspannt den Atem, lasst euren Kopf jetzt zur Ruhe kommen – aber schlaft nicht ein. Seid innerlich vollkommen wach. Das ist der Grund, warum ich euch aufgefordert habe allen äußeren Geräuschen zu lauschen, denn das Lauschen hält euch wach. Nur wenn ihr nicht lauscht, könnt ihr ohne Weiteres einschlafen. Schlafen ist wunderbar, Schlafen ist nicht schlimm – aber verwechselt Schlafen bitte nicht mit Meditation! Schlafen ist notwendig, aber Schlafen ist nicht Meditieren – führt euch das einfach vor Augen. Wenn man nicht einschlafen kann, mag man sich durch irgendein Mantra in den Schlaf singen können, aber macht bitte nicht den Fehler, das für eine spirituelle Erfahrung zu halten. Und diesen Fehler kann man machen, das geht ganz leicht. So wie bestimmte Leute Schlaftabletten nehmen, kann man Mantra-*Chanting* machen; es läuft aufs Gleiche hinaus, es wird genauso gut wirken wie eine Schlaftablette.

Als Vivekananda in Amerika war, hielt er einmal einen Vortrag über Mantras und Meditation und daraufhin wurden Vivekanandas Ausführungen in einem Zeitungsartikel sehr gelobt; dahingehend, dass ein Mantra so etwas wie ein nichtmedizinisches Beruhigungsmittel sei – und damit ein ausgezeichnetes Schlafmittel. Wenn es euch darauf ankommt, Schlaf zu finden – das ist das eine; aber zum Zustand der Meditation zu finden, steht auf einem ganz anderen Blatt.

Was wir also in unserem Experiment machen, ist Folgendes: Jeder entspannt sich, spitzt die Ohren, bleibt dabei innerlich aber absolut wach. Dies ist ein sehr simples Experiment. Setzt euch nicht in den Kopf, es ginge darum, etwas sehr Schwieriges zu schaffen. Alles was ihr für schwierig haltet, wird nicht dadurch schwierig, dass es das tatsächlich ist, sondern nur dadurch, dass ihr es euch als schwierig vorstellt. Alles was ihr euch als einfach vorstellt, wird einfach. Die Schwierigkeit liegt da, wie ihr die Sache seht.

Man hat euch seit Jahrtausenden erzählt, Meditation sei etwas ganz Schwieriges, zu dem nur ganz wenige Auserwählte Zugang hätten, das sei wie ein Gang auf Messers Schneide und dergleichen... All das hat euch das Vorgefühl eingeimpft, Meditation sei etwas für Auserwählte, jedenfalls nicht für jedermann. „Uns geziemt es nur zu beten und fromm zu sein oder ‚Ram, Ram' zu leiern oder tagelang fromme Lieder zu singen und zwar möglichst laut durch ein Megafon, damit nicht nur wir selber, sondern auch alle Nachbarn etwas davon haben!"

Mehr als das steht euch überhaupt nicht zu und Meditieren kommt nur für ganz, ganz wenige in Frage.

Bitte schlagt euch das alles aus dem Kopf! Meditieren kommt für jeden in Frage. Meditieren ist so einfach, dass man nach jemandem, für den das Meditieren nicht in Frage käme, suchen müsste wie nach einer Stecknadel im Heu. Aber man muss sich vorbereiten. Man muss wissen, wozu man fähig ist, was für eine Rolle und Haltung man einnehmen muss um zu einer solchen Einfachheit zu gelangen. Es ist völlig einfach, so einfach, wie es einfacher gar nicht sein könnte. So einfach, wie eine Knospe sich zur Blüte öffnet – genauso einfach kann der Geist des Menschen meditativ werden.

Aber damit eine Knospe sich zur Blüte öffnen kann, sind Licht, Wasser und Dünger nötig. Das braucht sie von Natur aus. Und genauso braucht euer Geist bestimmte Dinge um meditativ zu werden.

Zuvor ging es um die Bedürfnisse des Körpers, dann um einen gesunden Geist und wie man sich aus den Verstrickungen des Verstandes befreien kann. Als Nächstes werde ich über das Herz sprechen – das zweite Zentrum. Wenn klar geworden ist, was Herz und Geist bedeuten, dann wird es ganz leicht werden, weiter zu gehen ins dritte Zentrum.

Jede Eigenschaft des Herzens lässt sich verwandeln. Alles hat viele Erscheinungsformen – alles kann seine entgegengesetzte Form annehmen. Es gibt keine Eigenschaft oder Energie, die sich nicht zum Guten, zum Segen wenden ließe. Und merkt euch Folgendes: Was auch immer schlecht werden kann, das kann auch immer gut werden; was auch immer Schaden anrichtet, das kann immer auch hilfreich werden. Schädlich und hilfreich, gut und schlecht – das sind nur Richtungen.

7. DAS HERZ RICHTIG STIMMEN

DAS ZENTRUM FÜR DAS DENKEN IST DER VERSTAND, das Zentrum für das Fühlen ist das Herz und das Zentrum für die Lebensenergie ist der Nabel. Das Denken und Betrachten entsteht durch den Verstand; über das Zentrum des Denkens haben wir uns gestern ein wenig unterhalten. Das Fühlen – also emotionale Erfahrungen wie Liebe, Hass und Wut – entsteht durch das Herz. Die Lebensenergie entsteht durch den Nabel.

Ich wies euch bereits darauf hin, wie verspannt euer Verstand ist und dass er entspannt werden muss. Im Denken herrscht sehr viel Anspannung und Druck, der Verstand ist großem Stress ausgesetzt. Die Saiten der *Veena* des Denkens sind so straff gespannt, dass sie keinerlei Musik hergeben. Im Gegenteil: Die Saiten springen und der Mensch dreht durch. Er ist bereits wahnsinnig. Wenn Musik entstehen soll, ist es heutzutage absolut erforderlich, die Saiten auf der *Veena* des Denkens zu lockern und sie richtig zu stimmen. Und beim Herzen ist es genau umgekehrt wie beim Verstand: Die Saiten des Herzens sind sehr schlaff. Wenn sie Musik hergeben sollen, müssen sie ein wenig gespannt werden, damit auch sie richtig gestimmt werden können. Wenn die Saiten sowohl des Denkens wie des Fühlens richtig gestimmt sind, wenn beide ausgewogen sind, dann kann die Musik, die die Reise zum Nabel möglich macht, endlich losgehen.

Gestern sprachen wir davon, wie die Gedanken still werden können. Heute Morgen werden wir darüber sprechen, wie die Saiten des Fühlens, des Herzens gestrafft werden können.

Aber bevor ihr dies verstehen könnt, müsst ihr begreifen, dass die Menschheit seit Urzeiten unter einem Fluch lebt, nämlich dem Fluch unbedingt alle Eigenschaften des Herzens verdammen zu müssen. Sie hat alle Eigenschaften des Herzens als Fluch und nicht als Segen empfunden. Diese Unwissenheit, dieser Fehler hat unübersehbaren Schaden angerichtet.

Ihr habt die Wut verdammt, ihr habt den Hass verdammt, ihr habt die Anhänglichkeit verdammt – ihr habt alles verdammt. Und das alles habt ihr getan ohne zu begreifen, dass alle diese Eigenschaften genau dieselben Eigenschaften sind, die ihr immer predigt – freilich in abgewandelter Form. Ihr habt das Mitgefühl gepredigt und die Wut verdammt ohne zu begreifen, dass das Mitgefühl nichts als eine abgewandelte Form von Wutenergie ist. Ihr habt den Hass verdammt und ihr habt die Liebe gepredigt ohne zu begreifen, dass dieselbe Energie, die sich in der Gestalt des Hasses zeigt, transformiert werden und danach als Liebe wieder zum Vorschein kommen kann. Die Energie hinter beiden ist dieselbe. Ihr habt den Stolz verdammt und habt die Demut gepredigt ohne zu begreifen, dass genau dieselbe Energie, die als Stolz daherkommt, zu Demut wird. Zwischen all diesen besteht grundsätzlich kein Widerspruch, sie sind nur zwei Erscheinungsformen ein und derselben Energie.

Wenn die Saiten der *Veena* zu schlaff oder zu straff sind und ein Musiker berührt sie, kommt ein unmusikalischer Ton dabei heraus, für das Ohr unerträglich und Horror für den Verstand. Wenn einer dann aus Protest gegen so ein unharmonisches Geräusch wütend wird und die Saiten der *Veena* abreißt und die ganze *Veena* wegwirft, kann er das gern tun; aber er sollte nicht vergessen, dass durch das richtige Stimmen eben dieses Instruments auch harmonische Töne hätten entstehen können. An der Unmusikalität ihres Klangs ist ja nicht die *Veena* schuld; der Fehler ist, dass die *Veena* nicht richtig gestimmt wurde. Wäre die *Veena* gestimmt worden, dann wäre auf den gleichen Saiten, die jetzt Missklang hervorbringen, eine Musik ertönt, die Balsam für die Seele ist.

Auf ein und derselben Saite können harmonische wie disharmonische Töne entstehen – so widersinnig das auch scheinen mag – und sie wird völlig gegensätzliche Ergebnisse hervorbringen. Die eine Musik wird euch in einen Zustand der Seligkeit versetzen und die andere wird euch in einen unglücklichen Zustand versetzen; dennoch sind Saiten und Instrument die Gleichen!

Wut entsteht immer nur dann im Herzen des Menschen, wenn sein Herz nicht ausgewogen ist. Wenn dasselbe Herz ausgewogen wird, wandelt sich die Energie, die als Wut begann, allmählich aber zu Mitgefühl wird. Mitgefühl ist die Transformation von Wut. Wenn ein Kind ohne Wut auf die Welt kommt, dann steht damit fest, dass sich im Leben dieses Kindes niemals Mitgefühl zeigen wird. Wenn im Herzen eines Kindes jeder Hass ausgeschlossen ist, dann wird es auch keine Chance haben zu lieben. Aber bisher habt ihr in der irrigen Annahme gelebt, bei Gefühlen wie diesen handele es sich um Gegensätze und dass, wenn das eine Extrem wegfalle, das andere an seine Stelle trete. Nichts könnte ferner liegen. Keine Morallehre kann mehr schaden als diese; sie stimmt psychologisch nicht und ist sehr unintelligent. Zu Mitgefühl kommt es nicht, indem man die Wut zerstört; dazu kommt es nur, indem man die Wut transformiert. Mitgefühl ist nicht die Vernichtung von Wut, sondern nur Wut, die richtig gestimmt und melodisch wurde.

Wenn ihr also gegen die Wut seid und sie zu vernichten sucht, dann versucht ihr damit das Musikinstrument zu vernichten. Und indem ihr es vernichtet, wird eure Entwicklung sehr schwach und mickrig sein. Keine der Qualitäten des Herzens werden sich in euch entwickeln können. Das ist genauso, als würde einer rings um sein Haus her Mist anhäufeln – der überall Dreck und Gestank verbreitet –, weil er Blumen zum Blühen bringen möchte. Aber statt des Blumendufts wirst du Mistgestank haben und dein Leben wird unerträglich werden.

Mist verhilft ohne Frage Blumen zum Blühen, aber nicht, indem man ihn einfach rings ums Haus streut. Der Mist muss erst durch eine Veränderung gehen. Er muss erst über die Wurzeln in die Pflanzen eindringen, dann wird sich auch eines Tages der Mistgestank in Blumenduft verwandeln. Aber wer einfach nur Mist um sein Haus herum aufschichtet, den wird der Gestank um den Verstand bringen und wenn er den Mist wieder entfernt, werden seine Blumen leblos und bleich sein. Erst durch die Verwandlung kann sich der Gestank des Mists zu Duft verkehren.

Genau diese Chemie, genau diese Alchemie wird ‚Yoga‘ oder ‚Spiritualität‘ genannt. Die Kunst, alles Sinnlose im Leben zu etwas Sinnvollem zu verwandeln, heißt Religion. Aber das, was ihr im Namen von Religion veranstaltet, ist reiner Selbstmord; ihr transformiert damit nicht euer Bewusstsein. Ihr habt ein paar Dinge im Leben grundsätzlich missverstanden. Ihr lebt im Schatten eines tiefen Fluches. Eure Herzen haben sich nicht entwickeln können, weil ihr die Grundeigenschaften des Herzens verdammt habt. Es wäre gut sich das tiefer vor Augen zu führen. Wenn ein Mensch richtig heranwachsen soll, muss in seinem Leben der Zorn eine wichtige Rolle spielen. Der Zorn steuert eine ganz eigene Farbe bei. Wird diese ausgespart, dann bleibt das Bild eines Menschenlebens gewissermaßen unvollständig, denn ihm wird eine Farbe fehlen. Aber ihr haltet euren Nachwuchs von Kindesbeinen dazu an, bestimmte Eigenschaften zu unterdrücken und die Unterdrückung dieser Eigenschaften wird zum Ergebnis haben, dass das Kind all das, was ihr ‚schlecht' nennt, in sich selber verdrängen wird. Und ein verdrängtes Herz wird geschwächt, weil seine Saiten nicht richtig gespannt wurden. Und dies Verdrängen wird sich im Verstand abspielen, denn eure Erziehung zielt nur auf den Verstand, nicht tiefer. Wenn ihr euren Kindern erzählt, wütend zu werden sei schlecht, wird diese Belehrung nicht bis ins Herz vordringen. Das Herz hat keine Ohren um zu hören und keine Wörter um zu denken. Diese Lehre geht nur bis in den Verstand und der Verstand kann das Herz nicht verändern.

Jetzt hat das Kind also ein Problem: Das Denkzentrum hält Wut für schlecht, aber das Herzzentrum nicht – es unterhält überhaupt keine Verbindung zum Denkzentrum. Also wirst du Tag für Tag wütend und Tag für Tag bereust du das und beschließt nie wieder wütend zu werden. Aber am nächsten Tag geht dir plötzlich auf, dass du schon wieder wütend geworden bist! Das überrascht dich, weil du dir doch schon so oft geschworen hast nie mehr wütend zu werden; trotzdem passiert es dir immer wieder.

Du weißt nicht, dass das Zentrum, das da aufbraust, nicht identisch ist mit dem Verstandeszentrum. Das Zentrum, welches beschließt „Ich will nie wieder wütend werden!", unterscheidet sich absolut von dem, welches dann wütend wird. Welten liegen zwischen ihnen. Also üben deine Beschlüsse und Reue keinerlei Wirkung auf deine Wutausbrüche aus.

Weiterhin wirst du wütend und weiterhin tut es dir Leid und weiterhin wirft es dich um. Dabei verstehst du einfach nur nicht, dass diese beiden Zentren so weit entfernt voneinander sind, dass der Beschluss, den das eine trifft, gar nicht erst bei dem anderen ankommt. Und so fällt der Mensch innerlich auseinander...

Das Herz-Zentrum hat seine eigene Funktionsweise und die erfordert, dass bestimmte Dinge entwickelt werden. Wenn sich der Verstand in die Belange dieses Zentrums einmischt, gerät es durcheinander und wird chaotisch. Das Herz-Zentrum eines jeden Menschen ist durch und durch chaotisiert worden, absolut durcheinander geraten. Richtig, zu allererst gilt es die Wut zu transformieren – aber nicht zu zerstören!

Das also ist der erste Schlüssel zur Straffung der Saiten des Herzens: Sämtliche Eigenschaften des Herzens sind zu entwickeln! Keine einzige darf zerstört werden. Das mag euch ein wenig rätselhaft klingen: Soll man vielleicht seine Wut entwickeln? Ich aber sage euch, dass man ganz sicher seine Wut entwickeln muss. Denn Wut lässt sich eines Tages verwandeln und kann zu Mitgefühl werden. Nur so kann Mitgefühl überhaupt je aufkommen.

Wenn ihr die Lebensgeschichten der mitfühlendsten Menschen auf Erden nachlest, werdet ihr finden, dass sie in jungen Jahren ausgesprochen jähzornige Menschen waren. Zorn hat seine eigene Würde und seinen eigenen Stolz. Lest die Lebensgeschichten der allergrößten Keuschheitsapostel, die je auf Erden gelebt haben und ihr werdet finden, dass sie in ihrer Jugend sexuell ausschweifende Menschen waren.

Gandhi wurde nur deshalb zu einem großen Enthaltsamen, weil er in jungen Jahren höchst sexuell war. Als Gandhis Vater im Sterben lag, sagten die Ärzte zu ihm, dass sein Vater die Nacht nicht mehr überleben werde; aber nicht einmal in jener Nacht konnte er von seiner Frau ablassen. Es war die letzte Nacht im Leben seines Vaters und es wäre die natürlichste Sache von der Welt gewesen, sich an die Seite seines Vaters zu setzen. Das war jetzt das letzte Lebewohl, er würde seinen Vater nie wiedersehen... aber mitten in der Nacht trieb es Gandhi zu seiner Frau. Sein Vater starb, während Gandhi mit seiner Frau schlief. Das versetzte seinem Verstand einen gewaltigen Schock: Gandhis Keuschheitsgelübde war das Ergebnis dieses Schocks. Dieser Schock verwandelte die geballte Sexualität in ihm zu einem Verlangen nach Keuschheit.

Wie konnte es dazu kommen? Es konnte dazu kommen, weil Energie immer neutral ist und man sie nur in eine andere Richtung zu lenken braucht. Die Energie, die bisher in den Sex floss, machte nun plötzlich kehrt.

Wenn bereits viel Energie da ist, kann sie in jede beliebige andere Richtung fließen. Aber wenn gar keine Energie da ist, ist auch nichts da, was irgendwohin fließen könnte. Was soll denn da fließen? Alle Energien sollten sich erst einmal richtig entfalten dürfen. Die Vorstellungen der Morallehren haben aus dem Menschen ein sehr unglückliches und impotentes Wesen gemacht. In vergangenen Zeiten haben die Leute das Leben tiefer erfahren als ihr.

Zwei junge *Rajput*-Männer kamen zum Hof des Königs Akbar. Sie waren Brüder. Sie traten vor Akbar hin und sagten: „Wir suchen Arbeit."

Akbar fragte: „Was könnt ihr?" Sie sagten: „Vorläufig noch nichts. Aber wir sind mutige Burschen. Wir könnten dir nützlich sein." Akbar sagte: „Habt ihr Beweise für euren Mut? Was für Beweise könnt ihr für euren Mut geben?"

Alle beide fingen zu lachen an. Sie sagten: „Wie bitte? Beweise für Mut? Wir sind mutig!"

Akbar antwortete: „Ohne Beweis kriegt ihr hier keine Arbeit."

Wieder lachten sie. Sie zogen die Schwerter und binnen Sekunden hatten sie einander die Brust durchbohrt.

Akbar war entsetzt. Die beiden Jungen lagen am Boden, alles war voller Blut – aber sie lachten noch immer und sagten: „Akbar, weißt du denn nicht, dass es keinen anderen Beweis für Mut geben kann als den Tod? Einen anderen Beweis gibt es nicht." Dann starben alle beide. Tränen schossen Akbar in die Augen – nicht im Traum hatte er so etwas für möglich gehalten. Er rief einen *Rajput*-Kommandanten zu sich und sagte zu ihm: „Es ist ein schlimmes Unglück passiert. Zwei *Rajput*-Jungen haben sich gegenseitig umgebracht. Dabei hatte ich sie nur um einen Beweis für ihren Mut gebeten!" Der Kommandant sagte: „Da hast du einen Fehler gemacht. Damit kannst du das Blut eines jeden *Rajput*-Mannes zum Sieden bringen. Was könnte den Mut eines Mannes beweisen, wenn nicht sein Tod? Nur ein Feigling und ein Schwächling könnte eine Bescheinigung vorlegen, dass er mutig sei – wo geschrieben steht, dass irgendwer sagt, er sei mutig! Wie kann ein mutiger Mann eine Charakterbescheinigung vorlegen?! Du hast die falsche Frage gestellt. Du hast keine Ahnung, wie man einen *Rajput*-Mann zu nehmen hat. Sie haben es genau richtig gemacht. Sie hätten gar nicht anders handeln können. Sie hatten keine andere Wahl."

Welch eine Leidenschaft! Welch ein Strahlen! Diese Art von Persönlichkeit ist von unermesslicher Großartigkeit. Die heutige Menschheit hat solche Eigenschaften eingebüßt. Alle Herrlichkeit, aller Mut und alle Stärke des Menschen wird jetzt zerstört – und ihr glaubt, ihm „eine gute Erziehung angedeihen zu lassen"! Das ist keineswegs der Fall: Eure Kinder entwickeln sich völlig verkehrt, in ihnen reift keine Spur von einem echten Menschen heran.

Ein sehr berühmter Lama schreibt in seiner Autobiografie: „Als ich fünf Jahre alt war, wurde ich zum Studium auf eine Universität geschickt. Dabei war ich erst fünf! Mein Vater hatte mir am Abend zuvor erklärt, dass ich am nächsten Morgen auf die Universität geschickt würde." Seine Worte waren: „Weder ich noch deine Mutter werden kommen um dir Adieu zu sagen. Deine Mutter wird nicht da sein, weil sie sonst Tränen in den Augen hätte und wenn du sie weinen sähest, würdest du dich ständig nach ihr umdrehen – und in unserer Familie hat es noch nie einen Mann gegeben, der zurückgeschaut hat. Ich werde ebenfalls nicht da sein, denn wenn du dich auch nur einmal umdrehen würdest, nachdem du im Sattel sitzt, dann wärest du nicht mehr mein Sohn und die Türen dieses Hauses wären dir für immer verschlossen. Nur die Bediensteten werden dich morgen Früh verabschieden. Merke dir: Dreh dich nicht mehr um, sobald du im Sattel sitzt. Es hat in unserer Familie noch keinen gegeben, der sich je umgedreht hätte."

Für ein fünfjähriges Kind etwas viel verlangt! Der Fünfjährige wurde morgens um vier Uhr geweckt und auf ein Pferd gesetzt. Die Diener verabschiedeten sich von ihm. Als er losritt, sagte ein Diener zu ihm: „Mein Kind, pass gut auf! Bis zur Kreuzung bist du noch sichtbar und oben steht dein Vater und schaut zu. Dreh dich nicht um vor der Kreuzung.

Alle Jungen dieses Hauses sind so davongeritten, aber nicht ein einziger hat sich umgeschaut." Und der Diener verriet ihm außerdem: „Der Ort, wo du hingeschickt wirst, ist keine gewöhnliche Universität – die größten Männer des Landes haben an dieser Universität studiert. Die Aufnahmeprüfung wird sehr schwer sein. Was auch geschieht, gib dir alle erdenkliche Mühe die Prüfung zu bestehen, denn wenn du durchfällst, wird es für dich keinen Platz mehr in diesem Hause geben."

Welch unerhörte Strenge mit einem Fünfjährigen!

Er setzte sich aufs Pferd und in seiner Autobiografie heißt es weiter: „Sobald ich auf dem Pferd saß, stürzten mir die Tränen aus den Augen, aber wie konnte ich mich umschauen nach meinem Vater? Die Reise ging ins Unbekannte. Ich war so klein, aber ich durfte nicht zurückschauen, denn niemand in meinem Hause hatte je zurückgeschaut. Sollte mein Vater mich dabei ertappen, wäre ich für immer von zu Hause verbannt. Also riss ich mich zusammen und schaute nach vorn, schaute ich kein einziges Mal zurück."

So kann etwas in diesem Jungen entstehen. Auf die Art wird eine gewisse Willenskraft, ein gewisser Lebenswille in diesem Kind erweckt – und damit sein Nabelzentrum gestärkt. Das ist kein harter Vater, das ist ein sehr liebevoller Vater. Und all eure scheinbar so liebevollen Mütter und Väter machen sich nur etwas vor: Sie schwächen die inneren Zentren ihrer Kinder. Keine Stärke, keine Entschlusskraft kann so in ihnen entstehen.

Der Junge traf ein in seiner Schule. Er war gerade fünf Jahre alt – niemand konnte voraussagen, was für Fähigkeiten er hatte. Der Leiter der Schule sagte: „Die Aufnahmeprüfung hier ist sehr schwer: Du musst dich mit geschlossenen Augen neben die Tür setzen und darfst sie nicht eher wieder öffnen, als bis ich zurückgekehrt bin – egal was passiert. Das ist deine Aufnahmeprüfung. Wenn du die Augen aufmachst, dann werden wir dich heimschicken; denn wer nicht einmal die Stärke in sich hat, eine Weile lang mit geschlossenen Augen dazusitzen, der kann auch nichts lernen. Dann wird dir die Tür zur Weisheit verschlossen bleiben, weil du ihrer nicht wert bist. Dann geh und mach was du willst."

Und das zu einem Knirps von fünf Jahren...!

Er saß mit geschlossenen Augen neben der Tür. Es kamen Fliegen und störten ihn. Aber er wusste, dass er die Augen nicht aufmachen durfte, denn wenn er die Augen aufmachte, wäre er durchgefallen. Die anderen Schulkinder gingen hier ein und aus: Der eine knuffte ihn, ein anderer hänselte ihn, aber er war fest entschlossen die Augen nicht zu öffnen, sonst wäre alles hin. Und er erinnerte sich an das, was der Diener gesagt hatte: Dass ihm sein Elternhaus für immer verschlossen bleiben würde, falls er die Aufnahmeprüfung nicht bestehen sollte.

Eine Stunde verstrich, zwei Stunden verstrichen... er saß da mit geschlossenen Augen, voller Angst, er könne seine Augen aufmachen und sei auch nur aus Versehen. Versuchungen, sie aufzumachen, gab es mehr als genug: Auf der Straße war eine Menge los, andere Kinder rannten herum, die Fliegen ärgerten ihn, einige Kinder stießen ihn an und warfen mit Kieselsteinen auf ihn. Einmal wollte er die Augen aufmachen nur um mal nachzusehen, ob der Meister vielleicht doch schon zurück sei. Eine Stunde verstrich, zwei Stunden verstrichen, drei Stunden, vier Stunden... sechs Stunden lang saß er so da! Nach sechs Stunden kam der Meister und sagte: „Mein Kind, du hast die Prüfung bestanden. Tritt ein, du wirst ein

Junge von starkem Willen sein. Du hast die Entschlossenheit in dir, alles zu tun, was du willst. Mit geschlossenen Augen ganze fünf oder sechs Stunden lang dazusitzen, das ist für dein Alter eine große Leistung." Der Meister nahm ihn in die Arme und sagte: „Und unter uns gesagt – diese anderen Kinder hatten den Auftrag dich zu necken. Sie hatten die Aufgabe dich ein bisschen abzulenken, dich in Versuchung zu führen, die Augen zu öffnen."

Der Lama schreibt: „Damals hatte ich das Gefühl sehr grob behandelt zu werden. Aber nun, am Ende meines Lebens, bin ich diesen Leuten, die es mir damals so schwer machten, ausgesprochen dankbar. Auf die Art haben sie etwas in mir wach gerufen. So wurde in mir eine bestimmte Kraft geweckt, die noch schlief."

Ihr macht genau das Gegenteil. Ihr sagt: „Kindern darf man nicht böse sein, man darf sie nicht schlagen!" Heute wird körperliche Züchtigung überall auf der Welt verboten. Ein Kind darf nicht geschlagen werden, kein Kind darf körperlich bestraft werden. Das ist nicht sehr weise, denn die Bestrafung rührt aus Liebe her, nicht aus Feindseligkeit. In allen Kindern, die auf irgendeine Weise bestraft werden, werden Zentren wach, ihr Rückgrat wird aufgerichtet und gestärkt. Eine gewisse Entschlossenheit setzt sich durch in ihnen. Auch Zorn und Stolz steigen auf und eine innere Stärke kommt zum Vorschein und kann nun weiter wachsen.

Wir erziehen Menschen ohne Rückgrat, die nur auf der Erde kriechen können und nicht wie die Adler zum Himmel auffliegen können. Wir erziehen einen kriecherischen, krauchenden Menschen ohne aufrechten Gang. Und wir reden uns ein, wir täten dies aus Mitgefühl und Liebe und Anstand.

Ihr bringt dem Menschen bei nicht wütend zu werden, ihr bringt ihm bei seine Intensität nicht zum Ausdruck zu bringen, ihr bringt ihm bei schwach und wischiwaschi zu werden. Im Leben eines solchen Menschen ist kein Raum für die Seele. In einem solchen Menschen kann es deshalb keine Seele geben, weil ihm innerlich nicht die intensiven Gefühle des Herzens gestattet sind, die für die Ausbildung der Seele unerlässlich sind.

Es gab einmal einen muslimischen König namens Omar. Er hatte eine schwere Zeit hinter sich. Zwölf Jahre lang hatte er gegen jemanden Krieg geführt. In der letzten Schlacht hatte er das Pferd seines Feindes getötet, der Mann lag am Boden und er setzte sich ihm auf die Brust. Eben hob er seinen Speer zum Gnadenstoß, als sein Feind ihm ins Gesicht spie. Da warf Omar seinen Speer weg und stand auf. Sein Feind war fassungslos und sagte: „Omar, nach zwölf Jahren hast du nun endlich die Gelegenheit mich zu töten. Warum verschonst du mich?" Omar antwortete: „Ich hatte dich für einen Feind gehalten, der meiner würdig ist, aber dass du mir ins Gesicht spucken kannst, beweist mir deine Kleinheit. Jetzt ist es unter meiner Würde dich zu töten. Die Kleinheit, die du bewiesen hast, steht einem tapferen Mann nicht an. Ich hatte dich für meinesgleichen gehalten, sonst hätte ich nicht zwölf Jahre mit Krieg gegen dich vertan. Aber als ich eben mit dem Speer zum Todesstoß ausholen wollte, da hast du mich angespuckt – kein Mann von Format tut so etwas. Ich würde mich an mir versündigen, würde ich dich töten. Wie wird mich die Welt beurteilen, wenn ich jemanden töte, der so schwach ist, dass er mich nur noch anspucken kann? Die Sache ist erledigt. Ich werde mich nicht versündigen und dich töten."

Das waren noch wunderbare Menschen. Die Erfindung der modernen Waffen und Rüstung hat alles zerstört, was den Menschen einmal ausgemacht hat. Schlachten Auge in Auge hatten ihren eigenen Wert. Da konnte sich zeigen, was in einem Mann steckte. Heutzutage kämpft kein einziger Soldat mehr direkt – er wirft eine Bombe aus einem Flugzeug ab. Mit Mut hat das nichts mehr zu tun, mit inneren Qualitäten hat das nichts mehr zu tun – er sitzt einfach nur noch am Drücker eines Maschinengewehrs.

Die Möglichkeit, Dinge zu wecken, die im Innern des Menschen angelegt sind, ist geschrumpft und es überrascht nicht, wenn der Mensch so schwach und feige geworden ist. Sein authentisches Wesen kann sich nicht entfalten. All seine inneren Qualitäten können sich nicht mehr vereinigen und zum Ausdruck bringen – nicht mehr manifestieren.

Über unsere Bildungssysteme kann man sich nur wundern. Wenn ihr mich fragt, sollten alle Herzenseigenschaften im Innern des Menschen intensiv und bis zum Äußersten entwickelt werden – dabei sollte das vorrangig sein. Nur deren äußerste Entwicklung kann zur Transformation führen. Zur Transformation kommt es immer nur an den Extrempunkten – darunter kann es zu keiner Transformation kommen.

Wenn Wasser erhitzt wird, verdunstet es nicht, solange es lauwarm ist. Lauwarmes Wasser ist immer noch Wasser, aber bei hundert Grad, wenn das Wasser seinen Siedepunkt erreicht, kommt es zur Transformation und das Wasser beginnt zu verdunsten. Wasser wird nur bei hundert Grad zu Dampf, vorher wird es nicht zu Dampf. Lauwarmes Wasser wird nicht zu Dampf.

Ihr alle seid lauwarme Leute – in eurem Leben kann es zu keiner Transformation kommen. Alle Qualitäten eures

Geistes und eures Herzens sollten bis zum Äußersten entwickelt werden. Nur dann kann es in ihnen zur Revolution kommen. Nur dann kann sich etwas ändern. Erst wenn die Wut am Siedepunkt ist, kann sie sich in Mitgefühl verwandeln – sonst nicht. Aber ihr seid die Feinde aller Wut, Gier und Leidenschaft und so könnt ihr nur zu lauwarmen Menschen werden. Dann bleibt auch euer Leben lediglich lauwarm, kann es darin niemals zur Transformation kommen. Diese Halbherzigkeit hat eine ungeheuer schädliche Wirkung auf die Menschen ausgeübt.

In meiner Vision ist dies das Erste, was es zu verstehen gilt – dass sich alle Eigenschaften eurer Persönlichkeit, eures Herzens erst einmal richtig entfalten müssen. Intensives Zürnen hat seine eigene Schönheit, auch wenn euch die nicht auf Anhieb erkennbar sein mag. Intensiver Zorn ist von einer großen Strahlkraft, Energie und Bedeutung. Er steuert das seinige zur Gesamtpersönlichkeit bei. Alle Gefühle des Herzens müssen intensiv kultiviert werden.

Das also ist das Erste: Dass die Eigenschaften des Herzens entwickelt und nicht zerstört werden müssen.

Und was ist das Zweite? Das Zweite ist, dass es auf Bewusstheit und nicht auf Unterdrückung ankommt. Je mehr man die Gefühle des Herzens unterdrückt, desto unbewusster werden sie. Alles was wir unterdrücken, verlieren wir aus den Augen. Es verkriecht sich ins Dunkel. Man muss sich alle Energien seines Herzens deutlich vor Augen führen. Wenn ihr wütend werdet, dann versucht das nicht zu unterdrücken indem ihr „Ram, Ram, Ram" murmelt. Wenn ihr Wut verspürt, dann setzt euch allein in ein Zimmer, verschließt die Tür und meditiert über die Wut. Seht euch die Wut als ein Ganzes an: „Was ist das für eine Wut? Was ist die Energie dieser Wut? Woher kommt jetzt plötzlich diese Wut? Warum kommt sie hoch? Wie benebelt sie meinen Kopf und beeinflusst sie mich?"

Meditiert in Abgeschiedenheit über die Wut. Seht die Wut insgesamt, versteht sie, erkennt sie – woher kommt sie, warum kommt sie? Dann werdet ihr nach und nach der Wut Herr werden. Und derjenige, der seiner Wut Herr wird, verfügt über eine enorme Macht, enorme Kraft. Er wird stark, er wird Herr seiner selbst.

Es kommt also nicht darauf an, gegen die Wut anzukämpfen, sondern zu erkennen, was diese Wut überhaupt ist. Denn vergesst eines nicht: Es gibt keine größere Energie als das Erkennen und es gibt keine größere Dummheit, als sich mit seinen eigenen Energien herumzuschlagen. Ein Mensch, der mit seinen eigenen Energien kämpft, begeht den gleichen Fehler wie einer, der versucht, einen Ringkampf zwischen seinen eigenen zwei Händen zu veranstalten. Wenn die eine Hand mit der anderen Hand kämpft, wird keine von beiden gewinnen können, weil sie beide zur gleichen Person gehören, deren Energie in beiden pulsiert; und wenn es zum Kampf zwischen diesen beiden Händen kommt, kann dabei die Energie nur aufgerieben werden, ist kein Sieg möglich. Bei einem Kampf dieser Art wirst du den Kürzeren ziehen, wird deine ganze Energie verpuffen.

Wessen Energie steckt denn in der Wut? Doch wohl deine eigene Energie! Die Energie gehört dir, aber du bist es auch, der sie bekämpft. Je mehr du dich spaltest und kämpfst, desto mehr wirst du nur immer weiter auseinander brechen, wirst du dich auflösen, wirst du kein in sich geschlossener Mensch mehr sein. Das Leben eines Menschen, der ständig mit sich selber kämpft, kann nur in einem enden, nämlich im

Scheitern. Es geht nicht anders – ist einfach unmöglich. Kämpft also nicht. Lernt eure eigenen Energien kennen, erkennt sie, macht euch mit ihnen vertraut.

Der zweite Punkt ist also: Nicht unterdrücken sondern bewusst machen. Unterdrücke nichts! Wann immer sich in dir egal welche Energie meldet – verdränge sie nicht! Du bist ein Sammelsurium unbekannter Energien. Du bist der Mittelpunkt von gänzlich unbekannten Energien, von denen du keine Ahnung hast, die du nicht einmal wahrnimmst.

Wenn vor Jahrtausenden ein Blitz zur Erde fuhr, bekam der Mensch noch jedes Mal Angst. Dann rang er sofort seine Hände und rief: „O Gott! Zürnst du? Was ist los?" Er fürchtete sich und jedes Blitzen flößte ihm Furcht ein. Heute dagegen kennen wir uns mit der Elektrizität aus, wir haben sie bezwungen, also flößt sie uns heute keine Angst mehr ein. Man hat sie sich dienstbar gemacht, sie erhellt jedes Haus. Sie hilft uns, Kranke zu behandeln und treibt Maschinen an. Das gesamte Leben des Menschen ist ihrem Einfluss unterworfen, wird von ihr getragen. Der Mensch ist zum Beherrscher der Elektrizität geworden. Aber Jahrtausende lang hatte er sich vor ihr gefürchtet, weil er nicht wusste, was Elektrizität war. Kaum hatten wir in Erfahrung gebracht, was sie eigentlich war, wurden wir Herr über sie.

Erkennen macht dich zum Herrn. In dir blitzen noch weit größere Energien als Elektrizität – sie glühen! Da glüht Wut, glüht Hass, glüht Liebe. Du schrickst nur deshalb vor allem zurück, was sich da in deinem Innern tummelt, weil du nicht weißt, was es mit all diesen Energien auf sich hat. Betrachte dein Leben als ein Laboratorium für dein Inneres und mache dich nach und nach mit all diesen Energien in dir bekannt – beobachte sie, erkenne sie. Nur verdränge nie, nicht einmal aus Versehen! Hab nie Angst, nicht einmal unabsichtlich, sondern versuche einfach nur immer das zu erkennen, was jeweils in dir ist. Wenn Wut kommt, dann fühl dich gesegnet und sei demjenigen dankbar, der deine Wut ausgelöst hat: Er hat dir eine Gelegenheit beschert – durch ihn hat sich eine Energie in deinem Innern eingestellt und jetzt kannst du sie dir ansehen. Sieh sie dir an, kommentarlos und ganz für dich. Prüfe genau, was sie ist.

Je mehr dein Erkennen wächst, desto tiefer wird dein Verstehen. Je mehr du Herr deiner Wut wirst, desto mehr wirst du sehen, dass du sie in der Hand hast. Der Tag, da du Herr deiner Wut wirst, wird auch der Tag sein, da du sie transformieren kannst.

Transformieren kannst du nur Dinge, derer du auch Herr bist. Etwas, dessen du nicht Herr bist, kannst du auch nicht transformieren. Und merkt euch: Du kannst niemals Herr von etwas sein, wogegen du kämpfst, denn es ist unmöglich eines Feindes Herr zu werden; man kann nur eines Freundes Herr sein. Wenn du Energien anfeindest, die in deinem eigenen Innern sind, dann kannst du ihrer niemals Herr werden. Ohne Liebe und Freundschaft ist da nichts zu gewinnen.

Dieser grenzenlose Schatz an Energien in deinem Innern – hab weder Angst vor ihm noch verurteile ihn. Fang an zu erkunden, was in dir verborgen liegt. Es liegt so vieles verborgen im Innern des Menschen – das ist grenzenlos. Wir stehen noch nicht einmal am Anfang der Menschheit. Vielleicht wird die Menschheit in zehn- oder fünfundzwanzigtausend Jahren so weit hinter uns liegen wie jetzt die Affen. Ein vollkommen neues Geschlecht kann sich entwickeln – denn vorläufig haben wir keine Ahnung, was für Energien sich noch im Innern des Menschen verbergen. Den Wissenschaftlern zufolge liegt etwa die Hälfte des menschlichen Gehirns noch vollkommen brach, wird es in keiner Weise genutzt. Nur ein Bruchteil des Gehirns wird überhaupt genutzt und der Rest bleibt ungenutzt. Dieser Rest kann nicht unnütz sein, denn in der Natur ist nichts unnütz. Es ist gut möglich, dass dieser brachliegende Teil im gleichen Maße sich zu aktivieren und zu funktionieren beginnt, wie die Erfahrung und das Wissen des Menschen zunimmt. Dann wird der menschliche Erkenntnishorizont unvorstellbare Ausmaße haben.

Wenn ein Mensch blind ist, dann kommt so etwas wie Licht in seiner Welt gar nicht vor. Licht existiert für ihn nicht. Wo keine Augen sind, da ist auch kein Licht. Die wenigen Tiere, die keine Augen haben, wissen nicht einmal, dass es auf der Welt so etwas wie Licht gibt. Sie können sich nicht einmal vorstellen, sie können nicht einmal davon träumen, dass Licht existiert. Wir haben fünf Sinne. Wer weiß – hätten wir einen sechsten Sinn, würden wir vielleicht noch vieles mehr von dem wahrnehmen, was auf der Welt existiert. Und gäbe es sieben Sinne, dann könnten wir sogar noch mehr erkennen. Wer will sagen, wo die Grenze unserer Sinne liegt und wie entwicklungsfähig sie noch sind?

Wir wissen sehr wenig und selbst das leben wir nicht voll aus. Je mehr wir über das Innere wissen, je vertrauter wir uns mit dem Inneren machen, je tiefer wir in unser Inneres vordringen, desto mehr werden sich auch unsere Lebensgeister entwickeln und wird sich unsere Seele kristallisieren. Das ist also der zweite Punkt, den ihr im Auge behalten müsst: dass ihr keine von euren Energien unterdrücken dürft. Ihr solltet sie kennen lernen, sie erkennen, sie untersuchen und sie euch anschauen. Dann wird euch eine sehr erstaunliche Erfahrung zuteil werden: Wenn ihr versucht euch eure Wut anzuschauen, wenn ihr euch in Ruhe hinsetzt und tief in sie hineinseht, dann wird sich die Wut auflösen! Im Beobachten der Wut verschwindet sie. Wenn in euch sexuelle Gefühle hochkommen und ihr sie einfach nur genau beobachtet, dann werdet ihr sehen, dass sie verschwinden werden. Ihr werdet entdecken, dass diese Sexualität nur in Unbewusstheit auftaucht und sofort verschwindet, wenn ihr sie beobachtet.

Dann wird euch aufgehen, auf was für eine erstaunliche Methode ihr da gestoßen seid: Euch wird klar geworden sein, dass euch nur dann Dinge wie Wut, Sex und Gier in der Gewalt haben können, wenn ihr unbewusst seid. Indem ihr sie beobachtet, eure Bewusstheit auf sie lenkt, verziehen sie sich alle miteinander.

Ich hatte einen Freund, der ein Problem mit Jähzorn hatte. Er sagte: „Ich bin völlig geschafft davon. Vor allem entzieht sich das völlig meiner Kontrolle. Zeig mir bitte einen Weg, wie ich das unter Kontrolle bringen kann, ohne dass ich mich groß dabei anstrengen muss – denn ich bin praktisch am Ende, ich krieg das nicht mehr geregelt. Ich glaube einfach nicht, dass ich noch aus eigener Kraft diesen Jähzorn loswerden kann."

Ich schrieb ihm auf einen Zettel die Worte: „Gleich platzt mir aber der Kragen!" und sagte: „Habe diesen Zettel immer bei dir und sobald du merkst, dass der Jähzorn kommt, hol ihn aus der Tasche, lies ihn und steck ihn wieder ein." Und ich fügte hinzu: „Das bisschen wirst du doch wohl noch hinkriegen, das ist das Minimum. Darunter geht's nicht. Lies dann diesen Zettel und steck ihn dir wieder in die Tasche." Er versprach es zu versuchen. Als ich ihn nach zwei oder drei Monaten wiedersah, fragte ich ihn: „Nun? Wie sieht's aus?"

Er sagte: „Ich fass es nicht. Dieser Zettel wirkt wie ein Mantra! Jedes Mal, wenn der Jähzorn kommt, hol ich ihn raus. Sobald ich ihn raushole, werden mir Hände und Füße taub. Ich stecke die Hand in die Hosentasche und schon wird mir klar, wie wütend ich bin und im selben Moment entspannt sich etwas in mir. Der alte Jähzorn, der mein Inneres sonst immer in seinem Würgegriff hatte, fällt plötzlich ab von mir. Im selben Moment, da meine Hand in die Hosentasche fährt, löst er sich auf – und dann brauch ich ihn gar nicht mehr zu lesen! Kaum werde ich wütend, sehe ich sofort den Zettel in meiner Tasche."

Er wollte wissen: „Wie kann so ein Zettel eine solche Macht haben? Was ist das Geheimnis?"

Ich sagte: „Da ist kein Geheimnis. Ganz einfach: Sobald du unbewusst wirst, gerätst du in die Gewalt deiner Perversionen, deiner Unausgewogenheiten und deiner ganzen Verworrenheit. Aber kaum wirst du bewusst, ist das alles verflogen."

Beobachten führt also zu zweierlei: Erstens macht ihr dadurch Bekanntschaft mit euren eigenen Energien und durch diese Kenntnis werdet ihr ihrer Herr. Und zweitens nimmt die Macht ab, mit der diese Energien euch im Griff haben. Anfangs werdet ihr merken, wie erst die Wut kommt und ihr nur danach beobachtet. Aber nach einer Weile werdet ihr sehen, dass zur gleichen Zeit, wie die Wut aufkommt, auch die Beobachtung einsetzen wird. Und schließlich werdet ihr sehen, dass genau in dem Moment, wenn die Wut aufkommen will, die Achtsamkeit bereits da ist. Vom selben Tage an, da die Achtsamkeit schon vor der Wut da ist, ist jede Wutaufwallung unmöglich geworden. Die Dinge wahrzunehmen, noch ehe sie geschehen, ist unbezahlbar. Sie hinterher zu bedauern hat keinen Wert; denn dann ist es zu spät und nun ist nichts mehr daran zu ändern. Hinterher zu weinen und zu jammern ist fruchtlos, denn Geschehenes kann man nicht ungeschehen machen. Man hat keine Chance zurückzugehen, keine Möglichkeit, keine Tür. Aber alles, was noch nicht passiert ist, lässt sich ändern. Leid tun ist nur eine Schmerzerfahrung nach vollendeten Tatsachen. Es ist sinnlos, es ist absolut unintelligent. Du bist also wieder wütend geworden – das war schon ein Fehler. Jetzt aber tut es dir Leid – das ist noch ein Fehler obendrein. Damit machst du es dir nur unnötig schwer. So etwas hat keinen Wert. Was du brauchst, ist Bewusstheit vorher. Und genau zu dieser Bewusstheit wird es dann kommen, wenn du mehr und mehr Acht gibst auf alle Regungen deines Herzens. Der zweite Schlüssel heißt also: Hinschauen, nicht Unterdrücken!

Und der dritte Schlüssel heißt Transformieren.

Jede Eigenschaft des Herzens lässt sich verwandeln. Alles hat viele Erscheinungsformen, alles kann seine entgegengesetzte Form annehmen. Es gibt keine Eigenschaft oder Energie, die sich nicht zum Guten, zum Segen wenden ließe. Und merkt euch Folgendes: Was auch immer schlecht werden kann, das kann auch immer gut werden; was auch immer Schaden anrichtet, das kann immer auch hilfreich werden. Schädlich und hilfreich, gut und schlecht – das sind nur Richtungen. Beim Transformieren geht es einzig und allein darum, die Richtung zu ändern und alles wird schlagartig anders.

Ein Mann, der auf einer Straße nach Delhi stadtauswärts rannte, hielt inne und fragte einen Passanten: „Wie weit noch bis Delhi?" Er bekam zur Antwort: „Wenn du in dieser Richtung weiterrennst, wirst du um die ganze Erde herum laufen müssen um nach Delhi zu kommen. Denn im Moment läufst du aus Delhi raus! Wenn du dagegen kehrtmachst, dann wirst du im Handumdrehn da sein. Aber erst einmal musst du dich umdrehen."

In der Richtung, in die er rannte, hätte es sehr lange gedauert bis Delhi. Aber er brauchte sich bloß um hundertachtzig Grad zu drehen und schon wäre er da.

Wenn ihr in die Richtung weiterlauft, in die ihr jetzt lauft, werdet ihr nirgendwo ankommen. Nicht einmal dann, wenn ihr um die ganze Erde herum laufen würdet. Denn die Erde ist klein und eure Vorstellungswelt ist riesengroß und so kann ein Mensch zwar um die Erde herum laufen; aber seine ganze Vorstellungswelt zu durchlaufen ist unmöglich – sie ist riesig, grenzenlos. Man mag ganz um die Erde herum laufen – der Mann käme auch so wieder nach Delhi; aber euer Geist ist weit größer als die Erde und den zu umkreisen wäre eine sehr lange Reise.

Somit ist diese Einsicht – dass es einzig und allein darauf ankommt, vollständig kehrtzumachen, eine völlig andere Richtung einzuschlagen – der dritte Punkt, den man sich merken muss.

Die Richtung, in die ihr jetzt geht, ist verkehrt. Woran erkennt man, dass etwas nicht stimmt? An Folgendem kann man erkennen, dass etwas nicht stimmt: Je weiter man geht, desto leerer wird man; je weiter man geht, desto trauriger wird man; je weiter man geht, desto rastloser wird man; je weiter man geht, desto mehr Dunkelheit macht sich in einem breit. Sollte das auf dich zutreffen, dann gehst du mit Sicherheit in die falsche Richtung.

Seligkeit ist das einzige Kriterium für Leben. Wenn dein Leben nicht selig ist, dann wisse, dass du auf dem Holzweg bist. Leiden ist das Kriterium dafür, dass man falsch lebt und Seligkeit ist das Kriterium dafür, dass man richtig lebt – andere Kriterien gibt es nicht. Du brauchst nicht erst heilige Schriften zu lesen und auch keinen Guru zu fragen. Du brauchst nur zu prüfen, ob du immer seliger wirst, ob deine Seligkeit ständig tiefer und tiefer wird. Wenn das so ist, bist du auf dem richtigen Weg. Und wenn das Leiden, der Schmerz und die Qual immer mehr werden, dann bist du auf dem Holzweg. Es kommt nicht darauf an, irgendwem zu glauben; es kommt darauf an, jeden Tag sein eigenes Leben zu prüfen und nachzuschauen, ob man eigentlich immer trauriger wird oder immer seliger. Wenn du dich das selber fragst, wird es nicht weiter schwer sein.

Alte Leute reden immer von ihrer glücklichen Kindheit. Was hat es damit auf sich? Haben sie sich falsch entwickelt? Ihre Kindheit, ihre Freudenzeit, lag am Anfang des Lebens und jetzt, am Ende des Lebens, sind sie traurig. Der Anfang war voller Freuden und das Ende ist traurig? Dann muss irgendwas in ihrem Leben schief gegangen sein. Denn im Grunde sollte es genau umgekehrt sein. Es hätte sich so abspielen sollen, dass die Freude der Kindheit mit jedem Tag, den man älter wurde, gewachsen ist. Dann würde man in seinen alten Tagen sagen, dass die Kindheit der schmerzlichste Zustand war – weil sie ganz am Anfang des Lebens lag, der erste Zustand war.

Wenn ein Student an der Universität studiert hat und hinterher sagt, ihm sei all sein Wissen, das er noch am Anfang des Studiums hatte, nach und nach abhanden gekommen, würden wir ihn fragen: „Lernst du denn nichts dazu?

Erwirbst du keinerlei Kenntnisse? Irgendwas stimmt da doch nicht!" Wir hätten verstanden, wenn er gesagt hätte, dass er am Anfang seiner Studien unwissender gewesen wäre. Natürlich sollte ein Student nach ein paar Jahren Studium mehr wissen als zuvor, nicht weniger. Aber zu behaupten, dass er jetzt weniger wisse, klingt ziemlich seltsam.

Alle Leute sagen, sie wären als Kinder fröhlicher gewesen. Die Dichter besingen ihre selige Kindheit. Sie müssen verrückt sein. Wenn nur deine Kindheit selig war… soll das etwa heißen, dass du, da du jetzt traurig bist, dein Leben umsonst gelebt hast? Dann wäre es ja besser gewesen, du wärest schon als Kind gestorben – wenigstens wärst du dann selig gestorben! Jetzt wirst du tief betrübt sterben. Glücklich ist also nur, wer in der Kindheit stirbt…?

Je länger jemand lebt, desto mehr sollte seine Freude zunehmen – aber eure Freude nimmt ab. Was die Dichter sagen, stimmt schon – sie sprechen sehr wohl aus Erfahrung. Sie haben ganz Recht. Eure Freude nimmt tatsächlich ständig ab. Tag für Tag schwindet alles dahin. Aber eigentlich sollte es immer mehr werden!

Also seid ihr auf dem Holzweg, geht euer Leben in die falsche Richtung, stimmt etwas nicht mit eurer Energie.

Man sollte ununterbrochen auf Wachposten sein, ständig nachforschen; man sollte sich die Kriterien ständig vor Augen halten. Wenn euch die Kriterien klar sind und wenn ihr erkennt, dass ihr auf dem Holzweg seid, dann kann dich niemand außer du selbst daran hindern, die richtige Richtung einzuschlagen.

Eines Abends kamen zwei Mönche in ihre Hütte zurück. Vier Monate lang waren sie unterwegs gewesen, aber nun, da die Regenzeit einsetzte, waren sie heimgekehrt in ihre Hütte. Aber als sie sich der Hütte näherten, wurde der Jüngere, der vorausgegangen war, plötzlich ärgerlich und traurig: Ein Sturm hatte die Hälfte der Hütte fortgeblasen und nur die Hälfte der Hütte war übrig geblieben. Und da standen sie nun nach vier Monaten da mit ihrer Hoffnung, sich in ihrer Hütte auszuruhen, geschützt vorm Regen! Aber damit war es nun vorbei. Die Hälfte der Hütte war fortgerissen und das halbe Dach hatte der Wind fort getragen.

Der junge Mönch wandte sich an seinen alten Gefährten: „Ich halt's im Kopf nicht aus! Das sind so die Sachen, die mich an der Existenz Gottes zweifeln lassen. Die Sünder sitzen bequem in der Stadt in ihren Palästen, ihnen bleibt so was erspart. Aber die Hütten armer Leute wie wir, die Tag und Nacht durchbeten, sitzen in den Ruinen. Da zweifle ich, ob es Gott überhaupt gibt! Macht all dieses Beten überhaupt Sinn oder machen wir einen Fehler? Vielleicht sollten wir besser auch drauflos sündigen – denn die Paläste der Sünder bleiben unbehelligt und die Hütten der Frommen pustet der Sturm weg."

Der junge Mann schäumte vor Wut, machte alles runter und fand, dass all sein Beten umsonst gewesen wäre. Aber da sah er, wie sein alter Gefährte seine gefalteten Hände gen Himmel streckte und ihm Freudentränen über die Backen liefen! Der Jüngere traute seinen Augen nicht und fragte: „Was machst denn du da?" Der Alte sagte: „Ich danke Gott, denn wer weiß, was der Sturm sonst noch alles hätte anrichten können. Er hätte die ganze Hütte einreißen können. Aber scheinbar hat Gott das zu verhindern gewusst und hat uns so wenigstens die halbe Hütte bewahrt. Gott kümmert sich auch um uns Arme, also sollten wir ihm danken! Unsere Gebete sind erhört worden, unser Beten war nicht umsonst – andernfalls hätten wir jetzt überhaupt kein Dach mehr."

In jener Nacht schliefen alle beide – aber, wie ihr euch denken könnt, beide sehr verschieden. Der Wütende und Verzweifelte, der all sein Beten für vergeblich hielt, wälzte sich die ganze Nacht über hin und her, den Kopf voll entsetzlicher Albträume. Er war tief bekümmert: Am Himmel jagten die Regenwolken und ein Wolkenbruch stand bevor. Da der Sturm das halbe Dach fortgerissen hatte, war der Himmel zu sehen. Am Morgen musste die Regenzeit losgehen – und was dann?

Der andere aber schlief tief und fest. Wer sonst kann so friedlich schlafen, wenn nicht ein Mensch voller Dankbarkeit und Erkenntlichkeit? Am Morgen stand er auf und fing an zu tanzen und zu singen. Und seine Worte waren: „O Gott, wir hätten es nicht für möglich gehalten, wie viel Seligkeit in einer halb verwüsteten Hütte möglich ist! Hätten wir das vorher gewusst, dann hätten uns deine Stürme nicht schrecken können, dann hätten wir selbst das halbe Dach abgedeckt! Noch nie hab ich so selig geschlafen. Und weil nur das halbe Dach da war, konnte ich jedes Mal, wenn ich nachts die Augen aufmachte, die Sterne sehen und die Wolken, die sich an deinem Himmel ballten. Und wenn jetzt die Regenzeit losgeht, wird es mit halbem Dach noch schöner werden, werden wir die Musik deiner Regentropfen viel deutlicher hören können. Was waren wir für Idioten! Wie viele Regenzeiten haben wir uns in der Hütte verkrochen! Wir hatten eben keine Ahnung, welche Freude es ist, dem Himmel und dem Wind und dem Regen ausgesetzt zu sein. Hätten wir es gewusst, wir hätten deinen Winden ins Gesicht gelacht, wir hätten selber das halbe Dach abgedeckt!"

Der junge Mann fragte: „Höre ich richtig? Was redest du da für einen Quatsch! Bist du verrückt geworden? Was sagst du da?!"

Der alte Mann sagte: „Ich habe tief in alles hineingeschaut. Und meine Erfahrung ist die, dass uns alles, was uns im Leben glücklicher macht, in die rechte Richtung führt und alles, was uns leiden macht, in die falsche Richtung führt. Ich habe Gott gedankt und meine Seligkeit ist nun noch größer. Du hast Gott gezürnt und nun ist deine Verzweiflung noch größer. Du hast letzte Nacht nicht schlafen können, während ich friedlich schlief. Jetzt war mir danach ein Lied zu singen und du kochst vor Wut. Schon sehr früh im Leben ist mir aufgegangen, dass nur diejenige Richtung, in der mein Leben seliger wird, die richtige Richtung ist – und so habe ich mit meinem ganzen Bewusstsein immer nur in diese Richtung geschaut. Was weiß ich, ob Gott existiert oder nicht. Was weiß ich, ob er unsere Gebete erhört oder nicht, aber mein Gottesbeweis ist, dass ich zufrieden bin und tanze, während du jammerst und voller Wut und Sorge bist. Meine Seligkeit ist der Beweis, dass meine Art zu leben die richtige ist und deine Verzweiflung beweist, dass deine Art zu leben die verkehrte ist."

Der dritte Punkt ist: Ständig hinzuschauen, in genau welcher Richtung sich deine Freude vertieft. Man braucht sonst niemanden zu fragen. Diesen Maßstab kannst du jeden Tag anlegen, mitten in deinem Alltag.

Der Maßstab heißt Seligkeit. Genau so, wie man Gold prüfen kann, indem man es an einem Stein reibt: Ein Goldschmied wird alles Gold wegwerfen, das nicht rein ist und nur das in seinen Tresor legen, was rein ist. Prüfe sich also jeder täglich am Prüfstein der Seligkeit. Schaut nach, was richtig ist und was falsch ist. Alles Falsche könnt ihr auf den Müll werfen und alles Richtige wird sich allmählich mehren wie ein Schatz.

Dies sind die drei Schlüssel.

In Japan haben sie ein Wort für Meditation, das sehr interessant ist. Sie nennen es Zazen. Zazen bedeutet: „Einfach nur dasitzen, gar nichts tun." Und genau darum geht es auch hier: Sitzt da und tut gar nichts. Es ist ein sehr bedeutsames Wort.

Sitze also still da ohne etwas zu tun. Die Augen sind geschlossen, die Ohren sind aufgesperrt, also werden die Ohren lauschen. Und du lauschst einfach immerzu still weiter... lauschst schweigend immerzu weiter. Während du lauschst, wirst du merken, dass in dir eine tiefe Stille und Leere aufgestiegen ist. Und in diese Leere muss man immer tiefer und tiefer hineingehen, tiefer und tiefer. Denn durch das Tor dieser Leere hindurch wirst du eines Tages das Ganze erkennen.

Durch dieses Tor der Leere wirst du dort anlangen, wo es ganz und heil ist. Und auf diesem Wege, indem du immer stiller wirst, nur den Vögeln und den Geräuschen um dich her lauschend, wirst du eines Tages anfangen den Ton deines inneren Seins zu vernehmen.

Erst einmal entspannt euren Körper restlos. Danach schließt langsam und sanft eure Augen. Lasst die Augen sehr langsam zufallen, damit kein Druck auf die Augen entsteht. Schließt die Augen und entspannt den Körper. Sitzt vollkommen still... Von allen Seiten kommen Vogelstimmen: Hört ihnen einfach still zu. Nehmt alle anderen Geräusche um euch her wahr. Hört einfach nur weiter zu und tut gar nichts. Nach und nach wird etwas in euch still werden, wird sich etwas setzen.

Spitzt einfach die Ohren… und innerlich werdet ihr spüren, wie eine Stille über euch kommt. Lauscht zehn Minuten lang schweigend. Lauscht absolut entspannt. Hört… der Verstand hat sich gelegt, der Verstand ist mucksmäuschenstill geworden, ist immer stiller geworden. In dieser tiefen Stille… hört auf jedes Geräusch.

Vögel singen – hört hin…

Die ganze Welt ist nur von einem Verlangen erfüllt: nach Liebe. Und die ganze Welt kennt nur eine Klage: „Ich bekomme nicht genug Liebe!" Und wenn ihr keine Liebe bekommt, werft ihr anderen vor euch keine Liebe zu schenken. Die Frau sagt zu ihrem Mann: „Irgendwas stimmt nicht mit dir. Kein Wunder, dass ich keine Liebe bekomme." Der Mann sagt zu seiner Frau: „Mit dir ist etwas nicht ganz in Ordnung; was Wunder, dass ich da keine Liebe bekomme!" Und keiner fragt sich auch nur, ob es je möglich war Liebe von außen zu bekommen.

8. WENN DAS HERZ VON LIEBE ERFÜLLT IST, FÄNGT EINE NEUE REISE AN

DER MENSCHLICHE GEIST STEHT UNTER einer gewaltigen Spannung und diese Spannung hat einen Pegel erreicht, der an Wahnsinn grenzt. Man muss diese Spannung lösen. Und daneben mangelt es dem menschlichen Herzen an jeglicher Spannung. Die Saiten auf der *Veena* des menschlichen Herzens sind schlaff – sie müssen gestrafft werden.

Ich gab euch ein paar Hinweise, wie man die Saiten des Herzens straffen kann. Nun noch ein letzter Hinweis hierzu. Der *Veena* des menschlichen Lebens lässt sich die herrlichste Musik entlocken – aus jedem Herzen, dessen Saiten richtig gestimmt sind. Eine Gesellschaft, die ihr Herz verloren hat, eine Zeit oder Epoche, in der alle Herzenswerte geschwächt wurden, hat alles verloren, was gut, wahrhaft und schön ist. Wenn wir das Gute, Wahre und Schöne in unser Leben einladen wollen, führt kein Weg daran vorbei, erst einmal wieder die Saiten auf der *Veena* unseres Herzens zu stimmen.

Liebe heißt das Mittel, wie die Saiten auf der *Veena* des Herzens zu stimmen sind. Sie ist das Mittel, die Saiten des Herzens so einzurichten, dass sie Musik hervorbringen. Aus diesem Grunde ist für mich Liebe gleich Gebet: Die Liebe ist für mich der Weg, der zum Göttlichen hinführt. Für mich sind ‚Liebe' und ‚das Göttliche' dasselbe. Beten ohne Liebe ist unecht, hohl, bedeutungslos. Ohne Liebe haben Gebetsworte keinerlei Wert. Und ohne Liebe wird es keinem, der an der Reise zum Göttlichen interessiert ist, jemals gelingen, zum Letzten und Höchsten vorzudringen. Liebe ist das Mittel, die

Veena des Herzens zum Singen zu bringen. Dazu werdet ihr ein paar Dinge verstehen müssen, was die Liebe betrifft.

Zuerst die Illusion, dass ihr alle schon zu wissen meint, was Liebe sei. Diese Illusion richtet einen enormen Schaden an; denn um etwas zu erreichen oder zu erwecken, das man bereits zu kennen glaubt, wird man nie einen Finger rühren.

Was ihr aber übersetzt ist die Tatsache, dass wer die Liebe kennen gelernt hat, zugleich auch die Fähigkeit erworben hat das Göttliche zu erkennen. Wer weiß, was Liebe heißt, braucht sonst nichts weiter im Leben zu erkennen. Aber so, wie ihr beschaffen seid, habt ihr keine Ahnung; alles wartet erst darauf, erkannt zu werden.

Somit ist das, was du für Liebe hältst, wahrscheinlich nicht Liebe. Du hast etwas anderes ‚Liebe' genannt und wie kannst du, solange du dieser Täuschung unterliegst – also die Vorstellung hegst, schon alles über die Liebe zu wissen – auf die Idee kommen, sie ergründen und erfahren zu wollen?

Dies ist also das Erste, was es zu verstehen gilt – nämlich dass du noch gar keine Ahnung hast, was Liebe ist.

Jesus machte einmal an einem heißen Nachmittag Rast unter einem Baum in einem Garten. Es war äußerst heiß und er war erschöpft, also schlief er im Schatten des Baumes ein. Er wusste nicht einmal, wem das Haus, der Garten oder der Baum gehörte. Die hier wohnte, war Maria Magdalena, eine sehr schöne Kurtisane jener Tage.

Magdalena sah durch das Fenster diesen wunderschönen Menschen unter ihrem Baum schlafen. So einen schönen Mann hatte sie noch nie gesehen. So wie es eine Schönheit des Körpers gibt, gibt es auch eine Schönheit der Seele. Körperliche Schönheit bekommt man oft genug zu sehen, aber seelische Schönheit bekommt man nur selten zu Gesicht. Aber wenn die Schönheit der Seele erscheint, wird noch der hässlichste Körper zur allerschönsten Blüte. Sie hatte genug schöne Menschen gesehen, denn vor ihrer Tür drängelten sich immer viele – manchmal konnte sie sich kaum den Weg ins eigene Haus bahnen! Aber jetzt fühlte sich Magdalena zu diesem Baum hingezogen wie von einem Magneten.

Jesus wollte eben aufstehen und gehen; er hatte ausgeschlafen. Magdalena sagte: „Würdest du mir die Ehre erweisen in mein Haus zu treten und dort zu ruhen?"

Jesus antwortete: „Ich bin schon ausgeruht und ich war Gast deines Baumes. Jetzt aber muss ich gehen. Sollte ich aber wieder hier vorbei kommen und müde sein, dann will ich mich gern in deinem Hause ausruhen."

Magdalena fühlte sich verletzt. Große Fürsten hatte sie schon von ihrer Tür abgewiesen und jetzt, da sie einen Bettler von der Straße einlud in ihrem Hause zu ruhen, schlug der es ihr ab! Das tat ihr weh und so sagte sie: „Nein! Du kannst sagen, was du willst, aber du musst hereinkommen. Kannst du mir denn nicht einmal diese kleine Liebe erweisen? Kannst du nicht eintreten und ein wenig in meinem Hause ausruhen?"

Jesus sagte: „Dadurch, dass du mich eingeladen hast, habe ich bereits dein Haus betreten. Denn wo ist dein Haus, wenn nicht in den Gefühlen deines Herzens? Und wenn du mich fragst, wieso ich dir nicht einmal diese kleine Liebe erweisen könne, so lautet meine Antwort: Du magst schon viele Menschen gesehen haben, die ‚Ich liebe dich' zu dir gesagt haben; aber keiner von ihnen hat dich geliebt. Denn insgeheim liebten sie etwas ganz anderes. Und ich kann dir versichern, dass ich tatsächlich einer der wenigen bin, die dich überhaupt lieben können und ich dich auch tatsächlich liebe. Denn lieben kann nur einer, in dessen Herzen die Liebe aufgegangen ist."

Keiner von euch kann lieben, weil in eurem Innern keine Liebe strömt. Wenn ihr zu jemandem sagt: „Ich liebe dich!", schenkt ihr damit im Grunde keine Liebe, sondern bittet um Liebe. Ihr alle bittet nur um Liebe und wie kann jemand, der selber um Liebe bittet, Liebe schenken? Wie könnten Bettler Kaiser sein? Wie könnten Leute, die um Liebe betteln, Liebe-Schenkende sein?

Ihr alle bettelt gegenseitig um Liebe. Innerlich seid ihr Bettler, die irgendwen bitten, sie zu lieben. Die Ehefrau bittet ihren Mann um Liebe, der Ehemann bittet seine Frau um Liebe, die Mutter bittet ihren Sohn, der Sohn seine Mutter; Freunde bitten Freunde um Liebe. Alle bettelt ihr einander um Liebe an, ungeachtet der Tatsache, dass der Freund, den ihr bittet, selber um Liebe bettelt. Ihr seid wie zwei Bettler, die voreinander stehen und ihre Bettelschale hinhalten.

Solange jemand noch um Liebe bettelt, ist er nicht in der Lage selber Liebe zu geben, denn das bloße Bitten ist ein Zeichen dafür, dass er keine Quelle der Liebe in sich hat. Warum sonst würde er um Liebe von außen bitten müssen? Liebe schenken kann nur, wer über das Bedürfnis um Liebe zu bitten hinaus gewachsen ist. Liebe heißt Teilen, nicht Betteln. Liebe ist ein Kaiser, sie ist kein Bettler. Liebe kennt nichts als Geben, sie weiß nichts vom Bitten.

Weißt du, was Liebe ist? Die Liebe, um die ihr einander bittet, kann keine Liebe sein. Und merkt euch: Wer um Liebe bittet, wird niemals auf dieser Welt ein Fünkchen Liebe bekommen. Eines der Grundgesetze, eines der ewigen

Gesetze des Lebens lautet: Wer um Liebe bettelt, wird nie im Leben welche bekommen.

Die Liebe klopft nur an die Tür eines Hauses, aus dem das Bedürfnis nach Liebe verschwunden ist. Die Liebe regnet in Hülle und Fülle auf das Haus desjenigen nieder, der aufgehört hat um Liebe zu betteln.

Aber nicht ein Regentropfen wird auf das Haus dessen fallen, der sich immer noch nach Liebe sehnt. Liebe strömt niemals einem bittenden Herzen entgegen. Das bittende Herz hat nicht die nötige Gastlichkeit, die es der Liebe möglich macht einzutreten. Nur ein teilendes Herz, ein schenkendes Herz kann die Liebe einladen an seine Tür zu klopfen und zu sagen: „Mach die Tür auf, ich bin da!"

Hat die Liebe je an eure Türen geklopft?

Nein. Denn bis jetzt seid ihr noch nicht in der Lage gewesen Liebe zu schenken. Und merkt euch auch, dass alles, was ihr gebt, wieder zu euch zurückkehren wird. Eines der ewigen Gesetze des Lebens lautet: Was immer wir weggeben, kehrt zu uns zurück.

Die ganze Welt ist eine einzige Echowand: Du gibst Hass und Hass bekommst du wieder; du gibst Wut und Wut bekommst du zurück; du beschimpfst andere und deine Beschimpfungen werden auf dich zurückfallen; du säst Dornen und Dornen wirst du ernten. Alles, was du gegeben hast, kehrt wieder zu dir zurück, kehrt auf zahllose Weise zu dir zurück. Und wenn du Liebe austeilst, dann wirst du grenzenlos Liebe zurückbekommen. Wenn die Liebe bisher noch nicht auf zahllose Weise zu dir zurückgekehrt ist, dann wisse: Der Grund ist der, dass du nie Liebe gegeben hast.

Aber wie solltet ihr Liebe geben können? Ihr habt keine zu geben. Wenn ihr Liebe hättet, bräuchtet ihr nicht von Tür zu

Tür zu wandern und um sie zu bitten. Warum werdet ihr zu Bettlern, die von Ort zu Ort wandern? Warum bittet ihr um Liebe?

Es gab einmal einen Fakir namens Farid. Die Leute aus seiner Stadt sagten zu ihm: „Farid, der Kaiser Akbar hält große Stücke auf dich – bitte ihn doch mal unserer Stadt eine Schule zu stiften."

Farid sagte: „Ich habe noch nie jemanden um etwas gebeten. Ich bin ein Fakir, ich kenne nur eines: Geben."

Die Leute in der Stadt waren höchst überrascht. Sie sagten: „Wie bitte? Ist denn ein Fakir kein Bettelmönch? Und jetzt erzählst du uns, dass du als Fakir nichts anderes kennst als das Geben?! Wir können das nicht nachvollziehen, uns ist das zu hoch und zu ernst. Tu uns doch einfach nur den Gefallen und bitte Akbar eine Schule für uns einzurichten."

Die Leute in der Stadt ließen nicht locker und so ging Farid frühmorgens zu Akbar. Akbar war gerade in seiner Moschee und verrichtete sein Gebet und Farid wartete hinter ihm. Als Akbar mit Beten fertig war, hob er beide Hände gen Himmel und rief aus: „O Gott! Mehre meinen Reichtum, mehre meine Schätze, stärke mein Reich!"

Dies hörend, wandte Farid sich zum Gehen. Als Akbar sich erhob, sah er Farid eben fortgehen. Er eilte ihm nach, hielt ihn fest und fragte: „Warum bist du gekommen und warum gehst du schon wieder?"

Farid sagte: „Ich hatte dich für einen Kaiser gehalten, aber wie ich höre, bist du ein Bettler. Ich hatte vor, dich um eine Schule für meinen Ort zu bitten. Ich hatte ja keine Ahnung, dass auch du Gott darum bittest, deinen Reichtum und deine Schätze zu mehren. Es gehört sich nicht, einen Bettler um etwas zu bitten. Ich hatte dich für einen Kaiser gehalten. Aber wie ich jetzt sehe, bist du ein Bettler; also gehe ich wieder."

Ihr seid allesamt Bettler und ihr bettelt immerzu andere Bettler um etwas an, das sie nicht haben. Und wenn ihr es nicht bekommt, werdet ihr traurig, dann weint und jammert ihr und habt das Gefühl keine Liebe zu bekommen.

Liebe ist nicht etwas, das man von außen bekommen kann. Liebe ist die Musik deines inneren Wesens. Niemand kann dir Liebe geben. Liebe kann zwar in dir aufsteigen, aber sie ist nicht von außen zu haben. Nirgendwo gibt es einen Laden, einen Markt, einen Verkäufer, bei dem man Liebe kaufen kann. Liebe kann man zu keinem Preis kaufen.

Liebe ist ein inneres Aufblühen. Sie steigt aus dem Innern auf, aus einer latenten Energie. Aber wir alle suchen nach Liebe irgendwo da draußen – ein absolut irregeleitetes und vergebliches Unterfangen.

Suche nach Liebe in dir selbst. Du kannst dir nicht einmal vorstellen, dass es in dir so etwas wie Liebe geben könnte, weil man immer meint, zur Liebe sei ein Partner erforderlich. Da stellt man sich sofort immer jemand anderen vor, außerhalb von einem selbst. Und da du dich nicht entsinnen kannst, dass jemals Liebe in dir aufgestiegen wäre, wird deine Liebesenergie nie geweckt. Du ahnst nicht, dass du immer nur da draußen um etwas bittest, das du bereits in dir hast. Und weil du es von außen erwartest, schaust du nie in deinem Innern nach. Somit steigt das, was in dir hätte aufsteigen können, niemals auf. Liebe ist der eigentliche Schatz, mit dem jeder Einzelne geboren wird. Der Mensch wird nicht mit Geld geboren – Geld ist ein gesellschaftliches Akkumulieren. Aber der Mensch wird mit Liebe geboren. Die ist sein

Geburtsrecht, die ist seine individuelle Mitgift, die steckt in ihm drin. Sie ist eine Gefährtin, die ihm bei der Geburt zur Seite gestellt wird und die ihn von Anfang an begleitet hat. Aber die Wenigsten haben das Glück nach innen zu schauen und zu erkennen, wo die Liebe steckt, wie sie zu finden und wie sie zu entfalten ist. Also werdet ihr zwar geboren, aber euer Schatz bleibt unentdeckt. Ja, sie wird gar nicht erst entdeckt und so bettelt ihr von Tür zu Tür und streckt anderen eure Hände entgegen, weil ihr Liebe braucht.

Die ganze Welt ist nur von einem Verlangen erfüllt: nach Liebe. Und die ganze Welt kennt nur eine Klage: „Ich bekomme nicht genug Liebe!" Und wenn ihr keine Liebe bekommt, werft ihr anderen vor euch keine Liebe zu schenken. Die Frau sagt zu ihrem Mann: „Irgendwas stimmt nicht mit dir. Kein Wunder, dass ich keine Liebe bekomme." Der Mann sagt zu seiner Frau: „Mit dir ist etwas nicht ganz in Ordnung; was Wunder, dass ich da keine Liebe bekomme!" Und keiner fragt sich auch nur, ob es je möglich war Liebe von außen zu bekommen.

Liebe ist der innere Schatz – und Liebe ist die eigentliche Musik der *Veena* des Herzens. Die *Veena* des menschlichen Herzens ist schwer gestört: Die Musik, für die sie geschaffen wurde, ist nirgends zu hören. Wie bringt man diese Musik zum Erklingen? Welches Hindernis steht im Wege, dass diese Musik nicht erklingt? Was ist das Hindernis, dass es nicht dazu kommt? Habt ihr euch je Gedanken über dieses Hindernis gemacht? Habt ihr je überlegt, was es damit auf sich haben könnte?

Ein Schauspieler, der ein echter Dramatiker und auch ein guter Dichter gewesen war, starb. Viele Menschen strömten zur Trauerfeier im Krematorium. Der Direktor des Filmkonzerns, für den er gearbeitet hatte, war ebenfalls anwesend und sprach einen kurzen Nachruf. Seine Worte waren: „Ich war es, der diesen Mann zum Schauspieler gemacht hat. Ich war es, der ihn aus den hintersten Gassen ins Rampenlicht gezogen hat. Ich war es, der sein erstes Buch veröffentlicht hat. Ohne mich wäre er nie zu Weltruhm gelangt!"

Weiter kam er nicht… Ich war selbst bei dieser Bestattung anwesend und der eine oder andere unter euch war vielleicht auch dabei… Weiter kam der Direktor nicht, denn plötzlich setzte sich der aufgebahrte Leichnam auf und sagte: „Entschuldigung, wenn ich unterbreche – aber wer wird hier eigentlich bestattet: Sie oder ich? Von wem ist hier die Rede?"

Der Direktor hatte nur von sich selbst geredet: „Ich hab ihn weltberühmt gemacht! Ich hab sein erstes Buch veröffentlicht! Ich hab ihm seine erste Filmrolle verschafft… Ich, ich, ich!"

Selbst die Leiche hielt dieses Ich-Trommelfeuer nicht mehr aus, erhob sich und sprach: „Verzeihung, aber bitte sagen Sie mir: Wer wird hier eigentlich bestattet – Sie oder ich? Um wen geht es hier?" Selbst die Toten können dieses Ich-Getöse nicht ertragen. Und der Mensch macht ständig nur solches Ich-Getöse. Wie sollen die Lebenden es aushalten können?

In eurem Innern kann es nur zwei Stimmen geben – aber wer von der Stimme des Ich erfüllt ist, in dem ist die Stimme der Liebe nicht zu hören. Und wer von der Stimme der Liebe erfüllt ist, in dem ist die Stimme des Ich nicht zu hören. Simultan sind sie nirgends zu finden, das ist unmöglich – so unmöglich, wie Dunkelheit und Licht koexistieren können.

Einmal kam die Dunkelheit zu Gott und sagte: „Die Sonne verfolgt mich überall hin. Sie kommt mir immerzu in die

Quere, läuft mir Tag und Nacht hinterher und abends bin ich immer fix und fertig. Und kaum ist es Nacht geworden und ich hab mich ein wenig aufs Ohr gelegt und will ausruhen, schon ist sie wieder da. Ich wüsste nicht, dass ich ihr je etwas getan hätte oder sie erzürnt hätte. Warum verfolgt sie mich so? Warum hab ich nur Scherereien? Was hab ich verkehrt gemacht?"

Da rief Gott die Sonne und fragte: „Warum setzt du der armen Dunkelheit so sehr zu? Sie ist immer auf der Flucht und muss sich überall vor dir verstecken. Warum läufst du ihr immer hinterher? Was soll das?"

Die Sonne sagte: „Wer ist diese Dunkelheit? Sie ist mir noch nie begegnet, ich kenne sie nicht einmal. Wer ist diese Dunkelheit? Was ist Dunkelheit? Ich hab sie noch nicht gesehen, sie ist mir noch nie untergekommen. Aber sollte ich unwissentlich etwas falsch gemacht haben, dann bin ich gern bereit mich zu entschuldigen. Und sobald ich weiß, wie sie aussieht, werde ich ihr nie mehr folgen."

Wie es heißt, sind seitdem Millionen und Milliarden von Jahren verstrichen, aber die Akte liegt immer noch ungelöst auf Gottes Schreibtisch. Selbst Gott hat es nicht geschafft die Dunkelheit mit der Sonne zusammenzubringen. Und wahrlich, ich sage euch, dass ihm das auch in Zukunft zu keinem Zeitpunkt gelingen wird, mag er auch noch so allmächtig sein. Selbst der Allmächtige hat nicht die Macht der Sonne die Dunkelheit vorzuführen, weil die Dunkelheit und das Sonnenlicht sich einfach nicht vertragen können.

Es gibt einen Grund, warum die beiden es nicht miteinander aushalten können. Und zwar den, dass die Dunkelheit kein eigenes Wesen besitzt – also kann sie vor der Sonne nicht bestehen. Dunkelheit heißt einfach nur: Abwesenheit von Licht; wie also sollten die Anwesenheit und die Abwesenheit ein und derselben Sache nebeneinander bestehen können? Die Dunkelheit ist ja nichts weiter als die Abwesenheit der Sonne. An und für sich ist Dunkelheit gar nichts weiter als die Abwesenheit der Sonne – sie ist nur das Nichtvorhandensein von Licht. Wie sollte also ein Nichtvorhandensein vorhanden sein? Wie sollte beides zusammen existieren können? Das kriegt Gott nie und nimmer hin!

Ganz genauso können Ego und Liebe nicht zusammen existieren. Das Ego ist wie die Dunkelheit: Es ist die Abwesenheit von Liebe, nicht ihr Vorhandensein. Die Liebe ist in eurem Innern noch gar nicht erwacht, also könnt ihr in euch immer nur das Echo eures Ich hören. Und nur mit dieser Ich-Stimme sagt ihr dann: „Ich möchte lieben! Ich möchte Liebe geben, ich möchte Liebe bekommen." Ja, seid ihr denn von allen guten Geistern verlassen? So etwas wie eine Beziehung zwischen Ich und Liebe hat es noch nie gegeben. Und dann erzählt dieses Ich immerzu was von Liebe und sagt: „Ich möchte beten, ich möchte zu Gott finden, ich möchte befreit werden!"

Das ist, als würde die Dunkelheit sagen: „Ich möchte die Sonne umarmen, ich möchte die Sonne lieben, ich möchte Gast sein im Hause der Sonne!" Einfach ausgeschlossen.

Das ‚Ich' an sich ist Abwesenheit von Liebe. ‚Ich' heißt Mangel an Liebe. Und je mehr du diese Stimme deines Ich stärkst, desto weniger wirst du Liebe in dir finden können. Je mehr Ego, desto weniger Liebe. Und wenn das Ego total ist, stirbt die Liebe total.

Es kann keine Liebe in euch geben, denn wenn ihr in euch geht, werdet ihr dort nur den Widerhall der Stimme eures Ich hören können, rund um die Uhr. Ihr atmet mit diesem Ich, ihr trinkt Wasser mit diesem Ich, ihr geht mit diesem Ich in die Kirche. Was gibt es denn sonst noch in eurem Leben außer diesem Ich?

Eure Kleider sind die Kleider eures Ich, eure Stellung ist die Stellung eures Ich, euer Wissen ist das Wissen eures Ich, eure spirituelle Praxis, eure guten Werke sind die guten Werke eures Ich, euer Ein und Alles – ja sogar eure Meditation ist noch die Meditation eures Ich. Mit geschwellter Brust sagt ihr euch: „Ich bin jemand, der meditiert! Ich bin kein Alltagsmensch, ich bin kein gewöhnlicher Mensch – ich bin ein Meditierer! Ich bin ein Helfer! Ich weiß eine Menge! Ich bin reich! Ich bin dies, ich bin das…"

In das Haus, das ihr um dieses Ich her errichtet habt, kann niemals die Liebe einziehen. Und dann wird auch niemals die Musik, die das Herz bis zur innersten Mitte führen könnte, die es die Wahrheiten des Lebens lehren könnte, auf der *Veena* des Herzens erklingen, wird sich diese Tür nicht auftun, wird sie immer verschlossen bleiben.

Euch muss ein für allemal klar werden, wie stark euer Ego ist, wie tief es geht. Und ihr müsst klar unterscheiden, ob ihr ihm noch mehr Kraft geben, ob ihr es noch mehr vertiefen, ob ihr es von Tag zu Tag nur noch stärker machen wollt. Und wenn du selber es stärker machst, dann lass alle Hoffnung fahren, dass die Liebe je in dir aufsteigen wird oder dass sich die fest verschnürte Liebe lösen kann oder dass dir der Schatz der Liebe zugänglich wird. Gib schon den Gedanken daran auf: So ist es einfach ausgeschlossen.

Deswegen fordere ich euch auch gar nicht auf liebevoll zu werden. Denn auch das Ego kann ohne Weiteres sagen „Ich bin ein Liebender" und „Ich liebe!"

Die Liebe, die aus dem Ego kommt, ist absolut unecht. Das ist der Grund, warum ich sage, dass all eure Liebe nicht echt ist; denn sie kommt aus dem Ego, sie ist der Schatten des Ego. Und vergesst nicht, dass eine Liebe, die aus dem Ego kommt, gefährlicher ist als der Hass. Denn der Hass ist unmissverständlich, unmittelbar und unkompliziert, aber eine Liebe, die mit einer Maske auftritt, wird schwer zu erkennen sein.

Wenn du mit einer Liebe geliebt wirst, die aus dem Ego kommt, wirst du nach einer Weile das Gefühl haben, von eisernen Ketten statt von liebenden Armen umschlungen zu sein. Nach einer Weile wirst du erkennen, dass eine Liebe, die dir schöne Reden macht und schöne Lieder singt und verführerische Signale aussendet – dass solche süßen Lieder voller Gift stecken. Und wenn eine Liebe, die in Gestalt von Blumen daherkommt, nur der Schatten des Ego ist, dann wirst du entdecken, dass du von Dornen gestochen wirst, sobald du diese Blumen berührst.

Wer Fische fangen will, der steckt zunächst einen Köder auf den Angelhaken. Das Ego will andere in seiner Gewalt haben, es möchte sie besitzen, also durchsticht es sie tief mit seinem Haken, auf dem Liebe als Köder sitzt. Und so enden viele Menschen wegen ihrer Liebesillusionen in Schmerz und Leid. Nicht einmal in der Hölle müssen so viele Menschen so sehr leiden. Und an dieser eingebildeten Liebe leidet die gesamte Erde, die gesamte Menschheit. Aber ihr habt trotzdem noch nicht begriffen, dass eine Liebe, die aus dem Ego kommt, nicht echt ist. Nur so konnte es zu dieser Hölle kommen. Eine Liebe, hinter der sich das Ego verbirgt, ist eine Art Eifersucht. Und darum ist auch niemand so eifersüchtig wie die Liebespaare. Die Liebe, hinter der das Ego steckt, ist nur eine Verschwörung und eine List um den andern zu vereinnahmen. Ich sage Verschwörung: Nur so ist es erklärlich, warum niemand so erstickend sein kann wie einer, der sagt, dass er dich liebe. So weit kann es nur auf Grund der angeblichen Liebe kommen, die aus dem Ego kommt. Und zwischen Liebe und Ego ist grundsätzlich keine Beziehung möglich.

Jalaluddin Rumi sang oft ein Lied, ein sehr schönes Lied; er zog von Ort zu Ort und überall trug er dieses Lied vor. Wenn ihn die Leute baten ihnen etwas über Gott zu erzählen, sang er einfach dieses Lied.

Es war ein ganz wunderbares Lied. Es handelt von einem Liebhaber, der an die Tür seiner Geliebten kommt und dort anklopft; und die Geliebte fragt: „Wer bist du?"

Der Liebhaber sagt – wie alle Liebhaber – „Ich bin's, dein Geliebter!"

Innen aber bleibt es still; es kommt keine Antwort, keine Stimme ist von innen zu hören.

Der Liebhaber klopft noch einmal lauter an die Tür; aber offenbar ist niemand zu Hause. Da ruft er ganz laut: „Warum ist es so still da drin? Antworte mir! Ich bin dein Geliebter! Ich bin da!" Aber je lauter er ruft: „Ich bin da! Ich bin dein Geliebter!", desto stiller wird das Haus – wie ein Friedhof. Von innen kommt einfach kein Laut.

Endlich rennt er mit dem Kopf gegen die Tür und ruft: „Sag wenigstens ein Wort!"

Da kommt von drinnen die Antwort: „In diesem Haus ist nicht Raum für zwei. Du sagst: ‚Ich bin da! Ich, dein Geliebter!' – aber ich bin bereits hier. Hier ist nicht Raum für zwei. Die Tür der Liebe kann sich nur dem öffnen, der das Ich abgelegt hat. Geh jetzt! Komm ein andermal wieder."

Der Liebhaber geht fort. Jahrelang betet und meditiert er. Viele Monde verstreichen, viele Sonnenaufgänge und Sonnenuntergänge verstreichen, bis er endlich zurückkehrt an die Tür. Als er anklopft, hört er die gleiche Frage: „Wer bist du?" Diesmal sagt der Liebhaber: „Es gibt kein Ich! Es gibt nur dich." Und Jalaluddin Rumi sagt: „Noch im selben Augenblick ging die Tür auf."

Ich hätte die Tür nicht aufgemacht! Jalaluddin ist schon seit langem tot, darum kann ich ihm auch nicht mehr sagen, dass es noch nicht an der Zeit war die Tür aufgehen zu lassen. Er hat die Tür zu früh aufgehen lassen – denn wer sagt: „Es gibt nur dich", erfährt sich selber immer noch als ein Ich. Nur wer nicht einmal mehr ein du erfährt, kann sich auch selbst nicht als ein ich erfahren.

Wenn man also einerseits nicht sagen kann „Liebe enthält nicht zwei", ist es genauso verkehrt zu sagen, „Liebe enthält nur eins". Für die Liebe gibt es weder zwei noch eins. Solange noch das Gefühl herrscht, eines sei da, könnt ihr davon ausgehen, dass auch das andere da ist – weil nur das andere sich des einen bewusst sein kann. Wo ein du zugegen ist, ist auch ein Ich zugegen.

Ich also hätte diesen Liebhaber erneut fortgeschickt. Er sagte: „Es gibt kein Ich! Es gibt nur dich." Aber wer dies sagt, ist da, absolut da. Er hat nur eine List gelernt. Beim ersten Mal hatte er geantwortet: „Ich bin's!", und die Tür war verschlossen geblieben. Dann, nach jahrelanger Bedenkzeit beschloss er zu sagen: „Mich gibt es nicht, es gibt nur dich!" Aber wer ist es, der dies sagt? Und warum sagt er so etwas? Wer das du kennt, der kennt auch das Ich.

Merkt euch, dass ‚Du' nur der Schatten von ‚Ich' ist. Für

einen, der sich aufgelöst hat, bleibt auch das du nicht mehr da. Ich also hätte den Liebhaber weggeschickt, denn die Geliebte hatte gesagt „Hier ist nicht Raum für zwei". Der Mann kapierte nicht; er fing an zu brüllen und sagte: „Was denn für zwei? Jetzt bin ich doch gar nicht mehr da, gibt es nur noch dich!"

Daraufhin hätte die Geliebte ihn aber wegschicken sollen, denn er hatte sich nur eine List ausgedacht – er sah nach wie vor zwei Menschen. Die Geliebte sagte: „Wenn es keine zwei mehr gibt, dann hättest du auch nicht versucht die Tür zu öffnen – denn wer ist es denn, der darauf besteht, dass die Tür aufgemacht wird? Und wer bitteschön soll sie aufmachen? In einem Haus, wo zwei wohnen, kann es keine Liebe geben."

Meiner Version zufolge ging der Liebhaber von dannen. Jahre verstrichen und er kam nicht zurück. Er kehrte nie wieder. Da machte sich die Geliebte auf die Suche nach ihm.

Womit ich Folgendes sage: Von dem Tage an, da der Schatten deines Ich verschwindet, von dem Tage an, da weder Ich noch du übrig geblieben sind, von dem Tage an brauchst du auch nicht mehr nach dem Göttlichen zu suchen – jetzt kommt das Göttliche an und sucht dich!

Kein Mensch kann das Göttliche ausfindig machen, weil er für eine solche Suche nicht ausgestattet ist. Aber wenn einer die Bereitschaft erlangt hat sich aufzulösen, wenn er die Bereitschaft erlangt hat ein Niemand zu werden, die Bereitschaft erlangt hat eine Leere zu werden, dann wird das Göttliche ihn mit Sicherheit ausfindig machen. Auf die Suche kann sich nur das Göttliche machen – nach dem Menschen; niemals kann sich der Mensch nach dem Göttlichen auf die Suche machen, denn selbst noch in seinem Suchen ist sein Ego anwesend: „Ich bin auf der Suche, ich muss Gott finden.

Geld genug habe ich. Einen Sitz im Parlament habe ich auch. Ich wohne in einer Prachtvilla..." jetzt hat er nur noch einen Wunsch offen: „Ich möchte zu Gott finden! Wie könnte ich auf das Ansehen verzichten Gott gefunden zu haben? Das wird mein letzter Triumph sein! Diesen Sieg brauche ich noch! Jetzt fehlt mir nur noch Gott!" Der das sagt, der das verlangt, wer hier ‚auf die Suche geht', ist niemand als das Ego höchstpersönlich.

Ein religiöser Mensch ist also nicht einer, der sich auf die Suche nach Gott begibt; ein religiöser Mensch ist einer, der sich auf die Suche nach seinem Ich begibt – und je mehr er sich nach ihm umschaut, desto mehr wird er entdecken, dass dieses Ich überhaupt nicht existiert! Und am Tage, da das Ich nicht mehr da ist, noch am selben Tage wird für ihn die Tür aufgehen, hinter der sich die Liebe verbirgt.

Dies also ist der letzte Schlüssel: Suche nach dir selbst, nicht nach dem Göttlichen.

Du hast nicht einmal einen Schimmer vom letzten und höchsten Sein. Geh nicht auf die Suche nach dem Göttlichen, weil du nicht die geringste Vorstellung hast, was das Göttliche ist. Wie willst du nach etwas suchen, wovon du nicht einmal eine Vorstellung hast? Wo willst du jemanden finden, von dem du keine Adresse hast? Wo willst du jemanden finden, über den du keinerlei Informationen hast? Wo willst du jemanden suchen, der keinen Anfang hat und kein Ende, jemanden, von dessen Aufenthalt du nicht die geringste Vorstellung hast? Du wirst verrückt werden! Du wirst nicht wissen, wo du suchen sollst.

Eines kennst du jedoch: Du kennst dein Ich.

Zu allererst also musst du dieses Ich aufstöbern – nachschauen, was es genau ist, wo es steckt und wer das ist. Und auf deiner Suche danach wirst du überrascht feststellen, dass dieses Ich gar nicht existiert, dass es eine völlige Wahnvorstellung war. Du hattest dir nur eingebildet, es gäbe ein Ich. Es war eine Illusion, die du da genährt hattest.

Wenn Kinder geboren werden, gebt ihr ihnen bequemlichkeitshalber einen Namen. Den einen nennt ihr Ram, den anderen Krishna, den Dritten wieder anders. Niemand hat einen Namen, alle Namen dienen nur der Bequemlichkeit. Aber später, wenn man es tausendmal gehört hat, stellt sich die Illusion ein, dass man sein Name sei: „Ich bin Ram, ich bin Krishna." Und wenn du schlecht über Ram redest, wird er wütend werden und bereit sein mit dir zu kämpfen: Du hast ihn beschimpft! Aber wo hat er seinen Namen her?

Niemand wird mit einem Namen geboren. Jeder kommt namenlos zur Welt. Doch der Name erfüllt einen gesellschaftlichen Zweck. Ohne einen Namen lässt sich kaum ein Etikett herstellen, also verpassen wir einander Namen. Wir geben dir einen Namen, damit andere dich identifizieren können – das hat seinen gesellschaftlichen Zweck. Aber wenn du von dir mit deinem eigenen Namen sprichst um auf dich selbst zu verweisen, wird die Sache konfus – redest du da von dir selbst oder von einem andern? Um also keine Verwirrung zu stiften, sprichst du von dir selber als ‚Ich' und mit ‚Du' redest du die andern an. Beide Bezeichnungen sind imaginär, dienen nur gesellschaftlichen Zwecken. Aber um diese beiden Bezeichnungen herum konstruiert ihr euer ganzes Leben – dabei handelt es sich nur um zwei Füllsel und sonst nichts. Sie entbehren jeglicher Wahrheit, ihnen fehlt jede Substanz. Es sind nur Namen, nur Etikette.

Folgendes Missverständnis ist einmal passiert:

Ein kleines Mädchen namens Alice verirrte sich in ein fremdes Land, ins Wunderland. Als sie bei der Königin des Wunderlands ankam, wollte die Königin von Alice wissen: „Ist dir unterwegs irgendwer begegnet?" Worauf Alice antwortete: „Mir ist niemand begegnet."

Was die Königin so verstand, dass Alice einem gewissen Niemand begegnet sei. Und diese Illusion wurde noch dadurch verstärkt, dass der Bote der Königin, der nun auch eintraf und ebenfalls von ihr gefragt wurde, ob er jemandem begegnet sei, ebenfalls sagte: „Niemand."

Die Königin sagte: „Das ist ja merkwürdig." Was sie verstand, war, dass irgendwer mit dem Namen Niemand sowohl Alice wie dem Boten begegnet sei. Also sagte sie zu dem Boten: „Offenbar läuft Niemand langsamer als du!"

Diese Aussage ist doppeldeutig; die eine Bedeutung ist, niemand laufe langsamer als der Bote. Was der Bote ungern hörte, denn ein Bote sollte ein möglichst schneller Läufer sein. Also sagte er: „Nein, niemand läuft schneller als ich!"

Die Königin sagte: „Jetzt begreife ich gar nichts mehr. Du sagst, Niemand laufe schneller als du. Aber wenn Niemand schneller als du läuft, dann hätte er ja vor dir eintreffen müssen. Er müsste längst da sein!"

Da ging dem Boten das Licht auf, dass da offenbar ein Missverständnis vorlag und er wollte es klären, indem er sagte: „Niemand ist niemand!"

Aber die Königin war schwer von Begriff: „Ich weiß, dass Niemand Niemand ist. Aber wer ist er? Sag mir das! Er hätte längst hier sein müssen. Wo steckt er?"

Dem Menschen ist aus sprachlichen Gründen dasselbe Missverständnis passiert. Jedermann ist Niemand, kein Name ist von Bedeutung. Aber durch das Missverständnis der Sprache kommt die Illusion zu Stande: „Ich bin wer, habe ich nicht einen Namen?!"

Wenn der Mensch stirbt, hinterlässt er seinen Namen in Stein gemeißelt, in der Hoffnung, Grabsteine würden ewig leben. Wir wissen nicht, ob das so ist. Aller Sand an unseren Küsten war einst Stein. Es läuft aufs Gleiche hinaus, ob man seinen Namen auf Sand schreibt oder auf Stein. Diese lange Weltgeschichte macht keinen Unterschied zwischen Sand und Stein. Kinder schreiben ihren Namen in den Sandstrand am Meer – vielleicht weil sie glauben, morgen kämen Leute vorbei und würden ihn lesen. Aber es kommen nur Wellen und wischen den Sand glatt. Ältere Leute werden lachen und sagen: „Du Dummerchen! Was schreibst du deinen Namen auf Sand!"

Aber die älteren Leute schreiben ihn auf Stein ohne sich im Klaren zu sein, dass Steine zu Sand werden. Nichts unterscheidet die Alten von den Kindern. In punkto Dummheit sind sie alle gleich alt.

Ein Kaiser wurde einst zu einem *Chakravartin*. Das kommt nur ganz selten vor; *Chakravartin* bedeutet: ‚Herr der ganzen Erde'. Einer alten Überlieferung zufolge hatten die *Chakravartin* ein besonderes Privileg, das sie vor allen anderen auszeichnete und das niemand sonst besaß. Sie hatten das Vorrecht ihre Unterschrift auf den Mount Sumeru zu setzen – den Berg im Himmel. Selbst in der endlosen Zeit wird nur ganz selten einmal jemand zu einem *Chakravartin*, also geschieht es nur ganz selten, dass einer seinen Namen auf den Mount Sumeru, den heiligen Berg setzen darf.

Als jener Kaiser *Chakravartin* wurde, war er überglücklich:

Jetzt durfte er seinen Namen auf den Mount Sumeru setzen! Mit viel Prunk und Tamtam zog er zum Eingangstor des Himmels, begleitet von einem riesigen Heer. Und der Torwächter sagte: „Da bist du also! Du darfst eintreten, aber die Menge da darf hier nicht rein, die müssen leider alle nach Haus gehen. Hast du Hammer und Meißel dabei um deinen Namen einmeißeln zu können?"

Der Kaiser antwortete: „Ich habe alles Werkzeug mitgebracht."

Der Torwächter vertraute ihm: „Dieser Mount Sumeru ist unendlich groß, aber es hat schon so viele *Chakravartin* gegeben, dass jetzt kein Fleckchen mehr frei ist für eine Unterschrift. Du wirst also erst irgendeinen Namen löschen müssen, bevor du deinen Namen darüber schreiben kannst. Es ist einfach kein Platz mehr da, der ganze Berg ist zugedeckt."

Der Kaiser trat ein. Der Berg war endlos. Ganze Himalajas hätten in seine Ausläufer gepasst, aber auf all dieser Oberfläche war nicht einmal mehr ein Daumenbreit Platz. Er hatte geglaubt, nur alle Jubeljahre würde mal jemand *Chakravartin* werden und wie hätte er ahnen können, dass bei so riesigen Zeitabständen zwischen den einzelnen *Chakravartin* der ganze Berg trotzdem voll sein würde, kein Platz mehr da sein würde! Der Kaiser war tieftraurig und verletzt.

Der Torwächter sagte zu ihm: „Sei nicht traurig. Mein Vater und sein Vater, mein Großvater, haben auch schon dieses Amt gehabt. Seit Generationen ist uns bekannt, dass jeder, der hier seine Unterschrift hinsetzen möchte, jedes Mal erst eine Stelle dafür glatt polieren muss, weil sonst kein leeres Fleckchen zu finden ist."

Da machte der Kaiser kehrt und sagte: „Aber wenn man erst signieren darf, nachdem man den Namen eines andern gelöscht hat, dann ist das ja Wahnsinn – denn wenn ich signiert habe und weg bin, dann kommt morgen ein anderer, löscht meine Unterschrift und setzt seine darüber. Und wer soll, bei den Ausmaßen dieses Berges und dieser Flut von Unterschriften, sie überhaupt alle lesen? Was soll das Ganze dann? Tut mir Leid, ich bin hier offenbar fehl am Platz. Das ist ja sinnlos."

Nur die Wenigsten sind so intelligent – andere lassen ihren Namen auf Steine und Tempel meißeln. Sie errichten Denkmäler mit ihrem Namen darauf und vergessen ganz, dass sie ohne Namen geboren wurden, dass sie gar keinen eigenen Namen besitzen. So werden nicht nur Steine vergeudet, sondern auch Arbeitskräfte. Und wenn sie dann sterben und sich verabschieden, gehen sie namenlos.

Du hast keinen Namen, der zu dir gehört.

Dein Name ist der nach außen hin sichtbare Trug und dein Ich ist der nach innen hin sichtbare Trug. Dein Ich und dein Name sind nur zwei Seiten ein und derselben Medaille. Der Name ist von außen zu sehen und das Ich ist von innen zu sehen. Und solange diese Illusion von Name und Ich anhält, kann der Raum, aus dem die Liebe aufsteigt, sich nicht öffnen.

Als Letztes also möchte ich euch Folgendes sagen: Forscht ein wenig nach. Fahrt mal zum Mount Sumeru und schaut nach, wie viele sich dort schon eingeschrieben haben. Wollt ihr vielleicht euren Namen auch noch hinzufügen, indem ihr das Geschriebene ausradiert? Tretet ein wenig näher an die Berge heran und schaut zu, wie sie zu Sand werden. Schaut zu, wie Kinder ihren Namen auf den Strand des Meeres schreiben. Schaut euch überall um, was wir alles so treiben.

Vertun wir vielleicht unser Leben damit unsern Namen auf Sand zu schreiben? Und wenn ihr das Gefühl habt, dass es so ist, dann geht noch ein wenig tiefer: Geht hinein in dieses Ich und sucht.

Eines Tages werdet ihr finden, dass dieses Ich überhaupt niemand ist – da ist keiner da! Da herrscht nur tiefe Stille und Friede, aber da ist kein Ich. Und am Tage, da ihr erkennt, dass kein Ich in euch ist, habt ihr das Ganze erkannt – das, was wirklich da ist: das Sein, die Existenz, das Göttliche.

Nur aus diesem Grunde sage ich, dass die Liebe die Tür zum Göttlichen und das Ego die Tür zur Unwissenheit ist. Die Liebe ist die Tür zum Licht und das Ego ist die Tür zur Finsternis.

Dieses Letzte musste ich noch sagen. Erforscht die Liebe von dieser Warte. Diese Forschungsreise wird beim Ego beginnen und wird mit dem Eintreffen der Liebe enden. In diese Richtung also gilt es zu forschen: Existiert dieser Schatten von Ego tatsächlich, existiert dieses Ich wirklich? Derjenige, der diese Forschungsreise antritt, wird nicht nur kein Ich finden, sondern wird auch beim Göttlichen ankommen. Wer an den Marterpfahl des Ich angekettet steht, wird sich nicht auf den Ozean des Göttlichen hinauswagen können.

Dies war das Letzte, was ich euch zu sagen hatte. Eigentlich ist dies das Allererste – und das Allerletzte – was es zu sagen gibt. ‚Ich' ist das Erste im Leben des Menschen und ‚Ich' ist das Letzte. Wer ans Ich gefesselt ist, erleidet Schmerz und nachdem er sich vom Ich frei gemacht hat, gelangt er zur Seligkeit. Es gibt keine Geschichte, kein Märchen außer Ich. Es gibt keinen Traum außer Ich. Es gibt keine Lüge außer Ich. Sucht dieses Ich und die Tore zur Seligkeit können sich auftun.

Ist der Fels des Ich erst zerschmettert, werden die Quellen der Liebe zu sprudeln beginnen. Dann wird das Herz von der Musik der Liebe erfüllt werden. Wenn das Herz von Liebe erfüllt ist, fängt eine neue Reise an, die sich schwer in Worten beschreiben lässt. Diese Reise wird euch mitten ins Zentrum des Lebens führen.

Ein Bettler war einst in einer sehr großen Stadt gestorben… betet, dass ihr nicht sterben werdet wie dieser Bettler. Der Bettler war gestorben, nachdem er vierzig Jahre am selben Ort gebettelt hatte. Er hatte geglaubt durch Betteln zum Kaiser zu werden – aber wie kann einer durch Betteln jemals Kaiser werden? Je mehr einer bettelt, desto mehr wird er Bettler.

Als er anfing zu betteln, war er noch ein kleiner Bettler und als er dann starb, war er ein großer Bettler, aber Kaiser wurde er nicht. Er starb; und so verfuhren die Leute aus der Nachbarschaft mit ihm genauso, wie sie es mit anderen Toten tun: Sie trugen seinen Leichnam weg und verbrannten ihn mitsamt den Lumpen, die um ihn her liegen geblieben waren. Dann kamen die Nachbarn auf den Gedanken, dieser Bettler müsse mit seinen vierzig Jahren Bettelei den Boden unter sich verseucht haben und man solle besser etwas Erde ausheben und fortwerfen. Also begannen sie zu graben.

Und sie staunten nicht schlecht! Der Bettler wäre durchgedreht, hätte er das noch erlebt: Nachdem sie ein wenig Erde entfernt hatten, stießen sie auf einen riesigen Schatz und der war genau unter dem Fleckchen vergraben worden, wo der Bettler immer gesessen und gebettelt hatte!

Er hatte keine Ahnung gehabt, dass er nur ein wenig unter sich hätte nachzugraben brauchen um ein Kaiser zu werden und nie wieder betteln zu müssen. Aber was wusste der Arme schon? Seine Augen hatten nach draußen geblickt, er hatte seine Hände immer ausgestreckt gehalten und so starb er bettelnd. Die versammelte Nachbarschaft stand fassungslos da: „Was war das nur für ein Bettler! Dieser Idiot hatte noch nicht einmal mitbekommen, dass ein Schatz unter ihm vergraben lag, genau unter der Stelle, wo er immer gesessen hatte!"

Ich bin zu diesen Leuten gegangen und habe zu ihnen gesagt: „Ihr Narren! Macht euch doch keine Gedanken über diesen Bettler und verurteilt ihn nicht. Irgendwann sollet ihr selbst einmal in der Erde unter euch nachgraben – denn womöglich werden sich andere Leute über euch kaputtlachen, wenn ihr sterbt."

Wenn jemand stirbt, lachen andere über ihn und sagen: „Was für ein Dummkopf das war! Hat es zu nichts gebracht in seinem Leben!" Und sie wissen nicht, dass andere nur darauf warten, dass sie selber sterben, damit auch sie was zu lachen haben und sagen können: „Was für Dummkopf das war! Hat es zu nichts gebracht in seinem Leben."

Die Lebenden lachen die Toten aus, aber wenn ein Lebender nur ein Mal darauf käme, sich selber auszulachen, solange er noch am Leben ist, dann würde sich sein Leben verwandeln. Er könnte ein anderer Mensch werden.

Wenn ihr einmal daran gedacht habt euch selbst auszulachen, dann ist die Sache erledigt. Wenn ihr mal daran denken könnt, genau an der Stelle, wo ihr jetzt im Moment steht, ein wenig nachzugraben, dann hat sich die Sache erledigt. Dann kann alles, was ich euch gesagt habe, mit Sicherheit in euch Früchte tragen.

Jetzt bleibt zehn Minuten lang innerlich wach und lauscht

ganz still all den Geräuschen um euch her. Bleibt in eurem Innern bewusst. Bleibt innerlich wach und lauscht still weiter. Hört einfach nur hin. Lauscht der Stille des Abends. Und während ihr lauscht, wird sich eine tiefe Leere ausbreiten…

TEIL II

1. DAS WISSEN UM SEINE MITTE

DER MENSCH WIRD MIT EINER MITTE GEBOREN, aber er hat sie vollkommen vergessen. Der Mensch kann leben ohne seine Mitte zu kennen, aber der Mensch kann nicht leben ohne eine Mitte zu haben. Die Mitte ist die Brücke zwischen Mensch und Schöpfung. Sie ist die Wurzel. Du magst sie nicht kennen; ob sie gekannt wird oder nicht, ist für das Dasein der Mitte unerheblich. Aber wenn du sie nicht kennst, wirst du ein wurzelloses Leben führen – entwurzelt. Du fühlst keinen Boden unter dir; du fühlst nicht die Erde: Du fühlst dich nicht zu Hause im Universum. Du bist heimatlos.

Natürlich, die Mitte ist da, aber da du sie nicht kennst, wird dein Leben nur ein Dahintreiben sein – sinnlos, leer, ziellos. Du wirst das Gefühl haben ohne Leben zu leben, schleppend, nur auf den Tod wartend. Du kannst es von Moment zu Moment aufschieben, aber du weißt sehr genau, dass dies Aufschieben nirgendwo hinführt. Du lässt nur die Zeit verstreichen und dies Gefühl tiefer Frustration wird dich wie ein Schatten verfolgen. Der Mensch wird mit einer Mitte geboren, aber nicht mit dem Wissen um seine Mitte. Dieses Wissen muss erworben werden.

Du hast dies Zentrum. Das Zentrum ist da – du kannst ohne es nicht existieren. Wie könntest du ohne es sein? Wie könntest du ohne eine Brücke zwischen dir und der Existenz sein? – oder dir und ‚Gott'?, wenn dir das Wort lieber ist. Ohne eine tiefe Verbindung kannst du nicht existieren. Du hast Wurzeln im Göttlichen. Jeden Augenblick lebst du durch diese Wurzeln, aber diese Wurzeln sind unter der Erde. Wie bei jedem Baum sind die Wurzeln unter der Erde. Der Baum weiß nichts von seinen Wurzeln. Auch du hast Wurzeln. Diese Verwurzelung – das ist deine Mitte. Wenn ich sage, dass der Mensch damit geboren wurde, meine ich, dass du die Möglichkeit hast dir deiner Wurzeln bewusst zu werden. Wenn sie dir bewusst werden, wird dein Leben wirklich: Andernfalls bleibt dein Leben wie ein tiefer Schlaf – ein Traum.

Das, was Abraham Maslov ‚Selbstaktualisierung' genannt hat, ist in Wirklichkeit nichts anderes, als sich seines inneren Zentrums bewusst zu werden, der Tatsache, dass man mit dem ganzen Universum verknüpft ist, dass man Wurzeln hat und nicht allein ist. Kein Atom, sondern Teil dieses kosmischen Ganzen, dass diese Welt kein Exil ist. Du bist kein Fremder: Dies Universum ist deine Heimat. Aber solange du nicht deine Wurzeln findest, dein Zentrum, bleibt dies Universum dir fremd und unvertraut.

Sartre sagt, dass der Mensch lebt, als wäre er in diese Welt geworfen worden. Natürlich, wenn du dein Zentrum nicht kennst, wirst du eine ‚Geworfenheit' erleben, so als wärest du tatsächlich in die Welt hineingeworfen worden. Du bist ein Außenseiter: Du gehörst nicht in diese Welt und diese Welt gehört nicht zu dir. Dann muss Angst, Unruhe und Seelennot die unausbleibliche Folge sein. Der Mensch als Außenseiter im Universum muss notgedrungen eine tiefe Angst, Furcht, Qual und Bedrängnis empfinden. Sein ganzes Leben wird zum Kampf, zum Krieg und zwar zu einem Krieg, der ohnehin fehlschlagen muss. Der Mensch kann ihn nicht gewinnen, denn das Teil kann nie gegen das Ganze gewinnen.

Du hast gegen die Existenz keine Chance. Du hast nur mit ihr eine Chance, niemals gegen sie. Und das ist der Unterschied zwischen einem religiösen und einem nicht-religiösen

Menschen. Ein nicht-religiöser Mensch ist gegen das Universum, ein religiöser Mensch ist mit dem Universum. Ein religiöser Mensch fühlt sich zu Hause. Er fühlt sich nicht in die Welt hineingeworfen, er fühlt sich als Gewächs der Welt. Merkt euch den Unterschied zwischen Geworfenheit und Gewachsenheit. Wenn Sartre sagt, dass der Mensch in die Welt geworfen wurde, so zeigt schon das Wort, schon der ganze Ausdruck, dass du nicht hierher gehörst. Und das Wort, die Wortwahl ‚geworfen' bedeutet, dass du ohne deine Einwilligung gezwungen wurdest.

So erscheint diese Welt als feindlich und Angst ist die Folge. Das kann nur anders sein, wenn du nicht in die Welt geworfen wurdest, sondern als ein Teil, d. h. organisch aus ihr gewachsen bist. Wirklich, man kann den Menschen einen ‚Auswuchs' des Universums nennen – gewachsen in eine bestimmte Dimension hinein, die wir ‚menschlich' nennen. Das Universum wächst in vielen Formen: in Bäumen, Bergen, Sternen, in Planeten, in vielen Dimensionen. Der Mensch ist ebenfalls eine Dimension seines Wachstums. Das Universum manifestiert sich in vielen, vielen Dimensionen. Der Mensch ist eine seiner Dimensionen, so gut wie der Berg und der Gipfel. Kein Baum wird sich seiner Wurzeln bewusst; kein Tier wird sich seiner Wurzeln bewusst, darum kennen sie keine Angst.

Wenn du dir deiner Wurzeln nicht bewusst bist, deines Zentrums, kannst du auch nicht todesbewusst sein. Der Tod existiert nur für den Menschen, und zwar, weil der Mensch sich seiner Wurzeln bewusst werden kann, seines Zentrums, seiner Totalität und seiner Verwurzelung im Universum.

Wenn du ohne ein Zentrum lebst, wenn du dich als Außenseiter fühlst, dann ist Angst die Folge. Wenn du dich aber wie zu Hause fühlst, als ein Wachstumsprodukt, eine Verwirklichung des Potenzials der Existenz selbst, so als wäre die Existenz durch dich zur Bewusstheit gelangt, als hätte sie in dir Bewusstsein gewonnen; wenn du so empfindest, wenn du das wirklich erkennst, dann wirst du selig sein.

Seligkeit ist die Folge einer organischen Einheit mit dem Universum und Angst ist die Folge von Feindseligkeit. Aber solange du das Zentrum nicht kennst, musst du notwendig eine ‚Geworfenheit' empfinden, als wäre dir das Leben aufgezwungen worden. Dieses vorhandene Zentrum – auch wenn der Mensch sich dessen nicht bewusst ist – ist der Gegenstand dieser Sutras, über die wir sprechen wollen. Aber erst noch zwei oder drei Dinge, bevor wir uns wieder dem *Vigyan Bhairava Tantra* zuwenden und den Techniken, die das Zentrum betreffen.

Das eine: Wenn der Mensch geboren wird, ist er an einem bestimmten Punkt verwurzelt, in einem bestimmten Chakra oder Zentrum und zwar im Nabel. Die Japaner nennen es Hara, daher der Ausdruck Harakiri. Harakiri heißt Selbstmord. Wörtlich bedeutet das Wort: Das Hara töten, die Achse, das Zentrum. Hara ist das Zentrum. Harakiri bedeutet, das Zentrum zerstören. Aber in gewisser Weise haben wir alle Harakiri begangen. Wir haben zwar das Zentrum nicht zerstört, aber wir haben es vergessen oder uns nie daran erinnert. Es ist da und wartet und wir sind immer weiter davon abgetrieben.

Wem ein Kind geboren wird, ist es im Hara, im Nabel verwurzelt. Es lebt durch das Hara. Seht euch ein atmendes Kind an: Sein Nabel hebt und senkt sich. Es atmet mit dem Bauch, es lebt aus dem Bauch – nicht aus dem Kopf, nicht aus dem Herzen. Aber nach und nach wird es sich davon entfernen müssen. Zunächst wird ein anderes Zentrum entwickelt, nämlich das Herz, das Zentrum der Gefühle. Das Kind lernt die Liebe kennen, es wird geliebt und daraus entwickelt sich ein anderes Zentrum. Dies Zentrum ist nicht das wirkliche Zentrum, dies Zentrum ist ein Nebenprodukt. Darum sagen die Psychologen, dass ein Kind, das nicht geliebt wird, niemals wird lieben können. Wenn ein Kind in einer lieblosen Situation groß wird, in einer Atmosphäre der Gefühlskälte, ohne einen Menschen, der es liebt und ihm Wärme spendet, dann wird es selbst niemanden in seinem Leben lieben können, weil sich das entsprechende Zentrum nicht entfaltet hat. Mutterliebe, Vaterliebe, Familie und Gesellschaft helfen mit dies Zentrum zu entwickeln. Dies Zentrum kommt später, man wird nicht damit geboren. Wenn dir nicht geholfen wird es zu entfalten, wird es niemals wachsen. Vielen, vielen Menschen fehlt dies Liebeszentrum. Sie reden zwar von Liebe und glauben auch zu lieben, aber ihnen fehlt das Zentrum dazu. Wie also können sie lieben? Eine liebesfähige Mutter ist nicht leicht zu haben, ganz und gar nicht und es ist selten, einen liebenden Vater zu finden. Jeder Vater, jede Mutter glaubt, dass er oder sie liebt. Es ist nicht so leicht. Liebe wächst nicht so leicht, wirklich nicht. Aber wenn die Liebe nicht von Anfang an für das Kind da ist, wird es niemals selbst lieben können.

Darum lebt die ganze Menschheit ohne Liebe. Ihr produziert laufend Kinder, aber wisst nicht, wie ihr ihnen ein Liebeszentrum geben könnt. Statt dessen erzwingt die Gesellschaft, je zivilisierter sie ist, ein drittes Zentrum, nämlich den Intellekt. Das ursprüngliche Zentrum ist der Nabel. Damit wird ein Kind geboren; dies Zentrum ist also keine Folgeerscheinung. Kein Leben ist ohne es möglich, also wird es mitgegeben. Das zweite Zentrum ist eine spätere Erscheinung. Wenn das Kind Liebe bekommt, erwidert es die Liebe. In dieser Erwiderung wächst das Zentrum heran. Das ist das Herzzentrum. Das dritte Zentrum ist Verstand, Intellekt, Kopf. Erziehung, Logik und Disziplin schaffen dieses Zentrum, das ebenfalls ein Nebenprodukt ist.

Aber wir leben in diesem dritten Zentrum. Das Zweite fehlt uns fast völlig – oder es funktioniert nicht, selbst wenn es da ist. Selbst wenn es manchmal funktioniert, funktioniert es unregelmäßig. Aber das dritte Zentrum, der Kopf, wird zum eigentlichen Motor im Leben, weil das ganze Leben darauf aufbaut. Es ist zweckorientiert. Ihr braucht es für das Denken, für die Logik, für den Verstand. Somit wird früher oder später jeder kopf orientiert: Du fängst an im Kopf zu leben.

Kopf, Herz, Nabel – das sind die drei Zentren. Das Nabelzentrum ist mitgegeben, ist ursprünglich. Das Herz kann sich entwickeln; und es ist gut, wenn das geschieht, aus vielen Gründen. Auch der Verstand muss entwickelt werden, aber das darf nicht auf Kosten des Herzens geschehen, denn sonst fehlt euch das Bindeglied und ihr könnt nicht wieder zum Nabel zurückkommen.

Die Entwicklung geht vom Verstand über die Existenz zum Sein. Versucht es einmal so zu verstehen: Das Nabelzentrum ist im Sein, das Herzzentrum im Gefühl, das Kopfzentrum im Wissen. Das Wissen ist am weitesten vom Sein entfernt, das Fühlen ist ihm näher. Wenn dir das Gefühlszentrum fehlt, dann ist es schwierig, eine Brücke zwischen Verstand und Sein herzustellen, wirklich sehr schwierig. Darum kann ein Mensch, der liebt, leichter erkennen, dass er in der Welt zu Hause ist, als ein Mensch, der durch den Intellekt lebt.

Die westliche Kultur hat im Wesentlichen das Kopfzentrum betont. Darum ist man im Westen so tief um den Menschen besorgt. Und diese tiefe Besorgnis gilt seiner Heimatlosigkeit, seiner Leere, seiner Wurzellosigkeit. Simone Weil hat ein Buch geschrieben: „Der Mensch braucht Wurzeln". Der westliche Mensch fühlt sich entwurzelt. Der Grund dafür ist, dass der Kopf zum Mittelpunkt geworden ist. Das Herz wurde nicht entwickelt. Es fehlt.

Das Herz, das in dir schlägt, ist nicht dein Herz: Es dient nur einer physiologischen Funktion. Wenn du also den Herzschlag spürst, darfst du nicht glauben, dass du deshalb schon ein Herz hast. Herz ist etwas anderes. ‚Herz' bedeutet die Fähigkeit zu fühlen. ‚Kopf' bedeutet die Fähigkeit zu wissen; und ‚Sein' bedeutet die Fähigkeit eins zu sein – mit etwas eins zu sein. Religion hat mit dem Sein zu tun; Dichtung mit dem Herzen; Philosophie und Wissenschaft haben mit dem Kopf zu tun. Diese beiden Zentren, Herz und Kopf, sind periphere Zentren, keine wirklichen, sondern unechte Zentren. Das wirkliche Zentrum ist der Nabel – das Hara. Wie aber wieder dahin gelangen? Oder: Wie es verwirklichen?

Es kommt manchmal vor – selten, zufällig kommt es vor –, dass ihr dem Hara nahe kommt. Ein solcher Moment ist sehr tief und selig. Zum Beispiel kommst du im Sex manchmal in die Nähe des Hara, weil deine geistige Energie, dein Bewusstsein im Sex, wieder nach unten geht. Du musst deinen Kopf hinter dir lassen – und du fällst nach unten. In einem tiefen sexuellen Orgasmus geschieht es manchmal, dass du deinem Hara nahe kommst. Darum ist der Sex so faszinierend. Es ist nicht wirklich der Sex, was dir die Erfahrung von Seligkeit verschafft. Es ist in Wirklichkeit das Hara.

Wenn du zum Sexzentrum herunterfällst, kommst du

durch das Hara, berührst du es. Aber für den modernen Menschen ist selbst Sex unmöglich geworden, denn für den modernen Menschen ist sogar der Sex eine Hirnfunktion, eine mentale Sache. Sogar der Sex ist in den Kopf gestiegen; der Mensch denkt über ihn nach. Daher so viele Filme, so viele Romane, so viel Literatur, so viel Pornografie und dergleichen. Der Mensch denkt über Sex nach, aber das ist absurd. Sex ist eine Erfahrung; man kann nicht darüber nachdenken. Und wenn man darüber nachzudenken beginnt, wird es immer schwerer ihn zu leben, denn er hat nichts mit dem Kopf zu tun. Den Kopf braucht man dazu nicht. Und je weniger der moderne Mensch tief in den Sex hineingehen kann, desto mehr denkt er darüber nach. Es wird zum Teufelskreis. Und je mehr er darüber nachdenkt, desto mehr wird Sex zur zerebralen Angelegenheit. Dann wird sogar Sex absurd. Er ist im Westen absurd geworden, zur langweiligen Routine. Nichts kommt dabei heraus, man frönt nur einer alten Gewohnheit und fühlt sich am Ende frustriert, betrogen. Warum? In Wirklichkeit darum, weil das Bewusstsein nicht mehr nach unten, zurück zum Zentrum, fließt.

Nur wenn das Hara berührt wird, empfindest du Seligkeit. Gleich aus welchem Grund das Hara berührt wird, du fühlst Seligkeit. Ein Krieger im Kampf berührt manchmal das Hara: Freilich nicht moderne Soldaten, weil sie überhaupt keine Krieger sind. Jemand, der eine Bombe über einer Stadt abwirft, schläft. Er ist kein Krieger, er ist kein Kämpfer. Er ist kein *Kshatriya*, kein Arjuna im Kampf.

Manchmal, am Rande des Todes, wird man auf das Hara zurückgeworfen. Für einen Krieger, der mit dem Schwert kämpft, ist jeden Augenblick der Tod möglich. Wer weiß, ob er im nächsten Augenblick noch lebt. Und wer mit dem

Schwert kämpft, kann nicht denken. Wenn du denkst, wird es dich nicht mehr geben. Du musst handeln ohne zu denken, weil zum Denken Zeit nötig ist. Wenn du mit dem Schwert kämpfst, kannst du nicht denken. Wenn du denkst, gewinnt der andere und du bist nicht mehr. Es ist keine Zeit zum Denken und der Kopf braucht Zeit; und weil keine Zeit zum Denken ist, und Denken Tod bedeutet, fällt das Bewusstsein vom Kopf hinunter zum Hara. Der Krieger erfährt das als Glückseligkeit. Darum übt der Krieg eine solche Faszination aus. Sex und Krieg sind seit je die Hauptattraktionen und der Grund ist: Ihr berührt dabei das Hara. Bei jeder Gefahr berührt man das Hara.

Nietzsche sagt: „Lebe gefährlich!" Warum? Weil du bei Gefahr auf das Hara zurückgeworfen wirst. Du kannst nicht denken. Du kannst die Dinge nicht im Kopf ausarbeiten. Du musst augenblicklich handeln.

Eine Schlange kriecht vorbei. Plötzlich siehst du die Schlange und ein Sprung geschieht. Da gibt es kein Überlegen, „dass da eine Schlange ist". Da gibt es keinen Syllogismus. Du überlegst nicht erst im Kopf: „Hier ist eine Schlange – und Schlangen sind gefährlich. Also muss ich springen." Es gibt kein logisches Denken dieser Art. Würdest du so denken, dann würdest du nicht überleben. Du kannst nicht überlegen. Du musst sofort und spontan handeln. Erst kommt das Handeln, dann die Überlegung. Bist du gesprungen, kannst du überlegen.

Im gewöhnlichen Leben, wenn keine Gefahr herrscht, überlegt ihr erst und handelt dann. Bei Gefahr dreht sich der ganze Vorgang um: Erst handeln, dann denken. Dies Handeln vor allem Denken wirft euch auf euer ursprüngliches Zentrum zurück – das Hara. Daher die Faszination der Gefahr.

Du fährst Auto, wirst schneller und immer schneller, bis plötzlich jeder Augenblick gefährlich wird. Jeden Moment kann es vorbei sein. In diesem Moment der Hochspannung, wo Leben und Tod so nah wie möglich zusammengerückt sind – zwei ganz nahe Punkte und du in der Mitte – bleibt das Denken stehen. Du bist auf das Hara zurückgeworfen. Das ist die Faszination der Autos, der Rennfahrerei. Oder du bist Spieler und hast alles auf eine Karte gesetzt: Der Verstand setzt aus – höchste Gefahr. Der nächste Augenblick kann dich zum Bettler machen. Das Hirn setzt aus. Du wirst auf das Hara zurückgeworfen.

Gefahren ziehen an, weil euer Alltags-Bewusstsein bei Gefahr nicht funktionieren kann. Gefahr geht tief. Denken ist nicht nötig. Du wirst zum Nicht-Denken. Du bist! Du bist bewusst, aber ohne jedes Denken. Das ist der Augenblick der Meditation. Was Spieler wirklich im Spiel suchen, ist ein meditativer Bewusstseinszustand. In Gefahr, im Kampf, in Duellen, in Kriegen, hat der Mensch seit je nur Gefahren gesucht – meditative Zustände. Ein plötzliches Glücksgefühl bricht aus, explodiert in dir und rieselt in dir nieder. Aber das alles sind plötzliche Zufallsereignisse. Eines steht fest: Wann immer du selig bist, bist du dem Hara nahe. Das ist gewiss, egal aus welchem Anlass. Der Auslöser ist unwichtig. Wann immer du in die Nähe des ursprünglichen Zentrums kommst, erfüllt dich Glückseligkeit.

Bei diesen Sutras geht es darum, die Verwurzelung im Hara, im Zentrum, wissenschaftlich, methodisch herbeizuführen – nicht zufällig, nicht momentan, sondern als Dauerzustand. Du kannst ständig im Hara sein. Das kann dein Wurzelgrund werden. Wie du das herbeiführst und wie du das schaffst, darum geht es in diesen Sutras.

Oder stelle dir die fünffarbigen Augen auf dem Rade des Pfaus als deine fünf Sinne im unendlichen Raum vor. Lass nun ihre Schönheit in dir verschmelzen.
Oder aber mit jedem beliebigen Punkt im Raum oder auf einer Wand, bis sich der Punkt auflöst. Dann erfüllt sich dein Wunsch nach einem anderen.

Alle diese Sutras haben damit zu tun, wie man das innere Zentrum erreicht. Dabei ist der Grundmechanismus, die Grundtechnik diese: Wenn du außerhalb, egal wo – im Kopf, im Herzen oder selbst an einer Wand draußen – ein Zentrum herstellen und dich total darauf konzentrieren kannst, sodass die ganze Welt ausgeklammert und vergessen wird und nur noch ein Punkt in deinem Bewusstsein zurückbleibt, dann wirst du plötzlich auf dein inneres Zentrum zurückgeworfen.

Wie funktioniert das? Das müsst ihr zunächst verstehen. Euer Denken ist nichts als ein Vagabundieren, ein Herumwandern. Es bleibt nie bei einem Punkt. Es ist immer in Gang, in Bewegung, unterwegs, aber nie an einem Punkt. Es geht von einem Gedanken zum andern weiter, von A nach B. Aber es ist nie bei A, nie bei B, sondern immer unterwegs. Vergesst es nicht: Das Denken ist immer unterwegs, in der Hoffnung, irgendwo anzukommen ohne es je zu tun. Es kann nicht ankommen! Die Struktur des Denkens selbst ist Bewegung. Es kann nur vorwärts gehen. Das ist die dem Geist innewohnende Natur. Der geistige Prozess an sich ist Bewegung. Von A nach B und B nach C geht es immer weiter ohne anzuhalten.

Wenn du bei A oder B oder sonst wo anhältst, wird sich der Geist wehren. Er wird verlangen, dass du weitergehst, denn bleibst du stehen, stirbt er augenblicklich. Er kann nur in der

Bewegung überleben. Geist heißt Prozess. Wenn du anhältst und nicht weitergehst, fällt der Geist tot um. Er ist nicht mehr da. Nur noch Bewusstsein bleibt übrig.

Bewusstsein ist deine Natur, Geist ist deine Beschäftigung. So wie das Gehen. Das ist schwer zu verstehen, weil wir glauben, dass der Geist etwas Substanzielles ist; wir halten den Geist für eine Substanz. Er ist keine. Geist ist nur eine Tätigkeit. Es wäre also besser ihn statt Geist ‚Geisten' zu nennen. Er ist ein Vorgang, wie das Gehen. Gehen ist ein Vorgang. Bleibst du stehen, gibt es kein Gehen. Du kannst nicht sagen, dass jetzt das Gehen sitzt. Es gibt kein Gehen mehr. Wenn du anhältst, ist kein Gehen mehr da, das Gehen hat nun aufgehört. Du hast zwar noch Beine, aber kein Gehen mehr. Beine können gehen. Aber wenn du anhältst, gibt es nur noch Beine, aber kein Gehen mehr.

Das Bewusstsein ist wie Beine – es ist deine Natur. Geist ist wie Gehen – nur ein Vorgang. Wenn sich Bewusstsein von einem Ort zum anderen bewegt, dann ist dieser Vorgang ‚Geist'. Wenn sich Bewusstsein von A nach B und von B nach C bewegt, ist diese Bewegung ‚Geist'. Wenn du die Bewegung anhältst, ist kein Geist mehr da. Du bist bewusst, aber es ist kein Geist da. Du hast Beine, aber kein Gehen. Das Gehen ist eine Funktion, eine Tätigkeit. Geist ist ebenfalls eine Funktion, eine Tätigkeit. Wenn du ihn irgendwo anhältst, fängt der Geist an zu kämpfen. Der Geist wird sagen: „Mach weiter!"

Der Geist wird auf jede erdenkliche Weise versuchen, dich vorwärts oder rückwärts zu treiben oder sonst wohin, nur weiter! Ganz gleich wohin, nur bleib nirgendwo an einem Punkt stehen. Wenn du aber hartnäckig bleibst und nicht auf den Geist hörst, wird es schwierig, denn bisher hast du immer gehorcht. Du hast dem Geist nie Befehle gegeben. Du warst nie Herr im Haus. Das kannst du auch nicht, weil du dich in Wirklichkeit nie vom Geist losgelöst hast. Du denkst, dass du dein Geist bist. Dieser Trugschluss, dass du der Geist seist, gibt dem Geist totale Freiheit, denn dann ist niemand da, der ihn beherrscht, kontrolliert. Es ist niemand da! Der Geist selbst wird zum Herrn. Er mag sich als Meister aufführen, aber diese Meisterschaft ist nur eine scheinbare. Versuche es nur einmal und du kannst diese Meisterschaft brechen. Sie ist unecht.

Der Geist ist nur ein Sklave, der vorgibt Meister zu sein, und zwar schon seit langem, seit vielen Leben, sodass sogar der wirkliche Herr den Sklaven für den Herren hält. Das ist nur ein Glaube. Probiere das Gegenteil aus und du wirst erkennen, dass dieser Glaube völlig unbegründet war.

Dies erste Sutra sagt:

„Stelle dir die fünffarbigen Augen auf dem Rade des Pfaus als deine fünf Sinne im unendlichen Raum vor. Lass nun ihre Schönheit in dir verschmelzen."

Stelle dir deine fünf Sinne als fünf Farben vor und diese fünf Farben füllen den ganzen Raum – wunderschöne Farben, lebendig, über den unendlichen Raum gebreitet. Dann gehe in diese Farben hinein. Gehe nach innen; fühle einen Mittelpunkt heraus, wo sich alle diese fünf Farben in dir treffen. Das ist zwar nur eine Vorstellung, aber sie hilft. Stelle dir diese fünf Farben vor, wie sie in dich eindringen und in dir an einem Punkt verschmelzen.

Die ganze Welt wird sich auflösen. In deiner Einbildung gibt es nur fünf Farben, aufgefächert wie ein Pfauenrad, so groß, dass es den ganzen Raum füllt. Und sie dringen tief in dich ein und treffen sich an einem Punkt. Jeder Punkt ist geeignet, aber das Hara ist am besten. Stelle dir vor, dass sie sich an deinem Nabel treffen, dass die ganze Welt zu Farben geworden ist und dass diese Farben in deinem Nabel als Punkt zusammenkommen. Sieh diesen Punkt, konzentriere dich auf ihn so lange, bis er sich auflöst. Er löst sich auf! Wenn du dich auf den Punkt konzentrierst, löst er sich auf, weil er nur Einbildung ist. Und dann wirst du auf dein Zentrum geworfen.

Die Welt hat sich aufgelöst. Es gibt keine Welt mehr für dich. In dieser Meditation gibt es nur Farbe. Du hast die ganze Welt vergessen; du hast alle Gegenstände vergessen, dir fünf Farben ausgesucht – fünf beliebige Farben. Diese Technik ist vor allem für Leute geeignet, die ein sehr waches Auge haben, einen sehr tiefen Farbsinn. Diese Meditation ist nicht für jeden. Nur wenn du das Auge eines Malers hast, Farbenbewusstsein, nur wenn du dir Farben vorstellen kannst, fällt sie dir leicht.

Ist euch jemals aufgefallen, dass eure Träume farblos sind? Nur ein Mensch unter hundert ist fähig farbig zu träumen. Ihr träumt nur schwarz-weiß. Warum? Die ganze Welt ist farbig und eure Träume sind farblos! Wenn einer von euch farbig träumt, dann ist dies die richtige Meditation für ihn. Wenn du dich daran erinnern kannst, auch nur manchmal in Farben geträumt zu haben, dann ist diese Meditation für dich da, sie ist für dich gedacht!

Wenn man einen Menschen, der unempfindlich für Farben ist, auffordert: „Stell dir das Weltall von Farben erfüllt vor", wird er es nicht können, selbst wenn er es versucht. Wenn er denkt: „Rot!", dann sieht er nur das Wort ‚Rot', aber die Farbe sieht er nicht. Er sagt: „Grün!" und es ist nur das Wort ‚Grün' da, aber nichts Grünes. Wenn du also farbempfindlich bist, dann versuche es mit dieser Methode. In dir sind fünf Farben. Die ganze Welt besteht nur aus ihnen und sie treffen sich in dir. Irgendwo tief in dir treffen diese fünf Farben zusammen. Auf diesen Punkt konzentriere dich und mache immer weiter damit, lasse nicht locker, bleibe dabei. Lass keine Gedanken zu; versuch nicht, dir Grün, Rot, Gelb oder andere Farben zu denken. Denke nicht. Sieh sie einfach in dir zusammenkommen. Denke nicht an sie! Wenn du denkst, hat sich der Geist weiterbewegt. Sei einfach von Farben erfüllt, die in dir zusammenkommen, und konzentriere dich dann auf den Punkt, wo sie sich treffen. Denke nicht!

Konzentration ist nicht Denken. Es ist auch nicht Kontemplation. Wenn du wirklich von Farben erfüllt bist und ganz zum Regenbogen, zum Pfau geworden bist und das All ist von Farben erfüllt, dann hast du ein tiefes Gefühl von Schönheit. Aber denke nicht darüber nach. Nenne es nicht schön. Lass dich nicht aufs Denken ein. Konzentriere dich auf den Punkt, wo all diese Farben sich treffen und bleibe dabei. Er wird verschwinden, wird sich auflösen, weil er nur Einbildung ist. Denn wenn du dich zu Konzentration zwingst, kann keine Einbildung andauern. Sie wird sich auflösen. Die Welt hatte sich bereits aufgelöst: Es waren nur noch Farben da. Diese Farben waren deine Einbildung. Diese eingebildeten Farben waren an einem Punkt zusammengekommen. Dieser Punkt war ebenfalls eingebildet und nun, in tiefer Konzentration, wird auch er sich auflösen. Wo bist du jetzt? Wo wirst du sein? Du wirst auf dein Zentrum zurückgeworfen.

Erst haben sich die Gegenstände mithilfe von Einbildung aufgelöst. Jetzt löst sich die Einbildung durch Konzentration auf. Du allein bleibst zurück, als Subjektivität. Die objektive

Welt hat sich aufgelöst, die mentale Welt hat sich aufgelöst. Du bist da – allein, als reines Bewusstsein.

Darum sagt dies Sutra: „*... mit jedem beliebigen Punkt im Raum, oder auf einer Wand...*" Das geht auch. Wenn du dir keine Farben vorstellen kannst, dann hilft irgendein Punkt an der Wand. Nimm dir irgendetwas zu deiner Konzentration vor. Wenn es etwas Inneres ist, dann umso besser. Aber auch hier gibt es wieder zwei Persönlichkeitstypen. Für die Introvertierten wird es leichter sein sich die Farben vorzustellen, wie sie innen zusammenkommen. Aber es gibt auch die Extrovertierten, die sich innen nichts vorstellen können. Sie können sich nur Äußeres vorstellen. Ihr Geist bewegt sich immer nur in der Außenwelt, sie können nicht nach innen gehen. Für sie gibt es so etwas wie Innerlichkeit nicht.

Der englische Philosoph David Hume hat gesagt: „Wann immer ich nach innen schaue, kann ich kein Selbst finden. Alles, was ich sehe, sind Reflexionen der Außenwelt – ein Gedanke, irgendein Gefühl, eine Emotion. Ich treffe nie auf die Innerlichkeit: Nichts als Außenwelt, die innen widergespiegelt wird." Da spricht der extrovertierte Geist par excellence und David Hume gehört zu den erz-extrovertierten Geistern.

Wer also innen nichts fühlen kann und wer sich fragt, was denn dies Innerliche sein soll, wie man nach innen gehen kann, der versuche es stattdessen mit irgendeinem Punkt an der Wand. Es gibt Leute, die zu mir kommen und fragen, wie man nach innen geht. Es ist ein Problem, denn wer nur Außengerichtetheit kennt, wer nur nach außen gehende Bewegungen kennt, kann sich schwer vorstellen, wie man nach innen geht.

Wenn du ein extrovertierter Mensch bist, dann versuche es

nicht mit diesem inneren Punkt. Versuche es mit dem Draußen. Das Ergebnis ist dasselbe. Mach einen Punkt auf die Wand. Konzentriere dich darauf. Du musst es mit offenen Augen tun. Wenn du ein Zentrum im Innern schaffst, einen inneren Punkt, musst du dich mit geschlossenen Augen konzentrieren. Male einen Punkt auf die Wand und konzentriere dich darauf. Das Eigentliche passiert auf Grund von Konzentration, es hat nichts mit dem Punkt zu tun. Ob er sich draußen oder drinnen befindet, ist unerheblich. Es kommt auf dich an. Wenn du auf die Wand blickst, dich auf sie konzentrierst, dann konzentriere dich so lange, bis sich der Punkt auflöst. Das musst du dir merken: Bis der Punkt sich auflöst! Kein Lidschlag ist erlaubt, sonst gibst du dem Geist wieder Spielraum, worin er sich bewegen kann. Starre nur, sonst fängt der Geist wieder zu denken an. Ein einziger Lidschlag gibt ihm Spielraum. Mit dem Lidschlag geht die Konzentration verloren. Also nicht zwinkern!

Ihr habt vielleicht schon von Bodhidharma gehört, einem der größten Meister der Meditation in der ganzen Geschichte der Menschheit. Von ihm wird eine wunderschöne Geschichte erzählt. Er konzentrierte sich auf etwas außerhalb: Seine Augen wollten nicht stillhalten, die Konzentration ging verloren und so riss er sich die Augenlider aus! Dies ist eine wunderschöne Geschichte: Er riss sich die Augenlider aus, warf sie fort und konzentrierte sich. Nach ein paar Wochen sah er ein paar Pflanzen an der Stelle wachsen, wo er seine Augenlider hingeworfen hatte. Dies geschah auf einem Berg in China und der Berg hieß ‚Tah' oder ‚Ta'. Daher das Wort ‚Tee'. Diese Pflanzen, die dort wuchsen, wurden zu Tee – und darum hält Tee euch wach! Wenn euch die Augen zufallen und ihr einschlafen möchtet, trinkt eine Tasse Tee!

Es sind die Augenlider Bodhidharmas. Das Teetrinken ist deshalb für Zen-Mönche eine heilige Sache. Tee ist nichts Gewöhnliches, er ist heilig... Bodhidharmas Augenlider! In Japan haben sie Tee-Zeremonien und jedes Haus hat einen Teeraum, und der Tee wird mit religiöser Zeremonie serviert; er ist heilig. Tee muss in einer sehr meditativen Stimmung getrunken werden.

Die Japaner haben wunderschöne Zeremonien um das Teetrinken gewoben. Sie betreten den Teeraum wie einen Tempel. Dann wird der Tee angerichtet und jeder sitzt still da und lauscht, wie der Samowar sprudelt. Das Dampfen, das Brodeln ... und alle hören nur zu. Es ist nichts Gewöhnliches – es sind die Augenlider Bodhidharmas! Und weil Bodhidharma mit offenen Augen wach bleiben wollte, hilft der Tee nach. Und weil die ganze Geschichte auf dem Berge Tah passierte, heißt der Tee Tee. Ob wahr oder nicht, die Anekdote ist schön.

Um dich außen zu konzentrieren, brauchst du einen starren Blick, so als hättest du keine Augenlider mehr. Das bedeutet „sich die Augenlider ausreißen": Augen ohne Augenlider zu haben, sodass du sie nicht schließen kannst. Konzentriere dich, bis der Punkt sich auflöst: Und er löst sich auf! Wenn du durchhältst, wenn du hartnäckig bleibst und dem Geist nicht erlaubst sich zu rühren, löst sich dieser Punkt auf. Und wenn sich der Punkt auflöst – du hast dich so sehr auf ihn konzentriert, dass nur noch dieser Punkt existiert, dass sich die ganze Welt aufgelöst hat und nur noch dieser Punkt bleibt, und nun löst der sich auch noch auf – dann kann das Bewusstsein nirgendwohin. Es gibt keinen Gegenstand, zu dem es gehen kann. Alle Dimensionen sind verschlossen. Der Geist wird auf sich selbst zurückgeworfen, das Bewusstsein wird auf sich selbst zurückgeworfen – und du bist im Zentrum. Ob also nach innen oder außen, in dir oder außerhalb – konzentriere dich, bis der Punkt sich auflöst. Er löst sich auf: Aus zwei Gründen. Ist er innen, ist er eingebildet und löst sich deshalb auf. Ist er aber außen, dann ist er nicht eingebildet, dann ist er wirklich: Du hast einen Punkt auf die Wand gemalt und dich darauf konzentriert. Warum löst sich nun dieser Punkt auf? Dass er sich innen auflöst, kann ich verstehen: Er war ja gar nicht da: Du hast ihn dir nur vorgestellt. Aber auf der Wand ist er da: Warum also löst er sich auf?

Dafür gibt es einen Grund. Wenn du dich auf einen Punkt konzentrierst, löst er sich natürlich nicht wirklich auf: Was sich auflöst, ist der Geist. Fest auf einen äußeren Punkt gerichtet, kann der Geist sich nicht bewegen. Ohne Bewegung kann er nicht leben. Er stirbt, er steht still. Und wenn der Geist anhält, kann er sich auf nichts Äußeres beziehen. Plötzlich sind alle Brücken abgebrochen, weil der Geist die Brücke ist. Wenn du dich auf einen Punkt an der Wand konzentrierst, springt dein Geist ständig von dem Punkt zu dir, von dir zu dem Punkt und wieder zurück: Es ist ein ständiges Hin – und Herspringen, ein Prozess.

Wenn sich der Geist auflöst, kannst du den Punkt nicht mehr sehen. Denn in Wirklichkeit siehst du ihn nicht durch die Augen, du siehst ihn durch Geist plus Augen. Ist der Geist fort, können die Augen nicht funktionieren. Du magst die Wand weiter anstarren, aber der Punkt wird unsichtbar. Der Geist ist nicht da, die Brücke ist abgebrochen. Der Punkt ist wirklich, er ist da. Wenn der Geist zurückkommt, wirst du ihn wieder sehen; er ist da. Aber jetzt kannst du ihn nicht sehen und wenn du ihn nicht sehen kannst, kannst du nicht nach außen gehen. Plötzlich bist du in deinem Zentrum.

Diese Zentrierung wird dir deine existenziellen Wurzeln bewusst machen. Du wirst wissen, von wo aus du mit der Existenz verbunden bist. In dir gibt es einen Punkt, der mit der ganzen Existenz verbunden ist, der eins mit ihr ist. Sobald du dieses Zentrum kennst, weißt du, dass du zu Hause bist. Die Welt ist nicht fremd, du bist kein Außenseiter. Du gehörst zu ihr. Du bist Teil der Welt, du brauchst nicht zu kämpfen, es gibt keinen Zwist. Es gibt keine feindliche Beziehung zwischen dir und der Existenz. Die Existenz wird zu deiner Mutter.

Es ist die Existenz, die in dich gekommen ist und dir bewusst geworden ist. Es ist die Existenz, die in dir aufgeblüht ist. Dies Gefühl, diese Erkenntnis, dieses Ereignis… Und von nun an kann es keine Lebensangst mehr geben. Nun ist die Seligkeit keine vorübergehende Erscheinung mehr, kein Phänomen, das kommt und geht. Nun ist Seligkeit deine wahre Natur. Wenn man in seinem Zentrum verwurzelt ist, wird Seligkeit zur Natur. Du bist eben selig und nach und nach vergisst du sogar das, weil Kontrast dazu gehört, es bewusst wahrzunehmen. Nur wenn du unglücklich sein kannst, merkst du es auch, wenn du selig bist. Wenn kein Unglück mehr da ist, vergisst du das Unglück nach und nach völlig… und damit auch deine Seligkeit. Und nur wenn du sogar deine Seligkeit vergessen kannst, bist du wahrhaft selig. Dann ist sie natürlich. So wie die Sterne scheinen, so wie die Flüsse fließen, so bist du selig. Dein ganzes Wesen ist selig. Es ist nicht etwas, das dir geschieht. Jetzt bist du es.

Aus: Das Buch der Geheimnisse

2. SEI DIR DES HARAS BEWUSST

HARA HEISST DAS ZENTRUM, aus dem das Leben den Körper verlässt. Es ist das Todes-Zentrum. Das Wort ‚hara' ist japanisch; darum heißt Selbstmord in Japan ‚harakiri'. Dieses Zentrum befindet sich nur zwei Fingerbreit unter dem Nabel. Es ist ein sehr wichtiges Zentrum und das hat man praktisch überall auf der Welt empfunden. Aber nur in Japan hat man seine ganze Tragweite tiefer erforscht.

Selbst die Inder, die sich höchst intensiv mit den körperlichen Zentren befasst haben, haben das Hara nicht in Betracht gezogen. Der Grund für dies Übergehen ist darin zu suchen, dass sie dem Tod nie eine Bedeutung beigemessen haben. Deine Seele stirbt nie, also warum sich mit einem Zentrum befassen, dessen einzige Funktion die ist, als Ausgangstor für Energien zu dienen um in einen anderen Körper einzugehen? Sie haben den Sex erforscht, weil der das Lebenszentrum ist. Sie haben sieben Zentren erforscht, aber das Hara wird im indischen Schrifttum nicht einmal erwähnt.

Wenn diejenigen, die sich Jahrtausende lang am intensivsten mit den Zentren beschäftigt haben, das Hara überhaupt nicht erwähnt haben, kann das kein Zufall sein. Der Grund war, dass sie den Tod nie ernst genommen haben. Diese sieben Zentren sind Lebens-Zentren und jedes Zentrum betrifft eine höhere Lebensstufe. Das Siebente ist das höchste Lebenszentrum, wo du praktisch ein Gott bist. Das Hara liegt sehr nahe am Sex-Zentrum. Wenn man nicht zu höheren Zentren aufsteigt, nicht zum siebten Zentrum im Kopf und man sein ganzes Leben immer nur beim Sex-Zentrum bleibt, dann liegt gleich neben dem Sex-Zentrum das Hara und wenn das

Leben dann endet, wird das Leben den Körper durch dieses Zentrum verlassen...

Indien hat sich also nie um das Hara gekümmert. Das Hara liegt nicht auf der Linie; es liegt gleich neben dem Sex-Zentrum. Das Sex-Zentrum ist das Lebenszentrum und das Hara ist das Todeszentrum. Zu viel Aufregung, zu viel Unausgewogenheit, zu viel Energieverschleiß ist gefährlich, weil das die Energie zum Hara hinlenkt. Und ist diese Schneise erst einmal gebahnt, wird es umso schwerer sie nach oben zu lenken. Das Hara liegt parallel zum Sex-Zentrum, also kann die Energie es sehr leicht erreichen. Die Japaner machten eine großartige Entdeckung: Sie fanden heraus, dass es gar nicht nötig ist einem den Kopf abzuschlagen oder das Hirn raus zu schießen um zu töten – dies alles ist unnötig schmerzhaft. Es genügt, mit einem kleinen Messer genau ins Hara-Zentrum zu stoßen und das Leben entweicht ohne allen Schmerz. Man braucht nur das Zentrum zu öffnen und das Leben verschwindet, so als würde sich die Blume öffnen und ihr Duft entweichen.

Das Hara hat nur ein bestimmtes Fassungsvermögen und jegliche aufsteigende Energie muss im Hara durchkommen. Aber das Hara sollte einfach unter Verschluss bleiben. Das eine also ist, das Hara verschlossen zu halten. Und das Zweite ist, dass man immer dem nächst höheren Zentrum zuarbeiten muss. Wenn du zum Beispiel zu oft jähzornig wirst, solltest du mehr über Jähzorn meditieren, damit der Jähzorn verschwindet und seine Energie zu Mitgefühl wird. Wenn du ein Mensch bist, der alles hasst, dann solltest du den Hass ins Auge fassen, über Hass meditieren und dieselbe Energie wird zu Liebe. Geh immer weiter aufwärts, denke immer an höhere Leitern, damit du zum höchsten Punkt deines Seins gelangen kannst. Und im Hara-Zentrum darf es kein Leck geben.

Genau aus diesem Grunde hat sich Indien zu viel Gedanken über den Sex gemacht: Durch Sex kann man ebenfalls seine Energie vergeuden – nicht kann, sondern wird. Aber zumindest ist Sex das Lebenszentrum, er bringt Energie woanders hin, das Leben wird weiter fließen. Aber das Hara ist das Todeszentrum. Man darf keine Energie durch das Hara ausfließen lassen. Ein Mensch, dessen Energie aus dem Hara heraussprudelt, ist sehr leicht zu erkennen. Zum Beispiel gibt es Menschen, in deren Gesellschaft man förmlich erstickt, die einem das Gefühl geben, sie würden einem die Energie aussaugen. Und sobald sie fort sind, merkt man dann, dass einem plötzlich wohl und entspannt zu Mute ist, obwohl sie einem doch gar nichts getan haben. Und dann gibt es genau die entgegengesetzte Art von Menschen, deren Begegnung einen froh, gesünder macht. Warst du eben noch traurig, verfliegt deine Traurigkeit; warst du wütend, verfliegt deine Wut. Das sind die Leute, deren Energie zu höheren Zentren aufsteigt. Ihre Energie steckt die deine an. Wir stecken einander andauernd an. Und ein bewusster Mensch wählt sich Freunde und Begleiter danach aus, ob sie seine Energie beflügeln.

Eines jedenfalls ist sehr klar: Es gibt Leute, die dich aussaugen – meide sie! Es ist besser in diesem Punkt klar zu sein, verabschiede dich von ihnen. Man braucht sich das wirklich nicht anzutun, denn sie sind gefährlich; sie können auch dein Hara aufbrechen. Ihr Hara steht offen, das ist der Grund, warum sie deinem Innern ein so saugendes Gefühl geben.

Aus: The Golden Future

3. TIEF ATMEN SCHAFFT EINE BRÜCKE ZWISCHEN LEBEN UND TOD

LAOTSE IST VÖLLIG VOM NICHTEXISTIEREN ÜBERZEUGT. Er war der Erste, der die Nützlichkeit des Nichtexistierens zur höchsten Entfaltung gebracht hat. Natürlich hatte er keine Ahnung von ‚Schwarzen Löchern‘, sonst hätte er sie erwähnt. Er war ein einfacher Mann, wohnte in einem Dorf, führte das Leben eines Landmannes – ungehobelt, einfach, nicht sonderlich gebildet und kultiviert. Er hielt es nicht mit der Zivilisation, er hielt es mit der Natur. Seine Vergleiche sind immer schlicht: Das Rad! Er sagt, die Mitte des Rades, die Radnabe sei leer, aber das ganze Rad drehe sich um sie. Man spricht von ‚der Nabe‘ des Rades – warum? Weil sie genauso ist wie der Nabel beim Menschen. Ganz dicht an eurem Nabel befindet sich nämlich den Japanern zufolge ein Punkt namens ‚Hara‘. Das Hara ist das Schwarze Loch in eurem Körper. Von Laotse angeregt, kam Japan dann darauf, dass es irgendwo im Körper eine Stelle geben müsse, wo der Tod wohnt. Der Tod komme nicht von außen, sei kein Unfall, wie die Menschen immer annehmen. Die Leute sagen: „Der Tod kommt!" Nein, der Tod kommt nicht, der Tod wächst in euch heran. Es ist also nicht so, dass euch irgendwo auf eurem Lebensweg plötzlich der Tod begegnen würde. Wäre dem so, dann hätte man sich längst Methoden einfallen lassen, wie man dem Tod ausweichen, ihn täuschen kann oder gar nicht erst dort aufzutauchen brauche, wo der Tod einem auflauere, wie man sich an ihm vorbeidrücken oder jemand anders statt seiner selbst hinschicken kann. Solche Tricks würden dann Sinn machen, wenn der Tod etwas von außen wäre, einem von außen zustieße. Aber ihr tragt den Tod in euch wie ein Saatkorn. Er kommt im selben Moment auf die Welt, da ihr auf die Welt kommt, ja, er hat sogar schon vor euch existiert. Ihr seid aus ihm geboren worden. Der Tod muss also irgendwo in eurem Körper einen Anknüpfungspunkt haben. Also haben die Japaner den Körper gründlich untersucht um herauszufinden, wo sich dieses schwarze Loch befindet. Es liegt genau unter dem Nabel. Fünf Zentimeter unterhalb des Nabels liegt der Punkt des Todes. Es ist ein sehr versteckter Punkt. Ihr kennt sicherlich das Wort ‚Harakiri'; das Wort kommt von ‚Hara'. Hara bedeutet das Schwarze Loch im Körper und Harakiri bedeutet Selbstmord vermittels dieses Schwarzen Loches.

Die Japaner haben den Selbstmord zu einer hohen Kunst entwickelt. Niemand kann sich so leicht das Leben nehmen wie die Japaner. Denn sie haben den genauen Todespunkt ausfindig gemacht. Mit einem Messerchen stechen sie einfach ins Hara, den Punkt des Todes hinein; nicht einmal ein Tropfen Blut kommt heraus. Es ist ein blutloser Selbstmord und völlig schmerzlos, ohne Qualen – das Leben entweicht einfach: Sie haben direkt in das Schwarze Loch im Körper, den Punkt des Todes getroffen. Man kann auch sterben, indem man sich die Kehle durchschneidet, aber das ist sehr qualvoll – denn der Weg von der Kehle bis zum Hara ist weit; diese Entfernung muss erst zurückgelegt werden. Wenn einem also der Kopf abgeschlagen wird, bleibt der Körper noch einige Minuten lang am Leben; er zittert und bebt noch eine Weile, weil das Hara nicht unmittelbar durchstoßen worden ist. Die Japaner können sich so leicht und so still das Leben nehmen, dass man, wenn man einen Menschen sieht, der Harakiri gemacht hat, sich selber umgebracht hat, kein

Anzeichen des Todes auf seinem Gesicht erkennen kann; sein Gesicht wird so lebendig scheinen wie eh und je. Er hat sich einfach ohne jeden Kampf durch das Schwarze Loch davongemacht.

Dieses Hara im Körper ist das Nichtsein. Es ist Abwesenheit, es ist ein Nichts. Und die gesamte taoistische Praxis zielt darauf ab, sich des Haras immer bewusst zu sein. Sie haben dazu extra eine andere Art zu atmen entwickelt, die sie ‚Bauchatmung' nennen. Man kann keinen stilleren Menschen finden als einen Taoisten, der die Bauchatmung geübt und sich an sie gewöhnt hat. Ihr atmet aus dem Brustkorb. Überall auf der Welt atmet man aus der Brust heraus – was ein sehr flaches Atmen ist. Vielleicht ist der Grund, warum ihr nicht aus dem Bauch heraus atmet, eure Todesangst. Denn wenn ihr aus dem Bauch heraus atmet, geht der Atem bis tief hinunter ins Hara. Dann berührt ihr den Tod. Aus Todesangst zieht ihr das flache Atmen vor. Achtet einmal darauf: Jedes Mal, wenn ihr Angst habt, geht euer Atem plötzlich flach. Wann immer euch Angst überwältigt, könnt ihr nicht mehr tief atmen, wird augenblicklich euer Atem ganz flach. Jede Angst ist im Grunde eine Angst vor dem Tod; das mag euch gar nicht richtig bewusst sein, aber euer Körper weiß, wo der Tod sitzt: „Ja nicht dahin!" Euer Körper ist klug, klüger als euer Verstand – kein Wunder, denn der Verstand ist ein ausgesprochener Nachzügler. Der Körper existiert weit länger als der Verstand, hat Millionen von Leben hinter sich, geistlose Leben und hat viel Weisheit gesammelt. Jedes Mal, wenn ihr erschreckt, steht euer Atem still oder ihr atmet nur noch ganz flach, aus Angst, dem Tod allzu nahe zu kommen. Tiefes Atmen schließt den Tod ins Leben mit ein, tiefes Atmen baut eine Brücke zwischen Leben und Tod; die Angst verfliegt.

Wenn du tief durch den Bauch bis nach unten atmest, dann wird sich alle Angst auflösen. Darum können sich die Japaner leichter das Leben nehmen als alle anderen Erdenbürger. Geradezu spielerisch! Sie können sich wegen irgendeiner Bagatelle das Leben nehmen, so nichtig, dass niemand begreift, wozu es notwendig war. Denn sie wissen, dass Leben und Tod nicht zweierlei sind, sondern eins. Tod ist auch Leben – nur die Kehrseite derselben Medaille. Er ist Ruhe. Wenn du tief atmest, wirst du deinen ganzen Körper von Ruhe durchströmt fühlen – ein völlig entspannter, unverkrampfter Zustand.

Habt ihr je ein kleines Kind atmen gesehen? Es atmet vom Bauch her. Ihr könnt es einmal beobachten, dann versteht ihr. Und genauso sollten nach Laotses Wunsch alle atmen. Hierin besteht das taoistische Yoga: Wie bei einem Säugling hebt und senkt sich der Bauch und spielt die Brust überhaupt keine Rolle – als hätte die Brust überhaupt nichts mit Atmen zu schaffen. Und das hat sie auch wirklich nicht!

Aber so einfach ist es nicht: die Todesangst! Ihr könnt nicht tief atmen, sonst kommt ihr dem Hara zu nahe. Und gleich neben dem Hara sitzt der Lebenspunkt, den man das Sex-Zentrum nennt – auch davor habt ihr Angst. Wenn ihr tief atmet, weckt ihr den Sex. Daher können Menschen, die in Angst vorm Sex erstarrt sind, nicht tief durchatmen. Wer tief durchatmet, wird merken, wie der unterdrückte Sex plötzlich wieder zum Leben erwacht, in allen Adern fließt und ins Blut schießt. Und selbstverständlich ist es nicht anders zu erwarten, als dass das Zentrum fürs Leben gleich neben dem Zentrum für den Tod liegt: Hara, das Todeszentrum und Sex, das Lebenszentrum sind sich so nahe, liegen so eng beieinander, dass sie sich fast berühren – zwei Seiten ein und derselben Medaille. Darum macht auch der Sex den Menschen Angst, weil mit dem Sex auch der Tod zu pochen beginnt. Jede echte sexuelle Erfahrung ist zugleich eine Todeserfahrung: Du stirbst! Nur darum haben die Menschen eine solche Angst vor dem Sex, vor dem anderen Geschlecht. Mir sind nicht viele Männer begegnet, die keine Angst vor Frauen hätten. Die Angst: „Die Frau hat dir das Leben geschenkt, also muss sie dir auch den Tod bringen!"

Aus: Tao, The Three Treasures

4. KINDER ATMEN AUF NATÜRLICHE WEISE

MAN MUSS SICH KLAR MACHEN, was ‚natürliches Atmen' heißt. Schaut euch kleine Kinder an – die atmen natürlich. Deswegen sind kleine Kinder auch so voller Energie. Die Eltern sind erschöpft und sie kein bisschen!

Ein Junge sagt: „Ich hab so viel Energie, dass ich alle sieben Tage ein paar neue Schuhe brauche."

Ein anderer sagt: „Das ist gar nichts. Ich bin mit meinen Kleidern alle drei Tage am Ende."

Der Dritte sagt: „Aber gegen mich seid ihr Zwerge! Ich habe so viel Energie, dass meine Eltern nach drei Tagen am Ende sind!"

In Amerika hat man ein Experiment gemacht: Ein sehr starker Mann mit athletischem Körper und grenzenloser Energie bekam die Aufgabe ein kleines Kind nachzuahmen, ihm in allem zu folgen. Was immer das Kind machte, dass musste er auch tun, musste ihm einfach mal acht Stunden lang alles nachmachen. Nach vier Stunden war der Athlet fertig, lag japsend am Boden, denn das Kind hatte großen Spaß daran gefunden und alles Mögliche angestellt – hatte gehüpft, gejoggt, rumgebrüllt, schrille Schreie ausgestoßen… Und der Athlet brauchte es ihm nur nachzutun. Der Junge war nach vier Stunden immer noch voller Energie. Der Athlet war fertig; er sagte: „Der bringt mich um! Acht Stunden! Schluss jetzt! Ich kann einfach nicht mehr." Er war ein berühmter Boxer, aber Boxen ist etwas anderes. Mit einem Kind kann keiner mithalten.

Woher hat es seine Energie? Sie kommt vom *Pranayama kosha*. Ein Kind atmet auf natürliche Weise und atmet folglich mehr *Prana* ein, mehr *Chi* ein, das sich in seinem Bauch ansammelt. Der Bauch ist sein Speicher, sein Vorratslager.

Beobachtet einmal ein Kind: So wird richtig geatmet! Wenn ein Kind atmet, bleibt sein Brustkorb dabei völlig unbeteiligt. Nur sein Bauch hebt und senkt sich: Es atmet sozusagen aus dem Bauch heraus. Alle Kinder haben ein Bäuchlein; das haben sie nur auf Grund ihres Atmens und ihres Energievorrats. So also atmet man richtig. Denkt daran, nicht zu sehr mit der Brust zu atmen. Manchmal ist das zwar gut – z.B. in Notlagen: Du rennst um dein Leben, da darf man die Brust einsetzen – in Notwehr. Dann ist flaches, schnelles Atmen und Rennen angesagt.

Aber normalerweise sollte die Brust keine Rolle spielen. Und dies eine solltet ihr euch merken: Die Brustatmung ist nur für Notsituationen da. Schließlich kann man in Notlagen kaum natürlich atmen; denn mit natürlicher Atmung bliebe man so ruhig und so gelassen, dass man gar nicht rennen, nicht kämpfen könnte. Dann wäre man so ruhig und gesammelt, dass man eher einem Buddha gliche. Und wenn du in einer Notsituation – dein Haus steht in Flammen! – weiter auf natürliche Weise atmest, wirst du nichts retten können. Oder wenn dich im Urwald ein Tiger anspringt, du aber ganz natürlich weiteratmest, dann wird dir alles egal sein; dann sagst du dir: „Okay. Lass ihn machen, was er will!" Jedenfalls wirst du nicht in der Lage sein dich zu schützen.

Die Natur hat euch also auch für Notlagen ausgestattet – die Brustatmung ist ein Mittel für Notlagen. Wenn dich ein Tiger anfällt, musst du mit dem natürlichen Atmen aufhören und zur Brustatmung übergehen. Dann wirst du besser rennen, kämpfen und schnell Energie verbrennen können. Und in einer Notlage hast du nur diese eine Alternative: Flüchten oder Standhalten. Zu beidem ist ein sehr flaches, aber intensives Atmen erforderlich – zwar flach, aber in hellwacher, angespannter Verfassung.

Wenn ihr jedoch ständig nur aus der Brust atmet, wird euch das innerlich verspannen. Wenn ihr ununterbrochen aus der Brust atmet, werdet ihr ständig in Angst leben. Denn die Brustatmung ist einzig und allein für Angstsituationen gedacht. Wenn sie euch jedoch zur Gewohnheit geworden ist, dann werdet ihr immerzu ängstlich, verspannt, immer auf der Flucht sein. Es ist zwar kein Feind da, aber in eurer Vorstellung wimmelt es von Feinden! Auf die Art und Weise entsteht Paranoia.

Auch im Westen gibt es Leute, die auf dieses Phänomen gestoßen sind – z.B. Alexander Lowen und andere Vertreter der Bioenergetik, die die Lebensenergie des Menschen erforscht haben – die wir in Indien *Prana* nennen. Sie haben entdeckt, dass ängstliche Menschen eine verkrampfte Brust haben und nur ganz flach atmen. Wenn man ihnen dazu verhelfen kann, tiefer einzuatmen, so tief, dass es bis in den

Bauch geht und dort das Hara-Zentrum berührt, dann verschwindet ihre Angst.

Dazu braucht sich nur ihre Muskulatur zu entspannen – wie es z.B. im Rolfing geschieht... Ida Rolfe hat fantastische Methoden zur Veränderung der inneren Körperstrukturen entwickelt. Denn in Menschen, die über viele Jahre hin falsch geatmet haben, hat sich eine bestimmte Muskulatur ausgebildet und diese Muskulatur steht nun im Wege und gestattet einem nicht richtig zu atmen oder tief zu atmen. Und selbst wenn man sich vornimmt, tief durchzuatmen, ist das nach ein paar Sekunden schon wieder vergessen. Man macht zwar ein paar tiefe Atemzüge, aber sobald man sich wieder in seine Arbeit vertieft, geht die flache Brustatmung sofort wieder los.

Also muss die Muskulatur verändert werden. Sobald dies geschehen ist, verschwindet die Angst und verschwindet die Angespanntheit. Rolfing ist da ungeheuer hilfreich; aber was dabei bearbeitet wird, ist der *Pranayama kosha* – also der zweite Körper oder auch der Bioplasma-Körper oder Bioenergie-Körper, *Chi*-Körper oder wie immer man ihn auch nennen will.

Beobachtet ein Kind und da habt ihr das natürliche Atmen; und dann atmet selbst so. Lasst euren Bauch sich beim Einatmen heben, lasst euren Bauch sich beim Ausatmen senken. Und lasst es so rhythmisch werden, dass es fast zu einem Gesang, einem Tanz eurer Energie wird – mit Schwung, mit Harmonie; und ihr werdet euch so entspannt, so lebendig, so vital fühlen, dass ihr selber nicht glauben werdet, wie es so viel Vitalität überhaupt geben kann!

Aus: Yoga: The Alpha and the Omega

5. DIE KRAFT DES SAMURAI

IN JAPAN HAT ES EINE MILITÄRISCHE SCHICHT gegeben, ähnlich wie in Indien die Kriegerkaste der *Kshatriyas* – die so genannten Samurai. Sie wurden zu Kämpfern ausgebildet und als Erstes lernten sie mit ihrer Aufmerksamkeit nach unten zu rutschen, etwa drei Fingerbreit unterhalb des Nabels. In Japan nennt man dieses Zentrum Hara. Ein Samurai lernt, sein Bewusstsein ins Hara zu bringen. Solange ein Krieger seine Aufmerksamkeit nicht im Hara konzentrieren kann, darf er noch nicht kämpfen und das ist auch richtig so. Die Samurai sind die besten Kämpfer auf der ganzen Welt, die größten Krieger; nichts auf der Welt lässt sich mit einem Samurai vergleichen. Er ist eine andere Art Mensch, ein völlig anderes Wesen, weil er seine Fokussierung verlagert hat.

Zum Beispiel sagen sie: Wenn man kämpft, gibt es keine Zeit. Der Verstand braucht Zeit um zu funktionieren, er kalkuliert. Wenn man angegriffen wird, und der Verstand muss erst darüber nachdenken, wie er sich schützen kann, dann hat man den Augenblick verpasst, dann hat man schon verloren. Dafür ist keine Zeit. Man muss außerhalb der Zeit funktionieren, aber der Verstand kann nicht außerhalb der Zeit funktionieren; er braucht Zeit. Wie schnell es auch gehen mag, Denken braucht Zeit.

Unterhalb des Nabels liegt dieses Hara-Zentrum und es funktioniert außerhalb der Zeit. Wenn der Krieger beim Kämpfen im Hara fokussiert ist, dann wird der Kampf intuitiv und nicht intellektuell geführt. Dann weiß er es schon, noch bevor man ihn angreift. Es ist ein subtiles Gefühl im Hara, nicht im Kopf. Es ist kein logischer Schluss, sondern mediale Telepathie. Noch bevor man ihn angreift, bevor der Gedanke ihn anzugreifen überhaupt aufkommt, hat er ihn schon erreicht. Sein Hara wurde davon getroffen und er ist verteidigungsbereit. Noch bevor man ihn angreift, wehrt er schon ab und schützt sich.

Gelegentlich – wenn zwei Leute kämpfen, die beide Samurais sind – wird das zu einem Problem, weil keiner den anderen besiegen kann. Keiner kann gewinnen; das ist ein Problem. Keiner kann zum Sieger erklärt werden. Es ist nahezu unmöglich, weil man einen solchen Mann nicht angreifen kann. Noch bevor man ihn angreift, weiß er es schon.

Aus: Das Buch der Geheimnisse

6. TANZEN BIS DER TÄNZER VERSCHWINDET

IN DER WELT DER SUFIS IST MEVLANA RUMI der Kaiser. Seine Worte sind nicht nur als bloße Worte zu verstehen, sondern als Quellen der Stille, als Echos innerer, ja der allerinnersten Lieder. Er ist der größte Tänzer, den die Welt je gesehen hat. Zwölfhundert Jahre sind vergangen, seit er lebte.

Sein Tanzen ist eine ganz besondere Art von Tanz. Es ist eine Art Wirbeln – genau so, wie kleine Kinder wirbeln: Sie bleiben am selben Fleck stehen und drehen sich um sich selber, immerzu in die Runde. Und vielleicht tun das die kleinen Kinder überall auf der Welt und ihre Eltern verbieten es ihnen und sagen: „Dir wird davon schwindlig werden, du wirst hinfallen und dir wehtun!" oder: „Was soll diese Albernheit?"

Jalaluddin Rumi erhob das Wirbeln zu einer Meditation. Da dreht der Meditierende sich stundenlang um die eigene Achse – solange wie sein Körper es ihm gestattet; von sich aus hört er jedenfalls nicht auf. Wenn man wirbelt, kommt der Augenblick, da man sich selbst absolut reglos und still sieht, wie das Auge des Hurrikans. Um dieses Auge herum bewegt sich zwar der Körper, aber da ist nun ein Raum, der unbewegt bleibt: Das ist sein Sein.

Rumi selbst wirbelte einmal sechsunddreißig Stunden lang durch, bis er hinfiel – weil der Körper sich nicht mehr drehen konnte. Aber als er die Augen wieder aufschlug, war er ein verwandelter Mensch. Hunderte von Menschen hatten sich neugierig um ihn versammelt. Viele meinten, er wäre verrückt: „Was soll nur dieses alberne Wirbeln?"

Niemand kann behaupten, dass dies Gebet wäre; niemand

kann behaupten, dass dies großer Tanz wäre; niemand kann behaupten, dass dies auch nur im Entferntesten etwas mit Religion, Spiritualität zu tun hätte...

Aber als die Leute sich diesen Rumi nach sechsunddreißig Stunden ansahen – so leuchtend, so strahlend, so neu, so frisch – geradezu wiedergeboren, in einem neuen Bewusstsein –, da trauten sie ihren Augen nicht. Hunderte brachen in Tränen aus, voll Reue, dass sie ihn für verrückt gehalten hatten. Dabei war er der geistig Gesunde und sie waren die Geisteskranken!

Aus: Om Shanti, Shanti, Shanti

DER TÄNZER VERSCHWINDET, aber der Tanz geht weiter. Der Sänger verschwindet, aber das Singen geht weiter. Das Singen kann nicht sterben, weil das Singen von Gott kommt. Der Tänzer kann nicht ewig leben, weil der Tänzer euch nur im Kopf steckt, nur eine Fiktion ist. Der Tanz ist die Wirklichkeit, der Tänzer ist nur eine Fiktion – darum haben die Sufis viele Methoden aus dem Tanzen entwickelt: Der wirbelnde Derwisch, das Drehen.

Was passiert beim Drehen? Was geht in dem wirbelnden Derwisch vor sich, wenn er immerzu weiter tanzt und wirbelt und wirbelt und wirbelt? Was passiert da? Es kommt der Moment, da der Wirbelnde sich auflöst, wo nur noch das Wirbeln da ist. Der, der sich dreht, existiert nicht mehr, nur noch das Drehen existiert. Da existiert wohl eine Energie, aber diese Energie hat keine Mitte. In genau diesem Moment setzt Meditation ein. Das Tanzen gehört zu den allerältesten Meditationsmethoden – tariqa. Das ist der Grund, warum ich dem Tanzen so viel Bedeutung beimesse. Viele Leute kommen zu mir – orthodoxe Jainas, Katholiken, Buddhisten – und sagen: „Warum so viel Tanzen?"; denn ihrer Vorstellung nach kommt es nur zu Meditation, wenn man sich still unter einen Baum setzt, mit absolut unbeweglichem Körper. Nur dann kann Meditation eintreten!

Zweitens kann man aber auch tanzen: Man tanzt und tanzt und tanzt, bis ein Augenblick von solcher Ekstase kommt, ein solcher Energieschub, dass das felsartige Ego einem solchen Anprall einfach nicht gewachsen ist, sich in einen Wirbelsturm auflöst. Der Fels löst sich auf und nur noch das Tanzen bleibt. Zwar ist noch Bewegung vorhanden, aber der, der sich bewegt, ist nicht mehr vorhanden. Wieder einmal ist Meditation eingetreten…

Aus: Sufis: The People on the Path

ÜBER DEN AUTOR

OSHOS LEHREN WIDERSTEHEN jeglicher Kategorisierung, sie reichen von der persönlichen Sinnsuche bis hin zu den dringendsten sozialen und politischen Fragen, mit denen die Welt heute konfrontiert ist. Seine Bücher wurden aus zahllosen Tonband- und Videoaufnahmen transkribiert. Er hat über einen Zeitraum von 35 Jahren vor einer internationalen Zuhörerschaft stets aus dem Stegreif gesprochen. Der Londoner Sunday Times zufolge zählt Osho zu den „1000 Machern des 20. Jahrhunderts"; der amerikanische Romanautor Tom Robbins hat ihn einmal „den gefährlichsten Mann seit Jesus Christus" genannt.

Osho selbst beschreibt sein Werk als „Beitrag, die Voraussetzungen für die Entstehung einer neuen menschlichen Lebensweise zu schaffen". Diesen neuen Menschentypus hat er immer wieder als „Sorbas der Buddha" umschrieben – also einen Menschen, der nicht nur wie Sorbas der Grieche die irdischen Freuden zu schätzen weiß, sondern ebenso sehr die stille Heiterkeit eines Gautam Buddha. Wie ein roter Faden zieht sich durch alle Aspekte von Oshos Arbeit die Vision einer Verschmelzung der zeitlosen Weisheit des Ostens mit den höchsten Potenzialen westlicher Wissenschaft und Technik.

Vor allem seine revolutionären Ansätze zur Wissenschaft der inneren Transformation haben Osho berühmt gemacht. Denn seine Auffassung von Meditation wird dem rasanten Tempo einer modernen Lebensweise gerecht. Seine innovativen „aktiven Meditationen" basieren auf dem Gedanken, dass erst der in Körper und Geist angesammelte Stress abgebaut werden muss, um, frei von Gedanken und entspannt, einen meditativen Zustand zu erfahren.

www.osho.com

DAS OSHO INTERNATIONAL MEDITATION RESORT

DAS RESSORT IST EIN PLATZ, an dem Menschen eine neue Lebensweise erfahren können – geprägt von mehr Bewusstheit, Entspannung und Lebensfreude. Etwa 100 km südöstlich von Mumbai im indischen Pune gelegen, hat dieser Platz ein reichhaltiges Programm zu bieten; Tausende von Menschen aus mehr als hundert Ländern weltweit besuchen ihn Jahr für Jahr.

Das Meditationgelände erstreckt sich über ca. 15 Hektar inmitten eines von prächtigen alten Baumalleen gesäumten Villenviertels namens Koregaon Park und bietet Unterkunftsmöglichkeiten auf dem Campus im neu erbauten Gästehaus. Außerdem gibt es ein breites Angebot an nahegelegenen Hotels und privaten Unterkünften.

Das Programm des Ressorts gründet auf Oshos Vision einer qualitativ neuen Art von Mensch, der nicht nur sein Alltagsleben schöpferisch zu gestalten vermag, sondern auch Zugang zu entspannter Stille und Meditation findet.

Angeboten werden u. a. Einzelsitzungen, Kurse und Trainings zu allen möglichen Themen – von den bildenden Künsten bis hin zu ganzheitlichen Heilmethoden, von persönlicher Transformation bis hin zu Therapie, esoterischer Wissenschaft, Sport- und Fitnessprogrammen mit Zen-Akzent, Beziehungsthemen und Angebote für Menschen, die in grundlegenden Veränderungsphasen ihres Lebens sind.

Und natürlich gibt es ganzjährlich die täglich stattfindenden Meditationen im Ressort.

www.osho.com/ resort

Osho
DAS ORANGENE BUCH
Die Meditationstechniken
Überarbeitete Neuauflage
224 S., Broschur, 9,80
ISBN 978-3-936360-70-7

Das Orangene Buch ist der Klassiker unter den Meditationsbüchern. Unter den über 90 Meditationen, die in diesem Buch vorgestellt werden, ist für jeden Leser die Richtige dabei. Die oft unorthodoxen Techniken sind einzigartig in ihrer Originalität und Frische.

„Bevor du zu meditieren beginnst, finde erst einmal die Meditation heraus, die dich am meisten anzieht. Meditation sollte keine zwanghafte Bemühung sein. Wenn du dich zwingst, ist das Ganze von vornherein zum Scheitern verurteilt. Etwas Erzwungenes wird dich nie natürlich machen. Es muss nicht sein, dass du einen Konflikt hervorrufst. Der menschliche Geist hat die natürliche Fähigkeit zu meditieren, wenn man ihm nur Objekte gibt, die einen Reiz auf ihn ausüben."

www.innenwelt-verlag.de

Osho
EIN NEUES BEWUSSTSEIN FÜR DIESE ERDE
Texte und Meditationen
176 S., HC, s/w illustriert, 16,80
ISBN 978-3-936360-98-1

Ausgewählte Texte und Meditationen für ein neues Bewusstsein im Umgang mit uns selbst und unserem Planeten.

Osho
AUTHENTISCH SEIN!
Ein Navigator durch das Auf und Ab des Lebens
304 S., Broschur, 16,80
ISBN 978-3-936360-50-9

In diesem Buch wird der Leser mit den wesentlichen Kernaussagen von Oshos Weisheit bekannt gemacht. Sein breites Verständnis über Glaubenssysteme und die Psychologie der menschlichen Natur und sein ungewöhnlicher Blickwinkel auf das, was „Wahrheit" bedeutet, machen das Lesen zu einem Vergnügen.

www.innenwelt-verlag.de

Osho
DAS CHAKRA BUCH
Energie und Heilkraft der feinstofflichen Körper
384 S., Broschur, 12,80
ISBN 978-3-936360-67-7

In diesem Buch entfaltet sich Oshos enormes Verständnis über die menschlichen Energiekörper. Es ist wohl das tiefgreifendste und detaillierteste Werk, das in der Welt der Bewusstseinsforschung existiert.

Osho
DIE TANTRISCHE VISION
Weisheit, Liebe, Spontaneität & Sex
384 S., Broschur, 16,80
ISBN 978-3-936360-97-4

„Das ist der Kernpunkt der tantrischen Sehweise: Dass der Mensch so ist, wie er ist. Da gibt es keine Sehnsucht nach Verbesserung. Nicht, dass der Mensch erst gut werden muss; der Mensch muss nicht erst dies und jenes ändern. Der Mensch muss alles so nehmen, wie es ist, und sich an seinen Himmel erinnern, an sein Meer... "

www.innenwelt-verlag.de